언니, 같이 가자!

언니, 같이 가자!

2016년 11월 30일 초판 1쇄 펴냄

펴낸곳 도서출판 삼인

지은이 안미선
펴낸이 신길순

등록 1996.9.16 제10-1338호
주소 03716 서울시 서대문구 연희로 5길 82(연희동 2층)

전화 (02) 322-1845
팩스 (02) 322-1846
전자우편 saminbooks@naver.com

디자인 디자인 지폴리
일러스트 서주성
표지글씨 오지수
인쇄 수이북스
제책 은정제책

©2016, 안미선·한국여성인권진흥원
ISBN 978-89-6436-120-4 03330

값 14,000원

이 책은 여성가족부의 지원을 받아 한국여성인권진흥원에서 기획하여 만들었습니다.

언니, 같이 가자!

안미선 지음

삼인

함께 살아내는 여성들의 이야기

사람들은 이미 다 안다고 생각한다. 남이 돈을 벌기 위한 행동에 왜 자기가 관심을 가져야 하냐고 되묻는다. 각자 이익을 좇아 돈을 버는 세상이며 모든 동기는 '돈에서 비롯한 것'이라고 치부한다. 그래서 타인의 권리를 이야기하는 목소리는 묻히고 비난받는다.

하지만 '돈'은 아무것도 설명해주지 못한다. 돈은 어떤 사람들이 어떤 위치에서 어떤 일을 하게 되는 이유를 설명하지 못하고, 슬픔과 고통을 말해주지 못하고, 견딜 수 없는 것을 바꾸어내려는 사람들의 힘을 알지 못한다. 돈은 사람을 노예로 만들 수 없고, 삶의 시간은 결코 돈의 논리에 따르지 않는다는 걸 모른다.

성매매방지법*이 제정된 지 십여 년이 지났다. 처음의 뜨겁던 사회적 관심이 식고, 지금 성매매는 신자유주의 시스템 속에서 더 진화해 우리 사회에 자리 잡고 있다. 언론 등을 통해 성매매 여성들은 '돈을 벌기 위해 그 일을 선택했다'는 이미지로 각인되었다. 하지만 사람들은 실제로 여성들이 어떤 상황에 처해 있고 어떤 변화가 일어나는지 잘 모른다.

이 책은 성매매 피해 여성에 대한 자활지원 활동을 기록하자는 취지로 한국여성인권진흥원에서 기획하여 만들어졌다. 열세 명의 인터뷰이들은 성매매 방지 활동을 하며 오랜 시간 현장에서 성매매 피해 여성들을 지원해온 활동가들이자 실무자들이다. 이들은 단체나 기관에서 '언니'들을 누구보다 가까이 만났고 꾸준한 지원을 했다.

1부에서는 자활지원센터와 상담센터 활동가들의 이야기를 다루었다. 탈성매매 여성으로서 동료활동가가 된 김지원 씨는 자신의 이름을 되찾게 되는 과정을 진솔하게 들려준다. 임정원 씨는 십여 년 동안 지원 활동을 하면서 목격한 여성들의 현실을 말한다. 경희선 씨는 자활지원센터에서 정서적·사회적·경제적 지원이 어떻게 이루어지는지 알려준다.

2부에서는 성매매 피해 청소녀들을 지원한 경험들이 나온다.

* 성매매 방지 및 피해자 보호 등에 관한 법률(법률 제7212호)은 성매매를 방지하고 성매매 피해자 및 성을 파는 행위를 한 자의 보호와 자립을 위해 2004년 3월 22일에 제정, 9월 23일부터 시행되었다.

정지영 씨는 지역의 쉼터에서 청소녀들을 돌보고 지원을 하면서 느낀 바를 말한다. 전수진 씨는 '성장'이라는 화두를 통해 쉼터의 활동을 설명하고 청소년이 더 다양한 모습으로 설 수 있는 자리를 만들어야 한다고 이야기한다. 이은정 씨는 청소녀를 위한 대안학교에 필요한 내용과 교사의 중요한 역할이 무엇인지 설명해준다.

3부에서는 다양한 지역의 지원 사례가 나온다. 마포 지역 네트워크를 구성해 쉼터의 여성들이 일하고 지역사회에 참여할 수 있는 자리를 넓혀간 이정미 씨의 이야기, 성남 지역의 기관과 단체의 협업으로 □□ 협동조합을 만들고 여성들의 자립을 실현하는 윤혜상 씨의 이야기, 대전에서 집결지 폐쇄 운동을 하고 쉼터 여성의 자립을 위해 지역에서 활발히 활동하는 천현옥 씨의 이야기가 있다. 두레방의 유영님 원장은 기지촌 여성들이 처한 현실과 늘어나는 외국인 성매매 피해 여성의 문제, 그리고 의정부와 동두천 등에서 이들을 지원한 과정을 들려준다.

4부에는 부산, 전주, 제주도에서 상담 활동을 통해 여성들을 지원해온 활동가들의 이야기가 있다. 변정희 씨는 부산 지역의 상담 활동에서 만난 여성들의 이야기와 부산의 성매매 현실, 해외 성매매의 문제점을 짚고, 우정희 씨는 전주 선미촌 집결지에서 만나온 여성들과 집결지 폐쇄의 중요성을 지적하며, 송영심 씨는 제주도에서 일어나는 성매매 문제와 무비자 관광의 문제점을 지목한다.

인터뷰이들은 지원 활동의 내용과 더불어 자신들이 이 일을 하게 된 계기와 개인적인 생각도 이야기했다. 무엇이 그녀들을 이 자리에 있게 만들었는지 생각하면서 인터뷰를 진행했다. 그들은 성매매 피해 여성들의 곁에 있는 여성들이고, 그 여성들이 받는 편견과 비난에 함께 상처받는 이들이었다. 인터뷰하면서 인상 깊었던 것은 그 가까움이었다. 사람 곁에 선 사람들은 틀에 박힌 세상의 질문을 낯설게 듣고 아파하면서 예상치 못한 답변을 해주었다. 공존하기 위해 무엇이 필요한지, 누군가의 자립을 기다리고 함께하는 것이 어떤 일인지 알려주었다.

한 여성의 몸과 마음이 폭력과 방치, 무관심으로 주저앉았을 때, 그 옆에 있는 사람들은 무엇을 할 수 있을까? 지친 사람이 아무것도 하지 않는다 해도 그 시간은 결코 무의미한 것이 아니다. 그것을 알기에 그들은 같이 기다린다. 작은 점프의 목격에 뛸 듯이 기뻐하고 사람은 스스로 살아낼 힘이 있다고 믿으며 그 곁을 지켜낸다.

이들은 성매매 방지 활동을 통해 인식 개선과 사회 분위기를 바꾸는 일도 한다. 반성매매 활동은 사회의 지지나 격려가 드물고, "컵 속의 소용돌이"처럼 고립되거나 변화가 없는 일처럼 여겨진다고 이들은 말하기도 했다. 활동가들은 성매매 집결지를 폐쇄하기 위해 싸웠고, 발로 뛰어 성매매 실태조사를 했으며, 쉼터와 상담소와 자활지원센터의 일상 속에서 성매매 피해 여성들의 자립과 성장을 위해 애썼다. 한편으로는 끝없는 서류 업무와 행정적인 일들을 처리하며 묵묵한 사회 속에서 성매매 피해 여성의 인권을 지키기 위해 노력했다.

침묵 속에서도 언어가 되어야 할 말들을 들었고, 창살이 사라져도 잇따르는 성매매 여성들의 죽음을 보고는 폭력적인 구조에 주목해 이를 알렸다. '언니'들이 일할 수 있고 함께 살아갈 수 있는 가능성의 자리를 만들어내며 넓히려고 했다. 밥과 자립과 성장과 변화, "자활"이든 또는 무엇으로 호명되든 한 사람으로서 다른 사람의 곁에 서서 함께 권리를 지켜간다는 것이 무엇인지 이들은 말해준다.

이 글에 다 기록하지 못한 것도 있다. 지원하는 과정에 초점을 맞추다 보니 현장에서 활동가들이 겪는 과중한 업무, 활동에서 느끼는 힘의 소진, 악화되는 건강, 일과 가정생활을 병행하는 어려움, 엄습하는 고립감, 제도화된 지원 과정 속에서 느끼는 갈등, 여성들의 죽음과 고통을 목격하면서 느끼는 무력감, 일을 그만두고 싶을 정도로 드는 회의감 같은 것은 자세히 쓰지 못했다. 활동가들이 지치지 않게 더 많은 실질적 지원과 제도적 변화, 사회적 관심이 함께해야 할 것이다.

이들이 맞서 싸우는 것은 우리 사회가 묵인하고 방치해온 이면이다. 성매매 피해 여성들은 사회의 발전과 통합이라는 명목으로, 구성원의 권리에서 제외되고 한편으로 이용되었던 여성들이었다. 성매매 시스템이 온존하고 있어서 여성에 대한 구분과 차별, 혐오가 강해진다. 팔릴 수 있는 여성들이 있는데 사회가 이에 무관심하다는 것은 한 인터뷰이의 말처럼 "사람들이 자신의 손등에 낙인을 찍는 일이다." 함께 가는 여성들의 연대는 계층과 지역과 세대의 간극을 뛰어넘어 여성들이 서로 이야기를 잇고 만드는 과정이기도 하다.

성매매 문제는 일상과 깊숙이 얽혀 있다. 성매매 문제는 직장 관행의 문제이자 지역 경제나 산업의 문제, 그리고 근대적인 성별 분업을 공식화하는 제도이기에 사회에 굳어져 있다. 성매매 문제는 여성을 위계화함으로써 가부장제를 유지하는 본질적인 문제여서 사람들을 갈라놓고 오해하게 한다. 한 인터뷰이는 "그 여성이 나일 수 있다"고 하면서 "단절되면 서로 분노를 느끼지만 계속 만나야 서로에 대한 오해와 모욕감을 이야기하고, 의지하고 함께 갈 수 있다"고 말했다.

'곁'이 없어지는 세상에서 당신의 곁에 누가 있는지, 또한 당신이 누구 곁에 있는지 생각하면서 이 책을 읽어봐도 좋겠다. 성매매 피해 여성들과 함께하는 여성들의 자리는 사실 우리 사회가 그동안 함께 관심을 가지고 만들어낸 자리기도 하다. 어느덧 하나둘 떠나는 차가운 곁을, 아우르며 동행하려는 목소리들이 있다. '함께 밥을 짓고 푸고 나누며' 누구든 같이 살아낼 수 있다고 믿는 여성들의 이야기가 이제 당신에게 다가온다.

안미선

차례

일러두기

• 이 책은 성매매 피해자 지원 기관 활동가들의 인터뷰를 재구성한 것으로, 일부 기관과 활동가의 이름은 가명입니다.

• 본문의 사진은 인터뷰이의 활동기관에서 제공받아 사용하였습니다.

• 이 책 수익의 일부는 성매매 피해자의 자립·자활 지원에 사용됩니다.

네 곁에 내가 내 곁에 네가

사람의 이름을
찾아가는 먼 길

김지원(가명)

:
:
:
:
:
:

"제가 필요 없는 사람이라고 생각했을 때

처음 이곳을 만났어요.

제가 인간으로서 살 수 있는 희망을 여기서 봤어요.

아직까지 성매매라는 문제가 해결되지 않았기 때문에

저는 현장에 있던 사람으로서 뭔가 하고 싶고,

맞서 싸우고 싶은 게 있어요."

(사)인권희망 강강술래 부설 자활지원센터
성매매 피해 여성들과 함께하는 자활지원센터로 홈패션과 도자기 작업장을 운영하고
있다.

간절한 대답, "일자리가 필요합니다."

전 옐로우하우스*에 있었는데 탈성매매를 하고 2005년에 처음 이 단체에 들어왔어요. 당시 인천에 집결지 학익동 '끽동'**과 숭의동 옐로우하우스가 있었어요. 2004년에 성매매방지법이 시행되면서 "집결지 자활지원사업"이 시범으로 처음 시작될 때, 현장상담소를 통해 활동 사업을 알게 됐죠. 당시에 뭘 할 수 있는 게 하나도 없으니까 현장상담소를 찾게 됐고, 그렇게 도움을 받기 시작했어요. 처음 상담에서 활동가들이 저한테 "가장 필요한 게 뭐냐?"라고 물었을 때 "일자리"라고 대답했어요. 제가 열다섯 살에 성매매에 유입돼서 스물여덟 살 때까지 성매매 업소에 있었어요. 그럼 그동안 경력이 엄청나게 단절된 거잖아요. 사람들이 생각했을 때 스물여덟 살이면 한참 직장생활을 하면서 경제활동을 할 나이예요. 하지만 그때 저는 사회성이 없다 보니까 대중교통을 이용하는 것도 어려웠어요. 대인기피증이 굉장히 심했고 밤이 돼야 밖에 나가고, 남의 시선을 의식하고 그랬어요.

하지만 당장 내가 먹고사는 문제가 걸려 있다 보니까 지푸라기

---

* 일제강점기인 1902년에 설치된 인천의 시키지마 유곽은 중구 선화동에 있다가 1961년에 숭의동으로 이전해 옐로우하우스 집결지로 이어졌다. 2004년에 성매매방지법이 시행되면서 부산 완월동과 인천 숭의동을 중심으로 시범적인 집결지 자활지원사업이 실시되었다. 이 사업은 성매매 현장에 있는 여성에게 의료를 지원하고 직업훈련 등을 도와 자립을 지원하는 것이 목적이었다.
** 인천의 집결지인 남구 학익동은 1950~1960년대에 미군부대 인근에 특정지역으로 조성되었다. 이곳은 2004년 인천시 남구의회에서 '특정지역폐쇄건의안' 통과 후 2006년에 도시개발구역으로 지정되면서 2007년 6월 2일부로 폐쇄되었다.

라도 잡고 싶었던 거죠. 돌파구가 있었으면 하는 간절함이 있었어요. 그때 자존감이 너무 바닥을 쳐서 '난 정말 필요 없는 존재구나' 하고 낙심하고 있을 때였어요. 나를 위한 일자리가 필요했던 거죠. 사회성을 좀 키우고 싶었어요. 그 시점에 전 대표님(故 배임숙일)께서도 생각하신 게 '이 친구들이 당장 나와 경제적으로 자립하기 위해서는 일자리가 필요하구나' 하는 거였어요. 제가 2005년 초에 처음 상담을 받았는데 그해 7월쯤에 단체에서 연락이 와서는 일자리가 있으니 저더러 와보라고 했어요. 저는 옐로우하우스 집결지와 멀리 떨어진 곳에 살고 싶어서 다른 곳에 가서 살고 있었거든요. 전화를 통해 처음에 "단체가 있는 곳까지 직접 와보라"는 미션을 받은 거예요. 굉장히 어려웠지만 버스를 타고 물어물어 거기까지 찾아갔어요. 그만큼 간절했다는 뜻이죠.

그렇게 해서 당시 노동부 사업인 "사회적 일자리"*를 시작한 거예요. 임시보호쉼터에 있던 다른 친구들과 함께했어요. 단순노동을 한 것이 아니라 사회성 배우기 훈련으로 시작했어요. 기관 행사를 보조하거나 글쓰기 프로그램에 참여하고, 대중교통을 이용해 영화 보러 가기 같은 훈련을 했어요. 일 년 동안 이런 것들을 연습하면서 신세계를 봤어요. 받는 돈은 육십여 만 원이었지만 값어치가 있었어요. 돈에 대해 경제관념이 조금씩 생기고 길을 찾는 연습

---

* 사회적으로는 유용하나 수익성 때문에 시장에서 충분히 공급되지 못하는 서비스를 중심으로 일자리를 만들어 비영리 조직을 통해 취업 취약 계층에 제공하는 사업이다.

도 조금씩 되더라고요. 그때가 성매매방지법이 생기면서 상담소나 쉼터 등에서 성매매 피해 여성이 보호받기 시작할 때였거든요. 저희도 다른 기관을 방문해 다른 성매매 피해 여성들을 만나면서 여러 가지를 많이 보고, 듣고, 느꼈어요.

되찾은 이름, 펄럭이는 꿈

성매매 업소에 있으면서 제 이름을 잃어버렸잖아요. 십오 년 가까이 제 이름으로 불리질 못했는데 이제 온전한 이름을 불러주는 곳이 생겨났어요. 직장이라는 개념도 생겼어요. 물론 다른 직장처럼 일을 많이 하진 않았지만, 이곳이 내 직장이고 나도 버스로 출퇴근하면서 일반 사람이 되어간다는 뿌듯함이 있었어요. 또 사람을 대할 때 두려워하거나 의식하는 게 심했는데 '이제 나도 이 사람들하고 다를 게 없구나' 하고 느끼다 보니까 경계들이 허물어지기 시작했어요. 사회적 일자리 사업이 제 인생을 바꿔준 계기가 된 거죠. 일 년 동안 사회성을 키우는 데 많은 시간을 보냈어요.

전 대표님은 일 년짜리 사회적 일자리 사업이 끝나자 이걸 수익형으로 전환하려고 생각하셨어요. 저희 치료회복 프로그램에 흙을 만지는 게 있었어요. 도자기를 만드는 거였죠. 참가자들이 이 프로그램을 하면서 심리 치유에 좋다, 흥미롭다고 하니까 전 대표님이 "그러면 도자기 만들기를 사업 아이템으로 하면 어떻겠냐?"라고 제안하시더라고요. 수익을 낼 수 있는 일자리로 다시 제안을 해서 노동부 사업을 일 년 더 진행한 거죠.

이렇게 이 년 동안 사회적 일자리 사업이 끝나고 나서 '현장 활동가 양성 프로젝트'*가 일 년간 진행됐어요. 저는 두 사업에 모두 참여해 총 삼 년의 시간을 보냈어요. 그러는 동안 제 마음가짐이 달라지더라고요. 처음 시작할 때는 '정말 내가 인간으로서 어떤 사람인가?' 알고 싶었고, 일 년 참여하고 나서는 '아, 이제 내가 사람답게 살 수 있겠구나' 하고 느꼈어요. 이 년째 참여하면서 '이제 나도 꿈을 꾸게 되었구나' 하고 목표가 생겼고, 삼 년 되니 '꿈의 목표를 실현할 수 있겠구나' 싶었죠. 해를 거듭하며 이렇게 마음가짐이 달라졌어요.

다른 지역의 기관에서는 사업 초창기부터 현장 동료활동가**를 많이 양성했어요. 우리 단체는 저희가 들어온 지 삼 년 정도 지나 "동료활동가가 되지 않겠어요?"라고 제안해줬어요. 아마 삼 년이라는 시간을 저희의 치유 기간으로 생각한 것 같아요. 저는 그동안 탈성매매 당사자들 워크숍에 가서 이야기를 들을 때면 같은 경험을 한 친구로서 뭉클했고, 직접 말하지 않아도 대화가 되는 것 같은 느낌이 들었어요. 그래서 동료활동가로 활동해볼 생각이 있냐는 기관의 제안에 응했죠.

제가 동료활동가의 꿈을 키울 때, 지금은 돌아가신 전 대표님

---

* 2007년 여성가족부, 노동부, (사)여성인권을 지원하는 사람들은 부처공모형 사회적 일자리 사업 수행을 위한 협약서를 체결한 뒤 탈성매매 여성을 대상으로 동료상담원 일자리 지원사업을 실시했다. 이 사업에는 1년간 10개 기관에서, 40여 명이 참여했다.
** 성매매 피해 경험이 있는 당사자 활동가들을 '동료활동가' 또는 '현장활동가'로 지칭한다.

이 저의 롤 모델이었어요. "나도 노력하면 선생님처럼 될 수 있어요?" 하고 제가 물어보니 "뭐가 어려워?"라고 그분이 대답하시더라고요. 저한테 큰 산이던 그분이 저보고 그 산에 올라오라고 한 거예요. 그분은 모두를 평등하게 대했고 남이 아픈 걸 못 보셨어요. 저희가 업소에서 있었던 얘기를 아무렇지 않게 하면 혼자 다른 데 조용히 가서 마음 아파하며 울고 계셨어요. "그걸 덤덤하게 얘기할 수 있는 마음이 더 아프다"라고 말씀하시면서요. 활동가로서 보여준 그분의 인간적인 모습이 제 머릿속에 많이 남아 있어요.

'아픈 손가락'을 가진 동료활동가

자활지원센터* 작업장에서는 활동가나 참여하는 친구나 다 "선생님"이라는 존칭으로 서로를 불러 구분을 없애요. 하지만 동료활동가 제안을 받고 그래도 조금 두려움이 앞서는 거예요. 제가 활동가가 된다고 하니, 같이 지내던 동료가 어느 순간 저를 보는 시선이 좋지 않은 것 같았어요. 또 활동가들은 저에 대한 어떤 우려가 있었을 테니까, 처음 자리를 잡을 때는 혼란스러웠어요.

동료활동가로서 상담소에서 일하기 시작하고서는 일을 빨리 배우고 싶다는 절박함이 컸어요. 상담을 하려면 이것저것 정보도 많이 알아야 한다는 생각, 잘하고 싶다는 의욕이 앞섰어요. 선배

---

* 탈성매매 여성이 일정 정도의 자활 기반을 갖춘 후 종합적인 직업 자활 상담 및 직업훈련 등을 받을 수 있는 곳이다. 공동작업장 등의 사회적 일자리를 제공하여 전업과 자활을 위한 준비를 돕는다. 현재 전국에 11개의 자활지원센터가 있다.

활동가들이 일하는 것을 많이 보고 배우며 저도 상담일지를 작성했어요. '내가 빨리 자리를 잡아야 뒤에 올 동료활동가들이 자리를 잡을 수 있겠지' 하고 생각했어요.

솔직히 처음에는 행정적인 일이 전혀 안 됐어요. 컴퓨터 사용 능력도 없었거든요. 또, 다른 신입 활동가가 배우는 내용이랑 제가 배우는 내용이 달랐어요. 저는 나름대로 노력했지만 똑같이 입사한 다른 사람보다 못한다고 느껴져 자괴감이 있었죠. 그다음에도 제 뒤로 동료활동가들이 들어와 활동하기 시작했어요. 그런데 기존 활동가들 사이에서 "우리가 동료활동가들을 더 이해하고 받아들여야 하나?"라는 이야기가 떠돌 때, 자존심이 상했죠. 속상하고 서운하기도 했어요. 물론 우리가 느리게 배운다는 건 인정하기 때문에 똑같이 봐달라고 이야기할 수는 없는 처지였어요. 하지만 저희를 똑같이 봐줬으면 하는 마음도 있었어요. 그러면서도 한편으로, 저희가 실수하면 동료활동가니까 다른 활동가들이 이해해주기를 바라기도 했죠. 애매한 감정들이 함께 있었어요. 저는 중학교 이 학년 때 중퇴했는데 기관에서 교육지원을 받으면서 검정고시로 중학교, 고등학교 과정을 졸업했어요. 그리고 다른 일반 상담원과 동료활동가 상담원인 제가 동일하려면 같은 자격을 갖춰야 할 것 같아서, 사이버대학에 입학해서 사회복지학과를 졸업했어요.

행정적인 일, 상담일지 쓰는 것, 상담하면서 내담자를 편하게 해주는 법, 지원과 병원에 동행하는 법 같은 것 들을 배워갔죠. 저희한테는…… '경험'이라는 게 있잖아요. 성매매 피해 내담자들은 일단 다급해서 상담소에 오지만 '상담원한테 나를 어떻게 설명해야 하나? 나를 좋은 시선으로 보지 않을 거야' 하는 스스로의 선입견이 있거든요. 자기를 표현하기 힘들어하는 친구에게 제 경험을 공개하면 라포*가 빨리 형성돼요. 그래서 친구들이 자기 경험을 편하게 이야기하면서 상담이 잘 이어져 갔죠. 다른 상담원은 업소에서 쓰는 말이나 은어를 모르지만 저는 그런 용어들을 알기 때문에 도움을 줄 수도 있었어요. 마찬가지로 저도 다른 상담원에게 도움을 받고요.

상담소에서 제가 아웃리치**를 담당했어요. 그래서 옐로우하우스에 가게 됐죠. 저는 옐로우하우스에 있었던 사람이니까 그 동네를 다 돌지 못했어요. 나를 못 알아보는 구석진 도로로만 돌았죠. 처음에 내가 아웃리치 담당자로서 집결지 분위기를 알아야 하니 옐로우하우스에 가겠다고 했을 때 다 만류했어요. 한번은 업주가 아는 척을 하기도 했죠. 저는 괜찮았는데 옆에 있던 활동가들이 너무 놀랐어요. 저도 두려움이 없지 않았지만 그보다 저랑 같이 간 활동가에게 피해를 줄 수 있으니 좀 조심해야겠다 싶었어요.

제가 주로 가는 골목에는 나이 많은 언니들이 있어요. 귀가 안 들리는 언니도 있고, 아픈 이모도 많아요. 대화는 안 되지만 얼굴을 보면 반가워하죠. 언니들이 잘 있는지, 아픈 데는 없는지, 제 눈

---

* rapport, 상담·치료·교육 등이 원활하게 이루어지도록 만드는 상호 신뢰·이해·공감대 등을 가리키는 심리학 용어.
** out reach, 도움이 필요한 사람들을 직접 찾아 나서는 것으로, 성매매 현장에 찾아가 직접 여성들을 만나면서 도움과 정보를 제공하는 서비스를 말한다.

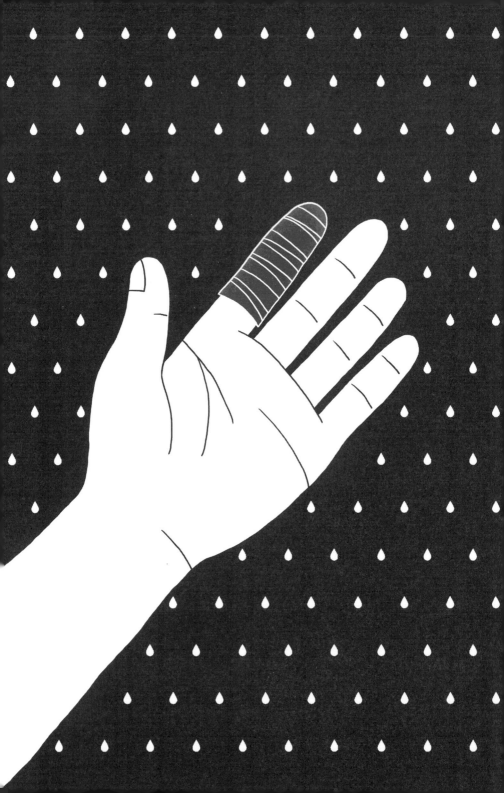

으로 확인해야 안심이 돼요. 늘 걱정이 되거든요. "언니, 몸은 좀 괜찮아? 아픈 덴 없어?" 하고 물으면 한 언니는 귀가 잘 안 들리니 딴소리를 하죠. 그래도 "밥은 먹었어?" 또 물어보고, '아프지 않고 잘 있구나' 하고 직접 봐야 안심이 돼요. 제가 임신해서 아웃리치를 다닐 때 어떤 언니가 제 배를 보고 "언제 애기 나와?" 하고 물었어요. 그리고 아이를 낳고 나서도 저를 보고 "언제 나와?"라고 묻더라고요. 우리 애를 한 번도 본 적 없지만 그다음엔 "애는 잘 크지?" 하고 늘 안부를 물어요.

옐로우하우스를 보면 몹시 아픈 손가락 같죠. 안타까운 상황을 보면서도 내가 해줄 수 있는 게 잘 없어요. 그 성매매 여성들에 대한 제대로 된 대안이 없는 거죠. '내가 만약 옐로우하우스에서 나오지 못하고 그대로 있었다면 저 여성들의 삶과 다를 바 없었을 텐데……' 하는 마음이 들어 측은해요. 진짜 방 하나 얻을 보증금이 없어서 못 나오는 여성들도 많아요. 실질적으로 돌아갈 수 있는 곳이 없어서 거기에 있는 여성들도 많고요. 제가 없애고 싶다고 없앨 수 있는 게 아니고, 제가 안 없애고 싶다고 안 없어지는 것도 아니죠. 저는 옐로우하우스를 생각하면 늘 아픈 손가락 같아요. 자를 수도 없고 내버려둘 수도 없는 아픈 손가락, 그런 마음이 들어요.

자활지원센터 상담원의 숨은 꿈

저는 단체 부설 상담소에서 오 년 동안 일했고, 지금은 자활지원센터에서 일하고 있어요. 우리 단체는 2006년에 자활지원센터가 개소됐고 그 뒤 공동작업장도 생겼어요. 그게 도자기 공방과 홈패션 공방이에요. 둘 다 손으로 하는 일이에요. 공동작업장이 생기면서 다른 친구들도 일에 참여할 기회를 얻었죠. 두 가지 가운데 자기 적성에 맞는 일을 골라 해요. 흙이 좋은 사람은 도자기를 만들고 미싱이나 바느질에 소질이 있으면 홈패션 일을 하죠. 사실 도자기 작업 같은 것도 굉장히 힘들어요. 우선 흙이 무거운데 그 흙을 실어 옮겨야 하고, 쳐서 반죽하고, 유약 작업해서 가마에 집어넣고 굽는 것까지 하거든요. 수익형이니 판매도 해야 해요. 초기에는 작업장에서 만든 물품을 가지고 사무실 앞에 나가 판매하기도 했어요. 공방에 참여하는 사람들이 연차가 생겨 후배가 들어오면 선배가 가르쳐주는 식으로 해서 지금까지 이어지고 있어요.

자활지원센터 공동작업장은 한 사람이 사 년 동안 참여할 수 있어요. 그렇게 법으로 정해져 있어요. 아침 아홉 시부터 여섯 시까지가 작업시간이고, 현재는 열다섯 분이 참여하고 있어요. 한 달에 백 시간 이상 최대 백오십 시간까지 참여할 수 있고 임금은 시급으로 지급되죠.

도자기 공방에서는 기념품 같은 것들, 컵이라든가 다기 세트를 많이 주문받고 홈패션 공방에서는 주로 다용도 주머니나 손수건을 만들어서 판매해요. 도자기 공방에는 젊은 친구들이 많고 홈패션 공방은 결혼하신 분들이 선호해요. 외부 도자기 체험 교실에 강사로 파견되기도 하고요. 자활지원센터에서 직업훈련이나 구직활동 지원도 해요. 취업과 관련한 자격증을 따려고 친구들이 바리스타나 네일 아트 같은 걸 배우기도 하죠.

2013년에 협동조합으로 공방을 하나 더 만들었어요. 친구들이 직접 꾸려나가야 하는 곳이어서 저는 그쪽 일도 함께하고 있어요. 자활지원센터에서 삼 년 참여하신 분을 그곳 직원으로 두었어요. 협동조합 공방에서는 도자기나 퀼트 작품을 판매해요. 참여자들이 연마한 기술을 종합공예로 다 작품화해서 그곳에서 판매할 수 있게 했어요. 체험교실을 진행하고 지역 행사에 물품을 만들어 판매하기도 해요. 자활지원센터는 국고 지원이 있어서 참여자들의 급여가 나오지만 협동조합은 판매 수익을 내야 하니까 독립적으로 매장을 운영하고 직원 월급을 줘야 해요.

저는 처음부터 참여해본 경험이 있는 동료활동가니까 예전하고 현재를 비교해볼게요. 예전에는 사회적 일자리 사업이 수익형이 아니었기 때문에 어쨌든 일 년 정도는 탈성매매 여성이 사회성을 기르는 데 시간을 배분할 수 있었어요. 지금은 자활지원센터의 공방 체험을 통해 사회통합 프로그램을 하는데, 사실은 탈성매매 여성에 대한 기다림 없이 인큐베이팅을 바로 하다 보니까 그 과정에서 소진되는 친구도 있어요. 이 친구들을 기다려주기보다 계속 바쁘게 뭔가를 빨리빨리 해야 하니까요. 사실 자활 사업이기는 하지만 지금은 성과 위주고, 평가 위주고, 그렇거든요. 담당자로서 힘든 건, 기다릴 새 없이 이 친구들을 재촉할 수밖에 없다는 거죠. '누구를 위한 자활일까?' 그런 생각을 했어요. 저는 현장의 동료활동가로서 '자활은 스스로 자활할 때까지 기다려줘야 하는데……'

속으로 그런 생각을 하기도 해요.

처음 자활지원센터에 온 친구가 있으면 저희는 공방마다 보름씩 체험하게 해요. 도자기 공방과 홈패션 공방 중에 어디가 더 적성에 맞는지 한 달을 해보는 거죠. 그다음에 공방을 결정하면 새로 온 친구도 기존에 있던 친구와 똑같이, 같은 수준으로 작업해야 하는 거예요. 저로서는 안타까운 점이 없지 않아요. 제가 처음 사회적 일자리를 시작했을 때와 달리 지금은 자활지원 사업이 제도화되면서 바뀌었는데, 좀 성급하게 이 친구들을 재촉하는 것 아닌가 하는 생각이 들어요. 아픈 친구나 약한 친구가 공방에서 오래 못 견디는 걸 볼 때 고민이 더 많이 생겨요. 저는 선배지만 담당자기도 해서 그런 친구들을 함께 끌고 작업을 해나가야 하니까요. 일할 때 친구들 사이의 편차가 있을 수밖에 없는데 작업 속도를 따라오지 못하는 친구를 어떻게 안고 가야 할까 고민하죠.

홈패션 공방 같은 경우, 잘하는 친구는 미싱을 하고 덜 숙련된 친구는 재단을 해요. 그런데 재단을 잘못하면 옷을 다 망쳐버리게 되니까 다들 재단 못한 친구를 계속 원망하게 되죠. 담당자로서 "이 친구를 이해하고 기다려주자"고 하지만, 말뿐이지 할 수 있는 조치가 딱히 없어요. 잘 어울려주길 바라죠. 당장 해줄 수 있는 게 없으니까, 또 이 작업이 이 친구가 해내야 할 역할이니까. 그래서 힘들어하는 친구들도 많아요. 시스템 자체가 그렇다 보니까 작업장 일에 맞지 않는 친구는 오래 참여를 못해요. 자활지원센터 작품 전시회 같은 행사를 하면 언제 어떤 물품이 나와야 하는지 정해져 있고, 주문을 받으면 납품일을 맞춰야 해서 저도 참여자들에게 일을 재촉하지 않을 수가 없어요. 일터라는 개념을 배제할 수 없으니까요. 규칙이 있고, 본인이 노력도 해야 해요. 하지만 그 틀에 어떤 친구들이 적응을 못한 채 투입될 때 심리적 갈등도 분명 있어요.

말하자면 일을 잘하는 친구들만 작업장에 남고, 정작 자활지원이 절실한 친구들은 우리가 더 보듬어줄 수 없는 시스템이에요. 그 친구들을 다른 능력 면에서 개발하려고 교육지원을 하는데 친구들의 자존감이 떨어진 상태여서 중도 포기하는 경우가 많아요. 뭘 더 해줄 수 없을 때 힘들죠. 지금 자활지원은 사 년이라는 기간이 정해져 있어요. 친구들이 삼 년이 지나 사 년이 되면 '내가 어디 가서 뭘 하고 살아야 하나?' 하고 많이들 고민해요.

이전에 전 대표님이 하셨던 말씀이 "최종 목표는 공동체를 만드는 것"이라고 했어요. 공동체는 서로 아울러 함께 사는 거잖아요. 네가 참여한 지 사 년 됐다고 지원이 끝나지 않고, 너 일 못한다고 나가게 하지 않잖아요. 스스로 할 수 있는 만큼 하고 함께 살아가는 게 공동체잖아요. 제가 꿈꾸는 자활은 그런 거예요. 자활이긴 하되 공동체였으면 좋겠다고, 누구 하나 내쳐지지 않고 같이 살아가면서 함께 있을 수 있는 곳이면 좋겠다고 생각해요. 잣대가 없다면 좋겠어요. 자기가 할 수 있는 건 작은데 큰 성과를 내라고 하면 부담스러워서 그곳에 있고 싶지 않잖아요. 할 수 있는 만큼만 하더라도 그 자체로 받아들이는 공동체면 좋겠어요.

지금의 자활지원은 기다림이 없는 자활지원이라서 아쉽다는 생각이 들어요. 제가 꿈꾸는 자활은 공동체가 함께 살아나가는 거예요. 누구도 배제당하지 않고 온전히 우리의 삶으로 함께할 수 있는 곳이면 좋겠어요. 아주 먼 미래가 되겠지만, 함께할 수 있는 사람이 있다면 언젠가는 공동체 생활을 해보고 싶어요.

손에 손을 잡고 함께 추는 춤

일반 사람들하고 이야기해보면 대부분 '성매매 문제'라는 주제를 귀찮아해요. '나는 성매매 안 하니까 상관없어' 하고 생각들 해요. 자기 가족이 성매매를 한다면 좋아할 사람은 없지만, '내 일 아니고 우리 가족 일 아닌데, 성매매 하겠다는 사람은 하게 두면 되지 않나?' 하고 생각들 해요. 아이러니한 거죠.

저는 이렇게 말해요. "누가 태어날 때부터 성매매 여성으로 태어나지는 않잖아요. 성매매를 하겠다는 낙인을 찍고 태어나는 사람은 아무도 없어요. 어느 환경과 조건에서 어떻게 선택하느냐에 따라 그렇게 될 수밖에 없는 상황이 올 수 있어요. 타인의 삶이라고 해서 무성의하게 생각하지 말았으면 좋겠어요."

누구는 태어났을 때부터 성매매를 하고 싶어서 태어났겠어요? 그게 어떤 건지 알고나 하는 말이에요? 하루에 열 번 이상을 모르는 남자하고, 성적 취향도 고려하지 않은 상태에서 한다는 게 인간으로서 가능한 거예요? "경험해보지 않았으면 함부로 얘기하지 말라"라고 말하고 싶어요. 왜 그 여성이 성매매를 할 수밖에 없었는지, 왜 "나는 성매매를 한 여성"이라고 말할 수 없는지, 왜 성매매를 경험하고 떳떳하게 나설 수 없는지 그 이유를 한 번만 생각하면 사람들이 그렇게 쉽게 말할 수 없을 거라는 생각이 들어요.

일반 사람들이 성매매 피해 여성의 문제가 남의 일이라고 생각하지 않았으면 좋겠어요. 같은 나라의 한 국민이잖아요. 그들이 왜 성매매를 선택할 수밖에 없었는지 상황도 생각하고 정말 그 일을 자신이라면 하겠는지 생각해서 사람들의 인식이 좀 바뀌었으면 좋겠어요. 그렇지 않으면 그건 자신의 손등에 낙인을 찍는 격이라고 생각해요.

저는 성매매 업소에 있을 때 가명을 쓰면서 제2의 얼굴, 제3의 얼굴을 하고 살 수밖에 없었어요. 하지만 이곳에서 십 년 동안 바쁘게 사는 중에 '나'라는 사람을 찾았어요. 내 나름대로, 내 삶의 방식대로요. 지난 십 년이라는 시간은 온전히 나를 찾는 데 들인 시간이라고 생각해요. 가족에게, 활동가들에게, 동료들에게 의지하기도 했지만 무엇보다 이것은 제가 사는 방식이었어요. 돌아봤을 때 어쨌든 많은 사람들이 도와준 것도 저의 노력인 거고, 많은 사람들을 알게 된 것도 저의 노력일 거예요. 그래서 십 년을 돌이켜보면 나를 찾으며 잘 지냈다는 생각이 들어요.

처음에 탈성매매를 했을 때 스물여덟 살이었는데 당장 갈 곳이 없던 제 곁에 지금의 남편이 있었어요. 제가 다른 일을 안 하고 이곳에 오기까지는 남편의 지지가 컸어요. 다른 일을 찾는데 남편이 "업소에서 힘들었다고 했으니 다시는 그런 일을 하지 말아라. 다른 건 못해줘도 밥은 먹여주겠다"라고 말해준 거죠. 그렇게 해서 여기에 왔어요. 남편과 싸울 때도 있지만 남편이 한 번도 저한테 성매매에 대한 얘기를 한 적은 없어요. 그걸 말하면 내가 떠날 거라는 걸 알았는지 몰라도 어쨌든…….

첫 아기가 생기고 갈등을 했어요. 그때 제가 중학교 검정고시를 합격하고 고등학교 검정고시를 앞두고 있었거든요. '이 사람하고 계속 함께할 수 있을까?' 하는 고민을 했어요. 하지만 그때 한 생각이 '내가 가장 힘들 때 옆을 지켜준 사람인데, 내가 앞으로 인생이 어떻게 바뀔지 모르겠지만 이 사람이 힘들 때 내가 같이 있어줘야겠다'였어요. 아이 낳을 생각을 하고 친정엄마한테 얘기했어요. "아이가 생겼고 아이를 낳고 싶다"라고. 엄마는 제가 중학교 이 학년 때 집을 나가셨거든요. 성인이 돼서 저를 찾아 만났는데 엄마가 제게 미안함이 있으셨던 것 같아요. 청소년 시기를 혼자 보내게 하고, 제가 '술집'에 있었구나 하고 눈치를 챘겠지만 직접은 못 물어보셨죠. 엄마가 "네가 원하면 낳아라" 하면서 제 일터 가까운 곳에 집을 얻어주셔서 아이를 낳았어요.

아이 낳을 때 그런 생각이 들었어요. '내가 이 아이한테는 참, 부끄러운 엄마가 되고 싶지 않다', '나중에 혹시라도 우리 아이에게 이런 얘기를 할 날이 올지는 모르겠지만, 그래도 아이한테만큼은 자랑스러운 엄마였으면 좋겠다'는 생각들이요. 그때 아마 마음을 굳혔던 것 같아요. '이 아이한테 정말 떳떳한 엄마, 자랑스러운 엄마이고 싶다'는 생각이 나를 있게 한 동기였던 것 같아요.

큰아이를 낳고 검정고시를 마저 보고 활동가가 되었어요. 처음에 애를 봐줄 사람이 없으니 조금 힘들었는데 엄마가 아예 우리 집에 오셔서 아이를 일곱 살까지 봐주셨어요. 그때부터 아이를 엄마한테 맡기고 지금까지 활동했어요. 활동을 하면서 '나'라는 사람을 찾았고, 엄마를 찾았고, 그리고 내가 엄마가 되었고, 한 사람의 아내가 되었어요. 다방면으로 찾아보면 모든 곳에 '나'라는 사람이 모태가 되어 있어요. 때로 시간에 쫓겨 바쁠 수 있겠지만 엄마로서의 삶도, 아내로서의 삶도, 활동가로서의 삶도 나름대로 저를 찾는 시간이었어요. 처음부터 나는 이곳을 떠난다는 생각을 한 번도 해본 적이 없어요. 전 항상 이곳에 있을 거고, 떠난다 해도 곧 돌아올 거라는 믿음이 있어요.

처음에 이곳을 만났을 때, 제가 진짜 필요 없는 사람이라고 생각했다가 '인간으로 살 수 있구나' 하고 희망을 봤어요. 그 마음이 계속 남아 있어요. 일하면서 지치고 힘들고 그만두고 싶을 때도 많지만, 언제나 여기에 있겠다는 확신이 있어요. 회사나 직장이 아니라, 뭐라고 설명해야 할까, 이곳에는 일단 역동이 있어요. 제가 인간으로서 살 수 있는 희망을 여기서 봤다고 했잖아요. 그 역동이 너무 좋아요. 이곳을 떠난 저를 한 번도 생각해본 적이 없어요. 아직까지 성매매 문제가 해결되지 않았고, 저는 현장에 있던 사람으로서 뭔가 하고 싶다는 의지도 있고 맞서 싸우고 싶은 게 있는 거죠.

이곳은 "너와 내가 평등하게 손을 잡고 함께 가자"라고 말해준 곳이에요. 처음 그 말을 들었을 때는 '그게 가능해?' 생각했는데 저도 꿈을 꾸게 되더라고요. 상상을 하게 되고. 정말 그런 날이 왔으면 좋겠어요.

후기

거인을 만나다

김지원씨를 찾아갔을 때, 점심 식사를 마친 자활지원센터 참여자들이 작업장으로 들어가고 있었다. 미싱이며 작업 물품이 나란히 놓여 있는 방들이 들여다보였다. 그곳은 웅숭깊게 작품들을 만들어내는 곳이었다. 복도에 전시된 작품들을 보았다. 주름이 잡힌 꽃잎을 켜켜이 달고 있는 화병, 얼크러진 덩굴무늬가 얹혀 있는 병과 집 모양의 촛대……. 한 땀, 한 땀 만들어낸 손수건들, 물고기 모양 고리가 달린 삼각형 파우치. 정형화되지 않은 작품에는 원초적이면서 여성적인 힘이 있었다. 자유로운 무늬와 형태를 가진 작품들을 보면서 나는 여성들의 가슴에 숨어 있는 거인 같은 힘을 느꼈다. 그리고 그 힘을 이끌어낸 작업장이라는 공간을 생각했다.

김지원 씨의 이야기에서도 나는 일어서는 거인을 느꼈다. 자신이 어떤 사람일까 하는 절망 속에서 기어이 꿈을 가진 사람이 되고 만 이야기였다. 집결지 자활지원사업의 현장상담소를 만난 이후 그녀는 부단한 노력 끝에 자신의 이름을 찾았다. 엄마, 아내, 자활지원센터 동료활동가……. 그녀는 지금 자신의 두 손으로 일구어낸 이름들을 가지고 산다. 스스로 확신하고 꿈을 찾아가는 동안 주위에서 지원해주고 믿음으로 기다려준 시간을 특별하게 기억한다. 그 기다림이 곧 그녀에게 '자활'이었다.

그녀는 자신에게 허락되었던 그 자활의 시간이 지금 현장에서 만나는 탈성매매 여성들과 작업장의 참여자들에게도 충분히 주어지기를 바란다. 믿고 기다리면 사람이 어떻게 천천히, 그러나 확고하게 변하는지 경험으로 알고 있기 때문이다. 그래서 탈성매매 여성에게 주어지는 자활지원이 효율과 성과라는 잣대로 재단되지 않기를 바란다. 가슴속 숨어 있는 꿈처럼, 모든 이들이 그 존재 자체로 세상에 있어야 할 이유가 있고, 같은 공동체의 구성원이 될 자격이 있다고 여겨지기를 바란다.

그녀의 소탈하고 솔직한 이야기 속에 나도 같이 웃고 가슴이 찡해지기도 했다. 들려주는 이야기가 왜곡 없이 그대로 기록되는 것인지 그녀는 은연중에 염려를 했다. 탈성매매 동료활동가로서 타인들에게 무수히 받았던 질문들이 그녀에게 있었다. 나는 그녀의 이야기를 있는 그대로 기록할 것을 약속했고 그녀는 다시 한 번 낯선 나를 믿으며 이야기를 들려주었다. 당당하고 덤덤한 목소리였다. 하지만 잠깐의 머뭇거림에서, 녹음기를 곁눈질하는 시선에서, 커졌다 작아졌다 하는 목소리에서 주저함과 여러 상념들을 느낄 수 있었다.

성매매 문제에 대한 우리 사회의 편견에 어떻게 생각하느냐고 물었을 때, 그녀가 대답했다. "……사람들은 그게 어떤 경험인지 알고나 하는 말이에요?" 그 한마디는 나지막했지만 떨리는 소리였다. 나는 그 말이 주었던 울림을 인터뷰를 마친 후에도 잊을 수 없었다. 성매매 현장은 관념이 아니라 현실이고 여성에 대한 폭력이라는 것을 그 한마디가 가르쳐주었다. 독자들이 글의 문장들에서, 한마디 한마디 망설임을 누르고 용기를 내어 증언을 담아준 그녀의 진심을 느꼈으면 좋겠다.

열다섯 살에 성매매에 유입돼서 스물여덟 살까지 성매매 업소에 있었던 그녀가 십여 년 전, 집결지에서 현장상담소를 통해 세상에 손을 뻗었을 때, 마침 성매매방지법 제정 직후 그녀를 도와줄 수 있는 지원 제도가 생겨났던 것이다. 이제 그녀는 동료활동가로서 성매매 피해 여성의 인권을 지키고 지원하는 일에 동참하고 있다. '사람으로서 살 수 있는 희망'을 보게 해준 이곳을 떠나지 않는다고 그녀는 확고히 말했다. 누군가 자신의 손을 잡아주었듯이, 또 다른 여성들의 손을 평등하게 맞잡아줄 꿈을 꾸며 그녀는 앞으로 나아갈 것이다.

알고 보면 그건
똑같은 상처

임정원

:
:
:
:
:
:

"사람들은 드러나는 것만 보는 것 같아요.
어떤 형태로 성매매 현장에 들어갔든
본인들이 그것을 자각하든 안 하든
성매매라는 경험은 그 사람이 그곳을 떠나 돌이켰을 때
굉장한 상처로 남는 폭력적인 경험이라는 것은 동일해요."

서울시 다시함께상담센터
서울시로부터 서강대학교 산학협력단이 수탁받아 운영하고 있으며, 성매매 피해자
상담 및 성매매 방지 사업을 수행하고 있다.

달라진 것이 없어요

다시함께상담센터에서 2003년부터 일했어요. 그때는 성매매방지법 제정 전이었으니까 일하는 데 여러모로 혼란스러운 점이 많았지만, 성매매방지법이 시행되고 나서는 사회에서 성매매 문제에 대한 관심이 뜨거웠어요. 처음에 사회복지사로 이곳에 왔을 때 '성매매 문제'는 생각해본 적 없는 어려운 주제여서 당황했어요. 그런 상황에서, 또 상담소가 많이 없을 때라, 전국적으로 성매매 피해 여성을 지원하러 다니느라 바빴죠. 전국 각지에 있는 성매매 집결지와 성매매 현장을 가보면서 일을 시작했어요.

처음 미아리 집결지에 갔을 때 너무 놀랐어요. 그곳은 지금도 큰 변함이 없어요. 역 가까이에 아파트 단지가 있는데 그곳에 집결지가 붙어 있어요. 주민들에게 안 보이게끔 집결지 위를 막아 놓고 담을 높이 쳐 사방이 격리되어 있죠. 문도 이중, 삼중으로 되어 있고 커튼을 쳐놓거나 철문으로 만들어놨어요. 문 밖에 '휘파리 이모(호객꾼)'들이 항상 열쇠를 들고 지키고 있죠. 들어가서 보면 고깃집 불빛처럼 붉은 등 아래 언니들이 드레스를 입고 초점 없는 눈으로 손님들을 보고 있어요. 그 당시에도 그랬고 지금도 그런 현장이 있다는 건 충격적인 거예요.

2004년 성매매방지법 시행 초기에는 사회에서 관심도 많았고 경찰이든 검찰이든 다들 애정을 가지고 적극적으로 지지해주셨어요. 성매매 피해 여성 긴급 전화 117*도 생기고 뭔가 해결해주려는 움직임이나 에너지들이 있었죠. 그런데 지금은 그런 분위기가 많이 퇴색했고 경찰이나 검찰에 계시는 분들도 성매매 피해 여성을 보는 시각이 바뀌었다는 걸 현장에서 많이 느껴요. 이전에는 성매매 피해 여성의 감금 문제가 사회문제가 되었고, 법 제정될 때도 그런 사례가 많았어요. 하지만 이제 알선하는 사람들이 참 영악해졌어요. 자기들은 채권의 본질에서 싹 빠지고 성매매 피해 문제를 그냥 채무 문제로 만들어버려요. 업주들은 선불금을 여성에게 직접 주는 대신 파이낸스나 사채 쪽으로 돌려요. 그러면 언니들이 그 빚을 진 뒤 갚기 위해 더 고리高利의 사채를 끌어와야 하는 형태로 가고 있어요. 그런 식으로 하기 때문에 언니들의 힘겨움은 이전과 달라진 것이 없어요. 업주들이 직접 감금하는 게 아니라 해도 채무 문제들이 얽혀 있기 때문에 언니들이 업소에서 빠져나오기가 여전히 어려운 거예요. 언니들은 나중에 결혼을 해도 언제든지 업주나 채권자들이 자기를 찾아올 수 있다는 불안감이 있으니까, 이 돈을 어떻게든 해결해야 한다고 염려하거든요. 본질적인 문제는 한결같은데 지금은 성매매 피해 문제라기보다 언니들이 채무에 얽혔다고, "너희는 빚을 졌으니 갚아야 한다"라는 왜곡된 시각으로 보는 경우가 많아요. 드러나는 양상에는 변화가 있어도 과거나 지금이나 성매매라는 것 자체가 언니들에게 착취고, 남게 되는 경험

---

* 117은 현재 성매매를 포함하여, 학교폭력, 가정폭력, 불량식품 등을 신고하고 상담할 수 있는 긴급전화로 안전 Dream 아동·여성·장애인 경찰지원센터에서 운영하고 있다.

자체가 폭력적이라는 건 동일해요.

보이지 않는 것을 돌볼 수 있는 배려

과거에는 명백한 성매매 피해 상담 사례가 많아서 법률지원과 의료지원을 하느라 바빴어요. 사기죄로 고소당하거나 성매매 업소 관련 채무가 소송으로 번져서 오는 언니들도 많았고, 건강이 안 좋아 의료지원을 해야 하는 경우도 많았어요.

최근에는 저희가 통합사례 관리를 하고 있어요. 이분들 문제가 법률지원과 의료지원으로만 해결되는 게 아니기 때문에 자활이라는 측면까지 고려해서 진행하죠. 언니들이 쉼터에 들어가서 체계적으로 자기를 돌아보며 준비한 다음 자기한테 맞는 일을 찾으면 좋겠는데, 성매매 피해 여성들 대부분이 쉼터에는 안 들어가려고 해요. 상담센터에서는 쉼터에 들어가지 않는 많은 여성들을 그냥 둘 수 없으니까 큰 애정을 가지고 한 분 한 분을 챙기는 자활지원 활동을 하죠. 사실 구조지원비에는 자활지원에 배정된 지원비가 없어요. 하지만 필요하다고 느껴서 저희가 하는 거예요.

언니가 업소를 나왔을 때 선불금을 안 갚았다고 사기죄로 고소되면 경찰서 경제팀으로 가게 돼요. 그런데 거기서는 이 사건이 정말 사기인지 아닌지만 보거든요. 왜 성매매 일을 그만둘 수밖에 없었는지, 왜 돈을 빌릴 수밖에 없었는지에 대해서는 안 듣죠. "돈을 빌린 건 맞아? 왜 돈을 안 갚았어?" 경찰은 그런 것들만 보니까 저희가 검찰 조사 때나 재판 때 동행해요. 또 변호사를 선임해서 언니와 같이 소송도 하고요. 성매매 문제의 본질에 대한 인식이 없으면 법적으로 잘 해결이 안 되는데 상담센터의 법률지원 변호사님들께서는 이 문제를 이해하고 계셔서 큰 도움이 되죠. 법률지원을 할 때는 어떤 게 정말 언니들을 제대로 지원하는 건지 고민을 많이 해요. 민사소송은 손해배상 소송이나 대여금 소송이 있는데, 사채가 많이 껴 있어서 채무 과다일 경우에는 파산회생제도를 이용하기도 하죠.

아까 말했던 것처럼 언니들에게 쉼터를 연계해주거나 심리적·정서적 지원으로 치료회복 프로그램을 소개해주기도 해요. 또 일자리도 알아봐주죠. 고용안정센터, 금융복지상담소, 복지관에 연계하거나 수급자 신청하는 걸 돕기도 하고요. 자격증이 필요한 분이라면 학원을 연결해주고 있어요. 언니들 적성을 파악하고 직업을 소개해준다 해도 이분들이 살아온 경험을 이해하지 못하면 결과적으로 무슨 일을 할 수 있는지 제대로 알려줄 수 없어요. 기관에서 직업상담, 적성검사를 해도 소용이 없는 거죠. 그분들이 겪은 삶을 이해해야 맞는 일을 구해줄 수 있어요. 언니들이 성매매 피해를 겪었고 대인관계나 여러 부분에서 어려움을 겪기 때문에 그 상황을 이해해야 해요.

사람들은 성매매 여성을 딱 나누어 보잖아요. 원치 않았는데 성매매를 하게 된 것은 정말 피해자지만 자발적으로 성매매를 했다면 피해자가 아니라고 구도를 나눠요. 하지만 결과적으로, 되돌아봤을 때 여성에게 피해로 다가오는 삶의 경험이라는 점은 확실한 거 같아요. 자활하려면 조금 더 시간이 필요하고 배려도 필요한데 우리 사회는 그게 안 되잖아요. 아주 안타까운 건 치료가 좀 더 필요한 분들이 있는데, 살아나가야 하니까 바로 돈을 벌어야 하는 경우예요. 치료를 받고 자활을 해야 하는데 당장 먹고살아야 하니까 일을 해야 되는 거예요. 너무 여유가 없어요. 특히 서울은 집값이 비싸고 월세 내기도 빠듯하잖아요. 어떻게든 살아야 하니까 준비가 안 된 상태에서 바로 일하러 나가고, 그러다가 자꾸 좌절하고 힘들어지는 것 같아 참 안타까워요. 그동안 직업적인 경험을 쌓지 못했고 보통의 일상생활과 단절돼 있었기 때문에 자기는 해보려고 노력하는데도 잘 안 되는 거예요. 제시간에 출근하기도 쉽지 않게 되거든요. 자활하기 전까지 조금 기다려주고, 생계 걱정을 안 하고 치료받을 수 있게 하고, 몸과 마음이 건강해질 때 일을 하게 하면 좋은데, 그게 안 되는 거예요.

언니들이 겉보기는 일반인과 같고 화려해 보이기까지 하지만 내면이 피폐해서 준비가 되지 않은 경우가 많아요. 치료가 먼저 필요한 분이 일부터 하면 일을 자꾸 그만두게 돼요. 한 분은 일을 일찍 그만두셔서 상담센터에서 그분을 신경정신과로 연결해 어린 시절부터 해결하지 못한 것들, 경험한 것들에 대한 치료를 하게 했어요. 그런 문제가 풀리고 나니 힘이 생겨서 다른 직업 생활을 잘 하시더라고요. "겉보기에 멀쩡한데 뭘 못하겠어?"라고 여기지만 실제로는 그렇지 않아요. 상담센터에 전문가가 와서 언니들을 위해 집단 프로그램도 하고 심리상담도 하고 가족치료도 해요.

또 언니들 근무 시간도 처음부터 전일 근무를 시키기보다 서서히 적응할 수 있게 배려했으면 좋겠어요. 물론 지금은 인턴십이라는 제도가 있고 성매매 피해 여성들이 일하는 작업장도 생겼어요. 그런데 그 수나 업종이 한정돼 있거든요. 언니들의 취미나 적성을 고려해 더 다양한 일자리가 많아졌으면 좋겠어요. 인턴십 제도같이 언니들을 배려할 수 있는 일자리를 폭넓게 마련해야 해요. 제가 일자리를 연결해준 한 분도 아홉 시에서 세 시까지, 임신한 상황을 배려받으면서 일하고 있거든요. 이분들의 특성을 이해하는 사람들이 일자리를 제공하고 성매매 피해 경험을 이해하는 동료 속에서 일할 수 있는 조건이 필요해요.

옆에 있어주면 힘이 되는 거야

상담센터 초기에는 사회적인 관심 속에서 성매매 피해 사건들이 물밀듯이 들어왔고, 어떻게 보면 급한 상황에서 법률지원 중심으로 일을 해결해야 했어요. 그런데 최근에는 통합지원을 하다 보니까 언니들의 삶이 보여요. 언니들은, 자기 주변 사람들은 다들 자기한테 뭔가 대가를 바라는 사람들이었는데, 대가를 바라지 않고 도와주는 누군가가 있다는 게 되게 신선했던 것 같아요.

살아나갈 힘이 생기면 자활할 수 있어요. 자기 사건이 정리되고, 힘들었던 것이 치유되면 자활할 수 있는 여지들이 조금씩 생겨나요. "내 힘으로 살겠다"라고 말하는 건 그분에게 힘이 생겼다는 거예요. 어려움이 생기면 자원을 연결해 도와드리면 되고, 그렇게 해서 그 단계를 조금 벗어나게 되면 그분에게 살아갈 수 있는 힘이 생기는 거잖아요. 조금 배려하고, 시간을 주고, 먼저 치료부터

할 수 있도록 여유를 주면 이분들은 반드시 자활할 수 있어요.

저희가 여러 자원을 다 연결해드리고 기본적으로 지내실 수 있다고 생각해 전화를 안 하면 몹시 서운해하는 분도 있어요. "요즘엔 왜 전화도 안 하냐?"라고 물으세요. 지원은 기간과 금액이 한정돼 있지만, 그렇다고 이분들과 관계가 끝나는 게 아니라 사람 대 사람으로 이후까지 연결돼요. 이전에 제가 사회복지사로서만 이분들을 만나는 관계였다면 지금은 가족 같고, 친척 같고, 언니 같은 관계를 맺고 있어요. 통합지원을 하면서, 사건을 해결한 후의 삶도 보게 되니까 눈에 밟히는 분도 있고요. 어떤 분들은 잘 사셔서 감사하고 어떤 분들은 가족 같기도 하고……. 사람이 귀해요.

제가 지원하는 분 중에 지방에 사는데 전화만 꾸준히 하는 분도 있어요. "언니, 내가 이렇게 통화하는 게 도움이 돼?"라고 물으면 도움이 된대요. 저는 그냥 힘든 얘기 들어주는 정도밖에 없거든요. 다른 건 본인이 알아서 해결하세요. 그런데 전화를 그렇게 자꾸 하세요. 어제도 전화가 왔는데 밝은 목소리로 슬픈 얘기를 하시더라고요. 저는 처음에 뭔가 실질적으로 도와드려야 지원이라고 생각했어요. 법률지원, 의료지원, 자원을 연결해 지지 체계를 만드는 게 언니를 돕는 거라고 생각했어요. 그런데 언니한텐 그냥 얘기를 들어줄 사람이 필요했던 거예요.

난 봤어요. 어떤 상처일지, 어떤 삶인지

대중 인식 개선을 위해 캠페인을 나가면 성매매에 대해 편견을 가진 사람들을 만나요. "성매매 여성들이 너무 쉽게 돈을 벌어. 부끄러움도 없이." 이런 식으로 쉽게 말하는 사람들을 만나기도 해요. 제가 상담 현장에서 언니들을 봤을 때는 그게 다가 아니거든요. 그분들이 부끄러움을 못 느껴서, 단순히 그 일이 좋고, 돈이 최고라서 하는 것도 아니에요. 책임감이라고 해야 하나? 자녀에 대한 책임감, 채무를 해결해야 하고 자기가 아는 사람들한테 피해를 주면 안 된다는 책임감, 어떻게든 문제를 해결하기 위해 나오지 못하는 분들도 많아요. 성매매는 그 공간에 자신을 가둬버리게 되는 거예요. 다른 생활을 꿈꾸지 못하게 하는 거죠. 그 생활이 좋아서라기보다 그 생활에서 벗어나고 싶고 끔찍하지만 벗어날 자신이 없는 거예요. 다른 사람들과 관계 맺는 것도 어려우니 힘들게 버텨내면서 그 안에 있는 거예요.

이분들은 다양해요. 대학생도 있고, 못 배워서 들어간 분도 있고, 속아서 들어간 분, 알면서도 들어간 분, 되게 다양해요. 사람들은 드러나는 것만 보는 것 같아요. 하지만 어떤 형태로 들어갔든, 본인이 자각을 하든 안 하든, 성매매라는 경험 자체는 그분이 그 현장을 떠나 돌이켜봤을 때, 굉장한 상처로 남는 폭력적인 경험이라는 점은 동일해요.

저는 상담센터에서 오랜 시간을 지켜보다 보니, 이런 성매매 경험이 나중에 그분들에게 미칠 정신적인 피폐함 같은 문제점들이 많이 보여요. 다양한 이유들로 성매매 현장에 들어가고 그 안에서 사는 모습도 다양하죠. 하지만 여성한테 성매매가 어떤 경험인가를 삶 안에서 반추해봤을 때, 상처가 되는 경험이고 폭력이라는 게 제게는 너무 뚜렷해 보여요.

언니들이 살아보려고 하니까, 살아나갈 수 있는 방법들이 주어졌으면 좋겠어요. 언니들에게 의지가 없는 것도 아니고, 충분히 의지를 갖고 있으니 도움을 줄 수 있다면 좋겠어요. 정말 싫었던 성매매 현장으로 안 돌아갈 수 있게요. 언니들이 그곳에서 아주 힘들었다고 얘기하거든요. 그런데도 다시 성매매 현장에 들어갈 뻔한 고비가 있었다고 하더라고요. 그런 얘기를 들을 때면 저도 같이 답답하고 당장 뭘 어떻게 해줄 수가 없으니 무력하게 느껴져요. 방법들을 더 찾아야 해요. 저도 열심히 찾아보려고 노력하고 있어요.

상담소는 같이 생활하는 곳이 아니다 보니 만나서 이야기하는 데 한계가 있어요. 제가 당장 제안해야 할 방법이 무엇인지 안 보일 때도 있죠. 전 그분들이 얼마나 살려고 애썼는지 알아요. 이 일, 저 일, 성매매 말고 다른 일을 해보려고 닥치는 대로 일하시면서 정말 열심히 사셨다는 걸 알아요. 그래서 그 노력이 결실을 맺었으면 좋겠어요. 도움이 있었으면 좋겠어요.

사람들이 다른 여성폭력 문제와 다르게 성매매는 피해로 잘 안 보잖아요. 그래서 성매매 피해 여성을 지원할 자원이 더 열악해요. 사회적인 자원을 연결하려고 할 때, 상대방에게 저희가 어떤 단체인지 직접 드러내기도 쉽지 않아요. 저희가 어느 기관에서 나왔는지 소속을 밝히는 것이 한 여성의 피해와 경험을 드러내는 것이기 때문에 아무래도 조심스럽죠. 선뜻 도와주겠다고 마음을 여는 사람을 만나는 것도 쉽지 않고요. 그렇다고 개인에게 맡기기에는 어려운 일이고, 제도적인 지원은 부족하고. 그래서 제가 오히려 약간 전투적인 투사같이 사회문제에도 관심을 갖게 돼요. 사는 게 어려울 때 굳이 성매매를 안 해도 뭔가 대안이 있어야 하는데 우리나라는 그게 너무 안 되어 있으니까요.

용서받지 못할 죄

전에는 경찰서 여성청소년계에서 성매매 사건을 전담했어요. 지금은 경찰서에 성매매 피해 여성을 보호하는 부서가 없고 단속하는 부서만 있어요. 경찰서 생활질서계에서 단속을 하고, 단속에 걸린 여성들을 지능팀에서 조사해요. 그러니 언니들을 이해하는 부서는 없는 거잖아요. 언니들이 성매매로 처벌을 받으면 벌금형을 받게 되는데, 돈이 없어서 성매매를 하는 분들한테 벌금형을 내리면 어떡해요?

사법 체계가 성매매 피해 여성을 상담으로 연결해주면 좋겠고, 성매매 피해 여성들을 조사하는 부서도 따로 생겼으면 좋겠어요. 이분들을 조사할 때만이라도 보호하는 팀이 있다면 좋겠고요. 단순히 단속에만 그치지 말고 이 여성들을 상담하고 자활할 기회를 줄 수 있게 연결해주면 좋겠는데 지금은, 특히 성인 여성들한테는 이런 기회를 주지 않아요.

성매매 알선에 대한 제대로 된 처벌도 필요해요. 지금은 많아봤자 벌금 오백만 원, 적게는 이백만 원 정도의 처분을 내려요. 또 알선죄로 재판에 가더라도 구속되는 경우도 거의 없고요. 제대로 된 알선업자 처벌의 본보기가 없는 거예요. 그래서 성매매가 더 근절이 안 되는 것 같아요. 알선업자가 받는 벌금 정도는 며칠 알선하면 다시 벌 수 있는 돈이니 당연히 다시 알선죄를 짓겠죠. 벌금 말고 몰수추징을 제대로 하고, 장소를 제공한 건물주도 제대로 처벌해야 해요. 제대로 처벌하지 않으면 또 다른 사람 이름으로, 예를 들어 실장 이름이나 심지어는 아가씨들 명의까지 빌려서 영업을 재개해요. 성매매방지법 때문에 풍선효과*가 생겼다느니 얘기를 할 게 아니라 법에 따라 처벌이 제대로 이뤄져야 하는 거죠.

성산업은 돈이 되는 산업이라서 연결된 고리들이 너무 많아요. 알선소개업자도, 사채업자도, 업주도, 옷을 파는 홀복 '이모'들도, 화장품 파는 사람들도, 주방 '이모'도, 성산업으로 돈을 버는 사람들이고 다들 감시하는 눈이에요. 그걸로 돈을 벌기 때문에 이들 모두가 성매매 여성을 옭아매는 사람들이죠. 아주 젊은 사람들도 알선을 하고 돈을 벌어요. 어떻게든 법망을 피할 방법을 고안해서 계속 범법 행위를 하는 사람들을 현장에서 보게 돼요. 단속돼도 무섭지 않고 직접적인 피해도 없으니까 계속 범법 행위를 하는 거예요. 사회적으로 좀 더 관심을 가져야 해요. 성산업은 거대해졌고, 우리 일상과 단절되어 있는 게 아니라 생활 속에 만연한 거니까요. 우리

---

* 어떤 현상을 억제한 것 때문에 또 다른 현상이 생기는 것을 비유하는 용어. 성매매가 줄지 않은 이유는 복합적인 맥락에서 봐야 하므로 풍선효과라는 표현은 적절하지 않다.

삶의 문제라고 여기고 다들 관심을 더 가져야만 해요.

어떻게든 버텼고, 버티고, 버티려고 하지만

법적으로 지원받을 수 있는데도 성매매 피해 여성들이 너무 위축되어 있어서 "선생님, 그냥 포기할래요" 하는 경우도 있어요. 용기를 내면 법적으로 해결할 수 있는데, 자기 집까지 찾아와 협박하는 소리에 굴복하고, 남편에게 알려질까 봐 무서우니까 포기하겠다는 거예요. 결혼 생활이 자기의 전부인데, 혹시라도 법적 대응을 진행하다가 성매매를 했다는 사실이 알려지면 가정이 끝장날까 봐 두려운 거예요. "그런 일 없을 거예요"라고 장담해줄 수도 없어요. 업주나 관련자들이 악랄하고 어떤 방법으로 위해를 가할지 모르기 때문에 사건 진행을 조심스럽게 하는데, 그래도 협박이 계속되면 어려움을 느끼죠. 오히려 공식적으로 사건화가 되면 변호사나 검찰이 있으니까 관련자들의 협박을 자제시킬 수 있는데, 사건화되기 전에 위협받을 때가 어려워요. 피해 여성의 신변 안전이 보장되지 않는 상황에서 사건을 진행한다면, 연락이 안 될 때마다 불안할 수밖에 없죠.

내적인 힘이 있고 성매매 유입 기간이 짧은 분은 소송을 해결하고 나서 사회에서 잘 사는 분도 있어요. 하지만 많은 분들이 배운 것 없고, 사회 경험도 없고, 도움받을 곳은 열악해요. 그런 걸 보면 저는 '이 사회는 왜 이럴까?' 하는 생각이 들어요. 사람들은 성매매 여성을 쉽게 욕하지만, 저는 그분들의 삶이 겉으로는 화려해 보여도 치열한 삶이라고 생각해요.

　한 분은 성매매 집결지에서 오래 있었던 분인데 집결지에서 나오신 뒤 식당 서빙일부터 하면서 정말 열심히 사셨어요. 돌봐야 할 아픈 부모님도 있고 자식도 있는 분인데 처음에는 집결지에서 나가면 어떻게 살아야 될지 모르겠다고, 날마다 현금을 받아서 쓰다가 월급을 받아 생활한다는 게 가능할지 모르겠다고 걱정하셨던 분이거든요. 그래도 용감하게, 집결지에서 어렵게 나와 지방에 내려가 닥치는 대로 일하며 열심히 사셨어요. 그분이 저한테 전화해서 이렇게 말씀하셨어요. "선생님, 내가 일하다가 얼마나 유혹이 많았는지 몰라요." 이제 경기가 안 좋아 서울로 올라와 일자리를 찾는데 일자리가 안 구해지는 거예요. 부모님 병원비는 많이 들고, 월세는 밀려 있고, 일은 구하기 어려우니 어떻게 해야 할지 몰라 주저앉아 울었다고 해요. 그 말을 들으니, 언니는 살아보려고 애쓰는데 정말 세상이 '죽어라, 죽어라' 하는구나 싶었어요. "너무 힘들었어요. 어떨 때는 다시 그 일을 해야 하나? 갈등하다가 어떻게든 버텼어요. 버티면서 일했는데 너무 힘들어요." 그렇게 말씀하셨어요. 다들 힘들어하세요.

　한 언니는 집결지에서 오래 생활했는데 사회에 나와 경험이 없다 보니 사기 피해를 입었어요. 전화 대출 사기를 당해 누군지도 모르는 사람한테 돈을 보내주고 빚을 많이 떠안게 된 거죠. 문제를 해결하려고 밖에 나오라고 했더니 지하철 타는 법을 몰라서 못 오신다는 거예요. 그래서 상담센터까지 오게 해서 교통수단을 이용하는 법부터 하나하나 가르쳐드렸어요.

어떤 친구는 젊은 나이인데도 방석집에서 일한 탓에 알코올 중독이 심한 경우가 있었어요. 방석집에서는 매상을 올려줘야 하니까 술을 궤짝으로 먹어야 하거든요. 그 친구가 술을 끊어도 손 떨림이 심했는데 업주는 오히려 소송에서 '얘가 알코올 중독자라서 문제 있는 아이였다'고 몰고 갔어요.

한 분은 건강이 안 좋아서 성매매 일을 그만두고 수급자 신청을 하러 갔는데 주민센터에서 거절했어요. 성매매로 인한 돈이 통장에 있어서 "당신은 수입이 있으니까 지원을 못 해준다"라고 거절한 거예요. 그분이 성매매 일을 그만두려면 그 부분에 대한 감안도 있어야 해서 저희가 나서서 얘기했어요.

저한테 전화가 오면 듣게 되고 저도 궁금하면 전화를 하게 되죠. 즉시 도움을 줄 수 없거나, 문제가 이미 닥친 경우에 이르러서 상황을 알게 될 때도 있어요. 사회적으로 뭔가 하나씩 만들어가야 해요. 주거 문제도 그렇고, 다른 일을 구하는 것도 그렇고. 성매매 일을 그만두게 할 수 있는 방향으로 여러 지원을 해나가야 해요.

도움과 성장은 언제나 어깨동무

성매매 방지 캠페인 때 거리에 나가서 보면 많은 여성들이 성매매 여성들을 피해자로 보기보다 '자기 남성을 빼앗는 적' 정도로 여기고 "왜 이들을 도와줘야 하는지 모르겠어요"라고 말해요. 남성뿐 아니라 일반 여성들의 시각 역시 바꾸기가 어려워요. 오히려 여성들이 다른 여성을 더 적대시할 때도 있어 당황스럽죠. 성매매 여성이 본인과 전혀 다른 사람이라고 생각하니까요. 다르지 않거든요. 누군가의 친구이기도 하고, 딸이기도 하고, 생활 속에 같이 있는 사람인데 완전히 배제해놓고 자기들하고 다른 사람인 것처럼 여겨요. 저는 이렇게 말씀드려요. "성매매 자체가 여성을 상품화하는 것이고 성매매를 허용하는 사회 분위기에서 당연히 여성은 사고팔 수 있는 물건처럼 여겨집니다. 그런 인식이 만연하면 모든 여성에게 굉장히 위험합니다." 우리나라는 워낙 가부장적인 사회였고 여성은 소외될 수밖에 없었던 현실이 있었으니까요. 개선되었다고 하지만 여성들이 어려운 상황에 있는 것은 사실이잖아요.

사회적 인식이 제대로 안 되어 있으니, 성매매 피해 여성에게 자원을 연계할 때 다른 이들이 편견을 드러내며 "왜 도와주느냐?"라고 할 때 활동이 공격받는 느낌이 들어 힘들죠. 더 많은 자원으로써 그분들을 도와주고 싶은데 한계가 있고, 성매매에 대한 사람들의 인식 개선도 해야 하니까, 할 일이 정말 많아요.

언니들이 생활하는 패턴이 야간이다 보니 상담센터는 밤에도 상담을 해요. 사실상 24시간 상담 체제고, 새벽에 경찰서에 가서 언니들과 동석할 때도 있어요. 법률지원에 그치는 게 아니라 자활지원이 필요한 사람들에게 계속 얘기해주고 밤에도 상담을 지속하고 일을 찾아서 하다 보니 일에 매몰되면 지치게 돼요. 하나 도와주고 끝나는 일이 아니니까요. 사회복지의 다른 파트보다 성매매 피해 여성을 지원하는 저희 파트는 특히 급여도 낮고 근무 환경이 열악해요.

저는 저희 팀의 다른 선생님들에게 "한 분을 만나더라도 그분을 진심으로 대하고 그 일에서 선생님들이 보람을 느끼면 좋겠다"라고 늘 얘기해요. 일을 하다 보니까 사람이 다시 보여요. 동시대를 같이 사는 사람으로서 다른 누군가에게 도움이 된다면 그것 자체로 보람이 돼요.

사실 저도 퇴근하면 장 봐가지고 밥하고, 청소하고, 설거지하고, 빨래 돌리고, 아이들 챙기고, 얼마나 정신이 없는지 몰라요. 집에 있다가도 새벽에 전화 와서 어디 경찰서에 간다고 하면 막 쫓아나갈 때도 있어요. 그래도 이 일을 하는 건 어쨌든 작게나마 제가 도움이 돼서 그분들이 안정적으로 사는 경우도 많이 보게 되기 때문이에요. 그것 자체로 의미가 있어요. 제가 조금 더 뒷받침이 돼서 이분들이 갖고 있는 역량을 더 펼칠 수 있게 한다면 좋겠어요.

아주 사소한 것, 보이지 않는 것이라도 언니들이 조금이라도 도움이 됐다고 느끼면 그게 보람이니까 이 일을 하는 거예요. 그분들은 기다려주는 것이 필요하고 시간이 필요한 분들인데 제가 함께하는 게 조금은 도움이 됐을 거라고 느끼니까요. 사실 제가 돕고 있는 것 같지만 저도 이 일을 하면서 커가고 있거든요. 그래서 언니들에게 감사하고 앞으로도 그럴 수 있었으면 해요. 일에 매몰되지 않고, 일 안에서의 에너지와 관계 속에서 더 커간다면 좋겠어요.

또, 사람들이 쉽게 단정 짓지 않았으면 좋겠어요. 사실 그 여성들의 삶을 살아보지 않았기 때문에 단정 지으면 안 되잖아요. 특히 성매매 피해는 세상에서 이해를 잘 못 받기 때문에 편견과 오해를 많이 뒤집어써요. 성매매 현장은 다양할 수 있지만 성매매라는 것의 본질은 억압적이고 폭력적이라는 것, 그리고 그런 경험을 한 여성에게 좀 더 배려가 필요하다는 이해가 우리 사회에 더 있었으면 좋겠어요. 그래서 같이 사는 세상이 됐으면 좋겠습니다.

후기

"사람이 귀하다"

임정원 씨는 성매매방지법 제정 전인 2003년에 활동을 시작했다. 십여 년 동안 상담 현장의 변화를 지켜보며 그녀는 분명하게 말한다. "성매매라는 경험 자체가 여성들에게 상처로 남는 폭력적인 경험이다"라고 말이다.

그녀는 최근에 상담 이후 자활지원 일을 더하면서 성매매 피해 여성들의 상황을 더 가까이서 알게 되었다. 자활지원 활동을 하면서 어떤 것을 느꼈냐는 질문에 그녀는 "사람이 귀해요"라고 대답했다. 나는 그 말뜻을 금방 알아채지 못했다. 다음 질문을 하려고 고개를 들었을 때, 그 말을 하고 난 그녀가 울컥 눈물을 흘리는 모습을 보았다.

임정원 씨는 성매매 피해 여성들이 성매매 현장에서나, 업소를 벗어난 이후에도 빚과 생계 문제에 쫓겨 벼랑 같은 선택을 강요받는 현실을 이야기했다. 그녀는 진심으로 안타까워했다. 최선을 다해 살아내려고 하는 여성들이 예나 지금이나 사회에서 손가락질 받으며 외면당하고 있기 때문이다. 자기 삶에 책임을 지고 싶어도, 자원이 없는 여성이 사회에서 살아내기가 얼마나 어려운지, 세상이 얼마나 차갑게 느껴지는지, 그녀는 여성들의 목소리를 전해주었다. 그녀들이 살아낼 수 있게 더 많은 사람들의 관심, 그리고 사회의 관심이 필요하다고 강조했다.

그녀는 세상을 알수록 "전투적인 투사같이" 성향이 바뀌어간다는 말도 했다. 상담센터에서 성매매 피해 상담을 하면서, 제대로 해결되지 않고 푸대접받는 여성 인권의 현실을 목도하면서 그녀의 관심은 왜 여성들이 이렇게 살아갈 수밖에 없는가에 대한 영역으로 확장되었다. 사람들에게 영향을 미치는 정책과 사회문제에 대한 관심으로도 이어졌다.

임정원 씨는 성매매방지법 제정 초기에 비해 현재 사회의 관심이 많이 퇴색했고 법적인 지원 절차에서도 더 많은 어려움에 봉착한다고 했다. 법적 제재를 피해나가기 위해 업주들의 편법이 동원되고 선불금의 문제는 가려진다. 여성들이 지게 되는 빚을 대출금 문제로 환원하기 위해 교묘한 방법들이 속속 동원된다. 성매매 피해 문제가 단순한 채무 문제로 환원되면서 문제의 본질이 가려지기 일쑤다. "파이낸스나 사채 쪽으로 돌리며" "업주들이 싹 빠진 채무 문제"에서 성매매 피해 여성들은 신용대출 기관과 관련 업체들의 채무자로만 비춰지기도 한다. 구체적인 상황이 고려되지 않고 채무 문제로만 치부되면서 성매매 피해 여성들은 수사기관에서조차 냉대를 받게 된다. 임정원 씨와 같은 활동가들은 사회적 무관심에 맞서 상담에서 여성들을 만나 가고 지원해나가고 있다. 법률지원을 하고 자활에 필요한 것들을 챙기는 일을 해나가고 있다.

성매매 문제는 그 다양한 겉모습으로 인해 제각기 달라 보여도, 성매매라는 문제의 본질이 "여성에게 가하는 폭력성"에 있다는 말이 인상적이었다. 성매매 문제의 본질은 바뀌지 않았으며 성매매 피해 여성의 문제는 가부장적인 사회에서 여성이 처한 사회적·경제적 빈곤의 문제이기도 하다. 그녀는 성매매라는 경험이 여성들에게 남기는 깊은 상처를 직시해야 한다고 했다.

활동가로서의 어려움도 있다. 일과 가정생활을 병행해야 하고 24시간 상담 체제로 새벽에도 때때로 경찰서에 뛰쳐나가야 한다. 다른 일자리들에 비해 낮은 대가를 받고 존중받는다는 느낌도 덜하다. 하지만 임정원 씨는 자기가 하는 일의 의미를 소중히 여겼다. 동료들에게도 "만나고 지원하는 한 명, 한 명 여성들을 통해 일의 보람을 찾았으면 좋겠다"고 말한다. 인터뷰에서 다 듣지 못했지만, 그녀의 가슴속에는 만나온 여성들의 얼굴들이 지금도 많은 이야기를 전해주고 있을 것이다. 그제야 나는 "사람이 귀하다"는 말을 이해할 수 있었다.

괜찮아,
또 하나의 한 땀

경희선

:
:
:
:
:
:

"사실 그 언니와 제가 다를 게 뭐가 있겠어요?
다른 사람이 아니죠. 왜 다르다고 생각해요?
언니가 살았던 경험과 내 경험이 다른 거고
지금 현재 상황이 다른 거지, 우린 똑같아요."

(사)대구여성인권센터 부설 자활지원센터
'자활할 의무'보다는 '자활할 권리'를 위해 고민하는 곳, 열심히 하고 싶은 마음이 생겼
으면 하는 바람으로 만나지는 곳, 희망이 되는 시간을 만들어가고자 하는 곳이다.

마음을 보는 눈, 마음을 듣는 귀

2010년에 입사해 자활지원센터에서 일하고 있어요. 이전에 쉼터에서 자원 활동도 몇 년 했고요. 친구가 성매매 문제 쪽에 관심이 있어서 저도 따라왔다가 이 일에 관심이 생겨 시작하게 된 거예요. 사실 저는 '성매매'라는 단어를 어릴 때도, 커서도 잘 안 썼어요. 일반 사람들도 그럴 것 같아요. 사람들은 성매매 피해 여성이라 부르지 않고 '술집 여자'같이 낮춰 부르는 말을 주로 쓰죠. 저는 성매매 예방 교육을 받으며 왜 '피해'라고 하는지 교육받고 자원 활동을 시작했어요.

막 일을 시작했을 때, 활동가들이 정말 대단해 보였어요. 법이 시행된 지 얼마 안 되었을 때라 쉼터 환경도 열악했거든요. 언니들과 지내면서 불편한 건 없었어요. 저는 대구여성인권센터에서 말하는 법을 배웠어요. 그전에는 다른 사람의 행동이 이해가 안 될 때가 많았는데 이곳에서 "누구든지 이런 상황에서는 그럴 수도 있겠다"라고 이해하며 말하는 법을 배웠어요.

처음에 자활지원센터에 입사했을 때는 이곳이 개소하고 막 일 년 지났을 때라 한참 센터를 만들어가는 시기였어요. 한 번도 해보지 않은 작업을 하면서 다 재미있었고 '어떻게든 해내야지' 하면서 일했어요. 자활지원센터 작업장에서 참여자가 많을 때는 스무 명이 넘어요. 한 공간에 전혀 다르게 살아온 여자들이 바글바글 모여 부딪히고 싸우기도 했지만 또 뒤돌아서면 거짓말같이 괜찮아지곤 했어요.

저는 우리 작업을 외부에 홍보해 알리는 일과 작업장 운영을 담당했어요. 어떤 상품을 만들고 무엇을 하는지 알리고, 판매 수익금도 냈죠. 처음엔 제가 이 일을 잘못 이해해서 무엇보다 많이 파는 게 중요하다고 생각했어요. 일 잘하는 활동가가 되고 싶었어요. 언니들과 부딪히고 관계를 맺는 것은 크게 어렵지 않다고 여겼나 봐요. '물건을 많이 만들어내야 돼, 빨리 작업해야 돼' 하면서 반년 동안 조바심을 내다 나중에 깨달았죠. '그게 아니다, 우린 그렇게 생각하고 작업하는 게 아니다.'

언니들에게 정서적이고 사회적인 자활을 지원하는 게 중요했어요. 내가 내 실무만 잘하면 된다고 생각했는데 그게 아니라는 걸 알게 된 거죠. 그러자 일이 더 많아 보이고 힘들게 다가왔어요. 오히려 시간이 지나니 일이 더 어려워지는 것 같아요. '내가 잘하지 못하면 어떡하지?' 같은 걱정도 생겼고요. 그래서 언니들과 의견을 조율하고 나누는 시간이 많아지고 무엇이든 같이 만들어가는 과정을 가졌어요.

처음 상담을 할 땐 제가 안달복달하고 '어떻게 이 사람의 문제를 해결해주지?' 하면서 혼자서 막 힘들었어요. 그 사람은 편하게 얘기해도 제 마음이 힘들었던 거예요. 하지만 저희가 해결해줄 수 있는 건 잘 없어요. 언니가 경제적으로 힘들어해도 완전히 해결이 안 되고, 저는 "정기적으로 작업장 일에 참여해보자" 정도의 말만 해줄 수 있거든요. '해결해줘야 하는데……' 싶은 마음이 너무 커서 상담을 마치면 많이 울기도 했어요. 어떨 때 언니가 "다시 [성매매 업소로] 일하러 가겠다"라고 말하면 속상했죠. "얼마나 힘든 공간인지 아는데 다시 가고 싶어요?" 되물으면 언니가 "내가 오죽하면 그 말을 할까…… 지금 얼마나 힘든데"라고 말해요. 처음에 제가 '오죽하면 저 사람이 저 말을 했을까? 마음이 어땠을까?' 하는 걸 생각 못 한 거죠. 저는 자활지원센터 일을 하는 사람이지만 또 반성매매 운동을 하는 활동가로서 어떻게 해야 하나, 늘 방법을 찾으면서 일해요.

못 부른 노래는 없다

자활지원센터에서 직업훈련 지원을 하고 인턴십 지원도 해요. 작업장에서 여성학, 세계사, 기술교육, 도자기 만들기 같은 프로그램도 해요. 같이 영화도 보러 가고 소풍도 가고. 지금 자활지원센터 참여자가 이십 대에서 사십 대까지 열 분 정도 계세요.

어떨 때 참여자들의 변화를 느끼냐고요? 글쎄요……. 직접 겪어보지 않으면 제가 말로 설명하기 어려운데요, 일례로 저희가 책 읽는 프로그램을 하거든요. 한 사람씩 돌아가며 소리 내어 읽는데, 책을 못 읽으시는 분이 생각보다 많아요. 글을 모르거나 더듬거리며 읽는 분들이 있어요. 다른 사람들이 잘 읽는다 싶으면 그분들은 긴장해서 더 못 읽으시는 거죠. 그래서 저희가 책 읽기 전에 다 같이 약속을 정했어요. 한 사람이 책을 읽을 때 다른 사람들은 책장 넘기지 말고 기다려주기, 끼어들지 않기, 배려하기, 대신 읽지 말기 같은 약속 들을 정했죠. 처음엔 약속이 잘 안 지켜졌는데 모임을 계속하다 보니 어느 날 약속대로 되는 게 딱 보여요. 모두 읽는

사람이 다 읽기를 기다리고 아무도 책장을 미리 안 넘기는 거예요. 어떤 언니는 책을 집에서 미리 읽고 연습해 와요. 잘 읽는 건 아니지만 다들 노력하는 거죠.

이전에는 언니들이 자기표현을 안 했어요. 기분을 드러내지 않더라고요. 전체 회의에서 의논하고 결정할 때 활동가들이 "말하는 건 의무가 아니라 권리입니다. 같이 이야기하고 정합시다"라고 말씀드려도 처음에는 이야기를 안 했어요. 그냥 삐쳐 있거나 싸웠는데 차츰 언니들이 표현을 하시더라고요. 어느 순간 말을 하기 시작해요. 어떨 때 언니들이 말도 안 되는 걸 요구하는데 저희 활동가들은 그렇게 요구하는 모습만 해도 큰 힘이 생긴 거라고 생각해요. 언니들이 '회의는 활동가만 얘기하는 시간'이라고 여겼는데 요새는 회의 시간에 여기저기서 난리 날 정도로 얘기해요. 그런 모습을 볼 때 좋아요. 언제 저렇게 얘기해봤겠어요? 어디서도 자기 의견을 얘기하지 못했을 거 아니에요? 여기 와서 얘기할 수 있고 변해가는 모습을 보면 좋죠.

이전에 합창 프로그램을 했어요. 지역의 가수를 강사로 초대해서 언니들이 일 년 동안 노래를 불렀어요. 처음엔 언니들이 노래를 안 하겠다는 거예요. 우리가 매일 보는 사이라서 부끄러움이 없을 줄 알았는데 언니들은 그렇지 않았나 봐요.

"작업장 내에서 다 같이 친한 것도 아닌데 쟤 앞에서 노래하는 것, 활동가들 앞에서 노래하는 것이 부끄러워." 이렇게 말하는 분들이 많으셨거든요. 처음에 합창 프로그램에 참여를 안 하셔서 힘들었어요. 그런데 시간이 지나니까 작업장 내에서 거의 말씀을 안 하시던 분이 손을 드는 거예요. 노래에 솔로 파트가 나오는데 자기가 해보겠다고 했어요.

그때 울컥해서 많이 울었어요. '저런 게 힘인 것 같다'는 생각이 들어서 다른 활동가들도 많이 울었어요. 그 언니가 사실 솔로 노래를 잘 못 불렀는데 그래도 좋은 거예요. 음반을 제작할 때 엔지니어는 "다시 녹음하자"고 했는데 저와 강사님은 "그냥 이대로 들어가도 좋을 것 같다"고 했어요. 저희 활동가들은 그 음반을 들으면 아직도 눈물이 나요. 노래하는 목소리들을 들으면 누가누가 부르는지 얼굴이 다 떠올라요.

처음에 프로그램을 시작할 때는 언니들과 많이 싸워요. 언니들이 싫어하세요. 특히 '성매매 재인식' 같은 프로그램에서 자기 경험을 드러내고 재해석해보자고 하면 "그 얘기를 왜 해야 하냐?"고 반발해요. "하기 싫다!"고 프로그램에 안 나오는 경우도 많아요. 하지만 자기를 드러내는 작업들을 하고 나면 확실히 언니들이 달라져요. 눈에 띄게 변화가 보이지 않아도 자기표현들이 많아져요. 그게 바로 변화의 순간들이에요.

괜찮지 않아도 괜찮아

작업장에서 만드는 물품은 천연 화장품, 천연 세제, 퀼트 제품이에요. 가방, 목도리, 앞치마, 장갑 같은 것도 만들어요. 바느질은 기초 교육을 따로 하면 나중에 작업 담당 언니들이 도안만 보고 곧장 바느질을 해내요. 저는 작업장을 담당해도 바느질이 안 돼 힘들었거든요. 언니들은 처음 왔어도 홈질과 박음질을 연습한 다음엔 곧잘하게 돼요. 천연 화장품 기술 교육은 전문 강사님한테 따로 받는데, 기술을 배우고 나면 새로 오는 분한테 언니들이 서로 가르쳐줘요.

언니들은 대구여성인권센터에 상담하러 왔다가 자활지원센터를 보고 참여하거나 다른 기관에서 연계를 받아 온 분들이에요. 당장 일을 못 구해 경제적으로 힘든데 생계비 조로 지원금을 받을 수 있으니, 교육을 받으며 작업장에 참여하고 싶다고 일하는 거죠. 언니들은 여기를 자기의 안정된 직장으로 생각하고 싶은 것 같아요. 제가 생각해도 그럴 것 같아요.

처음 상담하러 오신 언니들이 대부분 하는 말이 "정상적인 생활을 하고 싶어요"예요. 언니들이 말하는 정상적인 생활이란 남들처럼 아침에 출근해서 저녁에 퇴근하는 거예요. 그래서 언니들은 작업장에서 자기들이 받는 돈을 '월급'이라고 얘기해요. 저희가 누누이 말씀드려요. "여기는 직장이 아니에요, 월급이 아니라 지원금이에요." 작업장에서 일한 지 사 년 후면 자신의 길을 찾아 떠나야 하니까요. 이곳에서 한 달에 최대한 백오십 시간 일하면 최저생계비 정도 되는 금액을 받아요. 하지만 최소한의 생활비라도 있다고 언니들이 정말 좋아하시죠. 한 시간이라도 더 하려고 애써요.

작업 일도 하고 교육도 받으면 다르게 생각할 수 있는 것들이 더 생기지 않을까요? 언니들이 옛날에 하나만 생각했다면 이제는 다른 것도 더 생각할 수 있기를 저희는 바라는 거예요. 언니들이

"이렇게도 생각이 들어요"라고 말씀하시면 반갑고, 언니들이 "다 알아요, 괜찮아요"라고 말씀하시면 속상해요. '힘들다', '화난다' 하지 않고 '괜찮다'고 말씀하시는 거죠. 그렇게 얘기하는 법밖에 몰라서 '괜찮다'고 할 때도 많거든요.

언니들이 자기 마음을 얘기할 수 있으면 좋겠어요. 언니들이 "아, 열 받아요!"라고 하면 "뭐가 열 받아요?"라고 저희가 물어보거든요. 하지만 언니들은 "아, 몰라요. 열 받아요!"라고 말하면 끝이에요. 얘기하면 좋겠는데. 사실 말해보지 않았던 거예요. 모르거나 못 배워서라기보다 해본 적이 없어서 얘기 못하는 경우도 있어요. 해보지 않았으면 해보면 되는데, 해보는 게 힘들거든요. 한 번 하는 게 너무 많은 용기가 필요하잖아요. 꾸준히 해보는 과정을 같이 하는 게 소중해요.

언니들이 사실 저희보다 더 많은 세상을 보지 않았을까요? 저보다 훨씬 더 많은 세상을 보지 않았을까요? 제가 이만큼밖에 못 본 거죠. 그분은 훨씬 많이 본 거죠. 거기[성매매 업소]에 있으면 세상만사 모든 현상이 있지 않았겠어요? 그 안에서 억압받아 이야기하지 못하고 이야기할 수 있는 방법을 몰라서 안 한 것뿐이죠. 그 안에서도 얼마든지 얘기할 수 있고 맘대로 할 수 있었으면 훨씬 더 많이 표현하고 살았을 것 같아요. 언니들 얘기를 들으면 깜짝깜짝 놀랄 때도 많아요. '참 잘 버텼다'고 생각이 들 때가 많아요.

자활지원센터에서 언니들을 가르치려고 프로그램을 한다기보다는 언니들이 안 해본 것에 대해 다르게 생각해볼 수 있도록, 경험하게 하려고 프로그램을 해요. 언니들에게 알려드리는 것도 있지만 공유 차원이고, 저희가 더 많이 배워요. 예를 들면 저는 간단한 바느질도 못해서 제 옷도 못 꿰매요. 옷에 구멍이 나면 버리는데 옆에서 언니가 그걸 보고 "아이구" 하면서 제 옷을 꿰매주거든요. 언니들이 대단해 보여요. 언니들은 제가 컴퓨터 작업하는 걸 보면 "어떻게 그렇게 복잡한 걸 해?"라고 묻지만 제가 언니들이 바느질하는 걸 보면 '저걸 어떻게 해?' 하고 대단해 보이거든요. 바느질은 굉장한 공을 들여야 하고 영혼까지 끌어들여서 하는 작업인 거예요. 남들은 바느질이 사소하다고 하지만, 사실 사소한 일이 아니라 큰일인데.

언니들은 반찬 만드는 일도 잘하세요. 제가 "어떻게 하는 거예요?"라고 물어보면 언니들이 "이것도 몰라?" 하면서 되게 좋아해요. 한편으론 자기들이 봤을 때 참 대단한 활동가들이 뭘 모른다고 하면 유쾌한 기분이 드나 봐요. 언니들이 "이걸 왜 몰라?"라면서 가르쳐주는데 저는 그런 순간이 되게 좋아요. "난 몰라서 그래요"라고 제가 하는 말을 듣고 어떤 언니는 깜짝 놀랐대요. 자기는 모른다고 하면 사람들이 무시할까 봐 가만히 있는데 저는 모른다고 말하니까요. "그러면 끝까지 모르잖아요. 물론 무시하는 사람도 있어요, 하지만 여기선 언니가 모른다고 해도 아무도 언니를 무시하지 않아요"라고 제가 말하니 그다음부터 그 언니가 계속 "모른다"고 말하고 다녀요. 많이 변하는 거예요. 나중에 사회 밖에 나가서도 모르는 건 '모른다'고 하는 것이 그 사람에게 필요할 테니까요.

자활지원센터 참여를 중단하고 나갔다가 다시 오는 분도 있어요. 그 언니가 어떤 마음으로 자활지원센터에 다시 왔겠어요? 언니가 고민하고 고민하다 전화했을 거 아니에요? 저희가 그 마음을 아니까 "언제든지 다시 하세요"라고 해요. 며칠씩 작업장에 안 나오는 언니에게는 저희가 문자를 보내요. "힘드시면 쉬었다가 오셔도 돼요. 언제든지 오실 수 있으니까 전화하는 걸 미안해하지 마세요."

참여자분들이 저희에게 전화하면서 제일 먼저 하는 말이 "다들 바쁘시잖아요. 전화하면 귀찮을까봐 전화 못 했어요"예요. 사실 속상하거든요. 아무리 바빠도 그 전화는 얼마든지 받을 수 있는데. 자기가 그런 존재라고 스스로 낙인찍는 거잖아요.

"그런 생각 절대 하지 마세요. 우리는 그 전화를 받으려고 여기에서 일하는 사람들이에요. 아무 때나 전화해도 돼요." 이렇게 말씀드리면 마음이 편하다고 하시죠. 활동가들이 이 점을 중요하게 여겨요. "눈치 보여서 전화를 못 하거나 미안해서 못 오는 분은 없게 하자. 여기에 와서까지 눈치를 보거나 미안하게 하지 말자." 본인도 마음이 복잡할 테고 생전 처음 보는 언니들이 각자 다른 데서 몇 십 년씩 살다 서로 모였으니 얼마나 불편하겠어요? 그분들이 이곳에서 편안했으면 좋겠다는 바람이 있죠.

다르지 않은 이곳과 저곳

아웃리치는 전체 활동가들이 다 같이 가요. 자활지원센터 작업장에서 만든 물품을 가지고 나갈 때도 있어요. 여름엔 미스트, 겨울엔 립밤 같은 것을 가지고 나가죠. 현장에 있는 언니들이 좋아

2015년 언니들과 함께한 가을 캠프에서. "나 잡아봐라~"

하세요. 사실 자활지원센터 참여자 언니들이 아웃리치에 함께하고 있진 않지만 물품을 통해 현장 언니들과 함께한다는 마음을 전하는 거죠. "자활지원센터에서 함께 만든 물건입니다"라는 문구를 넣어서 물품을 건네 드려요. 저희가 물품과 소식지를 전해주면 현장 언니들이 좋아해요. 다음에도 자활지원센터 작업장에서 만든 천연 미스트, 립밤, 룸 스프레이를 가져다달라고 부탁하셔요. 처음 아웃리치 갔을 때 저희에게 콘돔을 많이 요구했거든요. 콘돔도 현장 언니들이 자기 돈으로 다 구입해야 했으니까요.

　　대구는 유흥 산업이 너무 발달해 있어요. 지금 자갈마당 집결지* 폐쇄 논의를 상담소에서 하고 있어요. 자갈마당 집결지가 있는

---

* 대구 자갈마당은 1908년 일본인들이 운영하던 야에가키조 유곽에서 시작됐다. 해방 이후에는 한국인들이 운영했고 1947년에 공창제가 폐지된 후에도 영업이 지속됐다. 2016년 11월, 대구시는 이곳에 종사하는 성매매 피해 여성의 자활을 지원하는 조례안을 발의하고 성매매 집결지 정비 추진단을 구성했다.

도로를 도시 정비 사업 대상으로 해서 새로 만들려고 논의 중이에요. 자갈마당 폐쇄와 관련해 저희가 재작년부터 토론회를 하고 사업도 하고 있어요.

자갈마당에는 주말마다 아웃리치를 나가요. 요즘 가보니 예전과 달라진 게 많았어요. 업소마다 인테리어를 싹 새로 했어요. '우리가 집결지 폐쇄 얘기를 하는 걸 이 사람들이 모르지 않을 텐데 무슨 생각으로 이러지?' 하는 생각이 들어요. 이전에는 골목 따라 나이 든 언니들이 있는 쪽과 어린 언니들만 있는 쪽으로 나뉘었는데 요즘에 가보면 나이 든 분들이 거의 없고 어린 언니들만 있어요. 업주들이 집결지가 없어질 거 아니까 더 어린 언니들을 앞세워 반짝 벌어 나가려고 하는 건지, 활성화하려는 건지 모르겠어요.

집결지 아웃리치는 힘들어요. 업주들이 맨날 저희한테 욕해요. "얼마 받고 아르바이트 뛰냐!" "나이도 어린 것들이 이러고 다녀!" 업주들이 욕하는 건 괜찮아요. 소리 지르고, 쌍욕을 하고, 나가라고 해도 크게 겁먹지 않는데 그곳의 언니들이 작은 소리로 "가세요"라고 하면 저희는 바로 나와요. 업주들이 히스테리를 언니들한테 부린다고 하니까요. 집결지에 있다가 나와서 저희에게 지원받으러 오신 언니들도 많고요. "니네 땜에 장사가 안 된다!"고 업주들이 끝까지 욕해요. 어떨 때는 입구에 들어가지도 못해요. 골목에 들어가는 순간 여러 명이 딱 막아요. 분위기가 험악해지면 언니들이 아웃리치 물품도 못 받고 눈총만 받아요.

처음에 아웃리치는 저한테 충격이었어요. 집결지라든가 아가씨 대기실, 안마시술소 같은 데 제가 들어갈 일이 없었잖아요. 아웃리치 한 번 갔다 오면 다 같이 평가해요. 서로의 마음은 따로 안 물어요. 이미 어떤 마음인지 다 알기 때문에. 업소 현황을 파악하고 매핑mapping 작업을 새로 하면서 업데이트하죠.

대구 수성구 황금동은 유흥업소 밀집 지역이에요. 건물이 있으면 주차장에 발렛까지 있어요. 무서운 젊은 사람이 지키고 있고 넓은 주차장에 차가 꽉 차서 행인이 인도로 다닐 수 없을 정도예요. 저희가 들어가면 쳐다보지도 않아요. "누구야? 어디서 왔어? 가! 가!" 그래도 저희는 할 말 다하죠. "'선불금을 전제로 한 성매매는 불법입니다.'* 스티커 어디 있어요? 여기에 언니는 몇 분 계세요?" '아가씨 없다'고 하지만 언니들이 대기실에 있고 마담도 다 보이는데 거짓말하는 거예요.

요새 성매매 피해 상담을 보면 청소년들도 많더라고요. 이전에 청소년 상담이 많이 없었는데 점점 늘어나고 있어요. 전처럼 '애인 대행' 정도가 아니라 말도 안 되는 조건과 형태로 청소년들이 착취당하고 있어요. 상상할 수 없는 방법이 많더라고요.

대구 성서 쪽에는 외국인 여성들이 많아요. 비즈니스 클럽, 노래방 주점에 필리핀, 러시아, 베트남에서 온 외국인 여성분들이 있어요. 이주민지원단체와 함께 아웃리치를 가서 외국어로 쓰인 안

---

* 성매매방지법 제32조에 의거, 「식품위생법」에 따른 유흥종사자를 둘 수 있는 사업장에서는 성매매 및 성매매 알선 등 행위의 신고, 관련 상담소업무와 연락처, 불법원인으로 인한 채권무효에 관한 사항을 사업장 내의 보기 쉬운 곳에 게시해야 한다.

내 책자를 나눠드리고 살펴보죠. 아웃리치를 통해 계속 언니들을 만나려고 해요.

자갈마당에서 두 블록 거리의 가까운 곳에는 대구역 주변 여인숙 골목이 있어요. 여기에는 나이 많으신 분들이 있어요. 사십 대 후반, 오십 대, 육십 대, 칠십 대, 팔십 대……. 겨울에 가보면 정말 춥거든요. 다 바깥에 나와서 조그만 손난로 앞에 서 계신단 말이에요. 저희가 가면 할머니같이 해주세요. "왜 돌아다니냐? 밤에 추운데 뭐한다고 여기까지 왔냐?" 하면서 본인들이 드시고 있던 음식을 저희한테 주시거든요. 저희가 항상 떡을 해가요. 떡 드리고 나오면 "이런 것 갖고 오지 마, 날 추운데 돌아다니지 말고 그냥 집에 있어"라고 얘기하세요. 방에 들어가서 커피도 타 주시고, 저희가 "커피 괜찮아요"라고 해도 계속 손을 만지세요. 그분들은 외로우신 거예요. 그러니까 우리를 보면 반가워해요. 할 얘기가 너무 많은 거예요. 계속 얘기하시거든요.

저희가 "이제 갈게요" 하면 "불 쬐고 가라"고 하죠. 진짜 발이 안 떨어져요. 집결지 같은 경우는 숙소가 따로 있지만 여인숙 같은 경우는 그 방 하나를 잡아서 업을 하시는 거예요. 사람이 하나 누울 만큼 좁은 방이고 방구석에 텔레비전이며 온갖 물건이 다 쌓여 있어요. 아주 옛날 건물이어서 화장실도 방도 위생적으로 안 좋아요. 하지만 이곳이 아니면 그분들은 갈 데가 없어요. "나한테는 이게 다야"라고 말씀하시죠. 나이 든 구매자에게서 이만 원, 삼만 원을 받으면 숙소비를 떼고 얼마 되지 않은 돈으로 살아가요. 아웃리치를 가서 저희가 "몸은 어때요? 편찮으신 데 없어요? 식사 잘하시죠?" 하고 물어요. "이빨 아프다, 다리가 아프다" 하면 "의료지원해드릴 테니 상담소로 오세요"라고 말씀드려요.

언니랑 얘기하는데 저보고 돈 주겠다고 말하는 구매자도 있어요. 솔직히 화나요. 내가 봤을 때에 '저 남자 참 안됐다' 할 만한 행색의 남자가 와서 몇 만 원 돈을 가지고 말도 안 되게 이 언니와 나를 재는 거잖아요. '모든 남자 눈에 여자가 이렇게 쉬워 보이나?' 화나기도 해요. 언니들이 난리 나요. "이분들은 그런 분들 아니다!" 구매자보고 "어떻게 선생님들한테 그런 얘기 할 수 있냐! 니가 감히, 이 사람들은 그런 사람들 아니다!"라면서. 언니는 저보고 이곳에 오지 말라고 하죠. 언니가 그렇게 얘기할 때 저는 당황하고 속상해요. '그런' 사람들은 뭐지? 언니들과 나를 완전히 다른 사람처럼 분리해서 얘기하는 것 같은 느낌이 들어서요.

다른 사람이 아니죠. 사실 그 언니와 제가 다를 게 뭐가 있겠어요? 그럴 때 저는 "언니, 그만해요. 다르지 않아요. 왜 다르다고 생각해요"라고 말해요. 그렇게 얘기하지 않았으면 좋겠어요. 성매매 여성과 성매매를 하지 않는 여성을 얘기한 건가? 속상했어요. 성매매 여성이라고 스스로 낙인찍는 거잖아요. "언니랑 나랑 다른 게 아니야. 언니가 살았던 경험과 내 경험이 다른 거고 지금 현재 상황이 그냥 다른 거지, 우린 똑같아요."

대구역 여인숙은 일 년에 한두 번씩 아웃리치를 나가요. 더 자주 가야 하는데 현실적으로 어려워요. 다녀오면 저는 생각이 많이 나서 후유증이 긴 편이에요.

죽어야 사는 여자들, 얼마나 많을까?

포항에서 성매매 여성들 여덟 명이 연달아 자살했을 때* 포항 쪽 단체하고 저희 단체가 대책위를 꾸려서 같이 활동했어요. 여덟 분이 돌아가셨을 때 '저 사람들은 저렇게 죽어야지 사는 거구나' 하고 생각해보니 너무 무서웠어요. 그곳에서 죽어야지 사는 게 돼버리는 거예요. 죽어야만 끝이 난다는 거죠. 캠페인을 계속했는데 포항의 성매매 여성들이 죽은 것에 대해 사람들이 생각보다 충격도 받지 않고 무덤덤하더라고요. 캠페인에 가서 사람들에게 일일이 설명하니 대학생들은 잘 들어주고 질문도 했어요.

저희가 그때 순례단으로 소복도 입고 포항에 가서 추모했어요. 포항의 업소 쪽도 돌았는데 업주들이 저희한테 소금을 막 뿌렸어요. 업주나 주변 상인들이 방송에 나와서 이렇게 말했어요. "걔네들 죽은 게 뭐가 대수냐. 산 사람은 살아야 하지 않느냐. 우리도 먹고살게 가만히 놔둬라"라고요. 정말 이렇게 말하면 안 되지만, '기생충'인 거예요. 그 언니 한 명의 몸으로 얼마나 많은 사람들이 먹고사는 거예요? 옷 가게, 화장품 가게, 식당, 슈퍼마켓, 심지어 업소의 업주까지 모든 사람들이 먹고살잖아요. 그 사람들이 기생충

---

* 경북 포항에서 2010년 7월부터 2011년 6월까지 유흥주점에서 일하던 여성 8명이 잇따라 자살했다. 자살의 원인으로 성매매까지 강요당하며 일을 해도 사체가 불어날 수밖에 없는 성산업의 착취 구조가 지적되었다.

같았어요.

그때 저희도 많이 충격받았어요. 자고 일어나면 누가 돌아가셨다 하고, 자고 나면 또 돌아가셨다고 하고. 하루하루가 무서웠죠. 하룻밤 자고 나면 돌아가시고 또 돌아가시고……. 언제 어디서든 일어날 수 있는 일이었어요. 게다가 포항은 폐쇄적인 곳이었어요. 다른 데서는 언니들이 너무 힘들면 구조 요청을 하거나 도망을 나오는데 포항에서는 잘 빠져나올 수 없대요. 훨씬 폐쇄적인 거예요. 언니들이 지역에서 다른 지역으로 [팔려]가는 게 아니라 바로 옆 가게로 가고, 다시 옆 가게로 가니까 되게 위험한 거죠. 모든 업소에서 이 여자를 알게 되고 그 여자는 어디에 가도 자유롭지 못하게 되니까요. 하지만 포항뿐만 아니라 어디에서든 이런 일은 일어날 수 있어요. 여수 여성 사망 사건*도 터지면서 언론에 나왔지만, 이렇게 돌아가신 분이 한두 분이었겠어요? 아무도 모르게 돌아가신 분들이 얼마나 많겠어요? 얼마나 많은 여성들이 돌아가셨겠어요?

업주가 지역 유지로 유착 관계에 있고, 넓게 보면 전체 사회에서 고민해야 하는 문제예요. 전 살면서 그게 무서울 때도 있어요. 영화 속의 비리들이 현실에서도 마찬가지인 것처럼 보일 때 무서워요. 성매매를 하지 않아도 살 수 있는 구조를 만들어야 해요. 그

---

* 2015년 11월 19일, 여수시 학동의 한 유흥주점 종업원이 업주의 폭행으로 뇌사 상태에 빠져 병원에 입원했다. 그 뒤 피해 여성의 동료 9명이 업소를 탈출해 광주의 인권상담소에 "폭행으로 인한 사고"였다고 제보했으며 수사 과정에서 성 매수자들이 다수 적발되었다. 검찰은 2016년 6월 7일에 피의자들에게 상해치사로 인한 징역을 구형했다.

걸 언제, 누가, 어떻게 만드느냐의 문제예요. '성매매는 없어지지 않는다'고 공격받거나 '성매매가 생계형이니 필요하다', 이런 말을 들을 때 제 활동이 무너지는 느낌이 들어요. 제가 없어져버리는 느낌도 들고요.

개인 생활도 없이 너무나 많은 일 속에서 힘들게 활동하다가 그런 말들을 들으면 정말 내가 땅바닥에 녹아내릴 것 같은 느낌이 죠. 어쨌든 희망을 가지고 여성들의 말을 들어주고 함께 있어야 해 요. 이때까지도 그래왔잖아요. 좌절하는 경우도 많았지만 희망은 절대 없어지지 않아요.

지원 시설에 대한 정책이나 성매매 여성에 대한 정책이 좀 더 확실해졌으면 좋겠어요. 지금도 성매매특별법 때문에 많은 이들이 피해자로서 보호를 받고 있지만 그게 너무 많이 흔들린다는 느낌 이 들 때가 있어요. 성매매특별법 위헌 제청* 때도 그렇고, 여기저 기서 툭툭 얘기하면 법이나 정책이 흔들리는 느낌이 들거든요. 정 책이 변하지 않게 정해졌으면 좋겠어요. 여성들이 좀 편안해졌으 면 좋겠어요. 그 안에서 힘들게 있었는데 나와서도 가슴 졸이면 속 상해요. 자활지원뿐 아니라 성매매에 대해 여성들 지원 정책이 힘 들어지지 않았으면 좋겠어요. 저희가 흔들리지 않고 마음 놓고 활 동할 수 있게요. 성매매특별법이 이번에 합헌 결정을 받긴 했지만

---

* 성매매 알선 등 처벌법 제21조 1항은 "성매매를 한 사람은 일 년 이하의 징역이나 300만 원 이 하의 벌금·구류 또는 과료에 처한다"라고 되어 있다. 이 조항에 대해 위헌법률심판 제청이 재판 부에 신청되었고 2016년 3월 31일 헌법재판소는 재판관 6대3의 의견으로 합헌을 결정했다.

만약 위헌이라고 결정했다면 너무 무서운 세상이 될 것 같다는 생각이 드는 거예요.

또다시 빚을 수 있는 그릇, 또다시 꿸 수 있는 실

자활이 뭐라고 생각하냐고요? 음……. 실을 바늘에 꿰는 게 자활이에요. 언니들이 자활지원센터에 왔는데, 예를 들어 "한글을 몰랐는데 이제 책 한 권을 읽을 수 있다, 띄엄띄엄이라도 어떻든 글은 읽을 수 있다" 하면, 그것이 개인적으로 보면 큰 발전이죠. "싫다고 말할 수 없었는데 이제는 싫다고 말할 수 있다", 저는 그런 게 사실 자활이라고 생각하거든요. 전문적인 기술을 쌓아 직업훈련을 받고 인턴십 지원을 받아 경력을 쌓는 것도 중요하지만, 자활이라면 이곳을 나가서 자신이 할 수 있는 것을 준비하는 단계라고 생각해요. 그릇을 만들기 위해 이곳에서 흙을 푸는 단계를 자활이라고 생각해요.

저희가 물품 판매금으로 기금을 만들었고, 장학사업으로 세 분의 대학 입학금을 지원했어요. 의미가 있었죠. 처음에 대학교 장학사업을 한다고 했을 때 '그게 될까? 첫 학기 입학금만 주고 다음 학기 때에 돈이 없으면 어떡하지? 몇 사람만 주면 돈이 끝나는데?' 하고 고민도 했어요. 하지만 장학사업을 만든 건, 무언가 해보고 싶은데 입학금이 없어서 시작도 못 하는 것과 입학금은 있으니 일단 해보면서 다른 방법을 생각하는 것은 다르다는 이유 때문이었어요. 처음부터 포기하는 것과 희망이 있다는 것은 다르다는 지점에서 시작했어요. 자활 물품의 수익금이 모여서 장학금이 만들어진 거잖아요. 자활지원센터에 처음부터 지금까지 먼저 있었던 여성들이 만든 기반으로 다음 여성이 학교에 간다는 것이 되게 좋았던 것 같아요.

장학금을 받고 대학교에 입학한 분이 또 두 번째 학기 등록을 하고 오셔서 저희가 너무 훌륭하다고 말했어요. "학교 다니면서 어떻게 돈을 모았어요?" 물어보니까 등록금을 벌려고 공장에서 삼 개월 동안 일을 했대요. "힘들지 않았어요?" 물으니까 "힘들었는데 포기할 수가 없었다"고 해요. 난 그 말이 학업을 포기하고 싶지 않다거나 어쨌든 끝을 보고 싶다는 뜻이라고 생각했는데, 그 언니가 하는 말이 "얼마나 귀하게 모인 돈인데, 내가 그 돈을 입학금으로 썼는데, 돈이 없다고 이 학기를 포기할 수 없었어요"라는 거예요. 전 그 얘기 듣고 울었어요. "어떻게 그런 생각을 했어요? 너무 잘하셨어요. 그렇게 생각하는 것도 좋지만 본인이 정말 하고 싶은 걸 하고 있는 게 훨씬 좋아요"라고 했어요.

그분은 항상 고맙다고 얘기하는 분이에요. "고마워요. 도와주셔서 감사해요." "고맙다고 하지 마세요. 그건 누려야 할 권리예요. 그러니까 고맙다고 하지 마세요." 그래도 "고맙다"고 하죠. 대학교에 다닌다고 얼마나 좋아했는지 몰라요. "쌤, 밤 새워 과제를 하는데 너무 좋아요."

장학사업을 지원한 건 뜻깊었어요. 자활지원 사업 중에 굉장히 의미가 큰 사업이라고 생각해요. 돈 액수를 떠나서 장학금이라고 하는 게 그분들한테 또 다른 기회가 되지 않겠어요? 상황이 안 된다고 뭘 쟀으면 그런 사업 자체를 못 했을 거예요.

그러니 우리가 잴 필요가 없는 거예요. 그분이 하고 싶다고 하고 충분히 할 수 있다고 믿기 때문에 저희가 지원을 하는 거지, '앞으로 계속할 수 있겠어?' 이런 생각을 하면 잣대가 되어버리고 평가하게 되잖아요. 그렇게 하지 말자고 해서 시작했어요. 그분이 장학금을 받은 것에 대한 고마움과 중압감을 말씀하시면 그런 의미로 받는 것이 절대 아니기 때문에 부담 갖지 말라고 하죠. 물론 졸업을 잘해서 잘 취업하면 박수 치고 좋겠지만 그렇게 못 한다 하더라도 잘못했다고 생각 안 해요. 어쩔 수 없다고 해서 그게 끝나버리는 게 아니잖아요. 충분히 또다시 할 수 있는 게 있기 때문에 크게 걱정하지 않아요. 언니도 그렇고 저희도 그렇고요.

저도 이곳에서 배워가요. 저는 좀 부드러워진 것 같아요. 옛날에는 뾰족했는데 제 뾰족함 때문에 상처받은 사람이 많았다는 생각을 못 했어요. 이곳에서 일하면서 어느 순간에 저도 모르게 변했어요. 잘 몰랐는데 친구들이 제 인상이 밝아졌대요. 자활지원센터에서 활동하면서 시각이 달라졌어요. 예전보다 세상을 다르게 볼 수 있는 눈, 똑같은 걸 보더라도 다르게 생각할 수 있는 것, 아직 저도 언니들처럼 성장 중이랍니다.

후기

세상을 새롭게 직조해나가는 여성

유월, 대구에 간 날은 더운 여름이었다. 경희선 씨와 나는 작은 상담실 공간에 마주앉아 있었다. 경희선 씨는 업무에 바쁜 와중이었지만 인터뷰를 위해 시간을 내주었다. 그녀의 목소리는 나지막했다. 생각과 느낌을 찬찬히 표현하는 말을 들으며 나는 그 언어들이 그녀의 정서를 고스란히 머금고 있다고 느꼈다. 처음에 그녀는 무슨 이야기부터 해야 할지 망설이다가 자활지원센터에서 만나는 언니들에 대한 이야기를 자세히 하기 시작했다.

자활지원센터에서 실무자로서 언니들과 함께 일을 해나가며 소통한 이야기, 자신이 배운 것, 아웃리치 경험담, 자활지원센터에서 진행하는 일들과 중요하게 여기는 가치, 새로운 시도들과 그 의미를 조곤조곤 말해주었다. 자활의 의미에는 여러 가지가 있다. 경제적 자활뿐 아니라 정서적인 자활, 사회적 자활도 중요하다.

경희선 씨는 자활지원센터에 온 언니들에게 어떻게 말할 것인가, 어떻게 듣고 함께 일해나갈 것인가를 두고 고심한다. 결국 우리가 서로 다른 인간이 아니라는 것을 어떻게 전달할 것인가도 고심한다. 그래서 일의 결과가 아니라 과정에서 서로 존중하며 자발적인 의욕을 느끼고 진행하는 것을 중요시했다. 그녀는 자활지원센터에서의 경험을 통해 성장이 어떤 것인지, 작은 순간들의 변화에 주목하며 알려주었다.

지역적으로 대구에는 자갈마당이라는 오래된 집결지가 있고 유흥업소가 밀집된 곳도 있다. 다른 큰 도시들처럼 이주여성 성매매, 청소년 성매매 문제도 있다. 집결지의 업소들은 모습을 탈바꿈해간다. 인근의 기차역 주변에는 오래된 여인숙들이 있는 골목들도 있다. 그녀는 아웃리치에서 만난 여성들의 얼굴은 쉬이 잊히지 않는다고 말했다. 나이 든 여성들이 성매매를 하는 여인숙 골목의 아웃리치를 다녀오면 "선생님들과 우리는 다르다"고 말하던 언니들의 목소리가 떠올라 가슴 아프다고 했다. 언니들과 자신은 다르지 않은 사람이라고 생각하기 때문이다.

가까운 포항 지역에서만도 성매매 여성 여덟 명이 잇달아 죽은 사건이 일어났다. 경희선 씨는 그때 무서웠다고 했다. '죽어야 사는 여성들'의 현실을 보면서 얼마나 많은 여성들이 폐쇄된 업소 속에서 고통을 겪는지 알 수 없다고, 또한 현실이 영화처럼 유착관계 때문에 진실이 은폐된다고 생각하면 더 무서워진다고 했다. 하지만 "성매매가 없는 세상이 가능하고 그걸 언제, 누가, 어떻게 만드느냐의 문제"라고 그녀는 믿는다. 활동도 그 믿음을 토대로 하고 있다.

성매매 문제에 대한 몰이해 속에서 편견에 찬 비난과 맞닥뜨릴 때의 감정을 묻자 그녀는 "녹아버릴 것 같다"는 말로 심정을 표현했다. "제가 없어져버리는 느낌이 들어요. 개인 생활도 없이 너무나 많은 일 속에서 힘들게 활동하다가 그런 말들을 들으면, 내가 땅바닥에 녹아내릴 것 같은 느낌이 들어요." 하지만 그녀는 "희망을 가지고 여성들의 말을 들어주고 함께 있어야 한다"고 하면서 "희망이 절대 없어지지 않는다"는 것도 동시에 강조했다. 아무것도 하지 않는 것과 무언가 하는 것은 다르다고 믿는다.

자활의 의미에 대해 묻자 그녀는 곰곰이 생각해보다가 "실을 바늘에 꿰는 것"이라고 표현했다. 내 곁의 풍경을 당연하게 여기지 않는 것, 거대한 힘 앞에 압도되지 않는 것, 누구나 평등하게 자기를 표현하고 힘을 기르는 것, 더 많은 세상을 보고도 더 말을 잃어버린 여성들이 자기 언어를 찾을 수 있게 하는 것, 작은 한 땀은 곧 커다란 성장과 변화였다. 또 하나의 한 땀에 진심으로 박수 치고 격려해줄 수 있는 그들은 커다란 세상의 모습도 새롭게 직조해나갈 수 있는 사람들이었다.

2부

대단한 쏘녀들과 점프를!

길 위에서
엄마 같은 지금

정지영

:::::::::

"아이들이랑 부딪히고 지내는 게 일상이 됐고,
이게 내 일이 됐고 내가 해야 되는 일이 됐고,
내가 아니면 안 되는 일은 아닌데, 아직은 할 수 있고.
어떻게 이곳에서 일했냐고요?
모르겠어요, 있어졌어요."

(사)광주여성인권지원센터 부설 청소년 지원시설
(사)광주여성인권지원센터 부설 기관인 청소년 지원시설은 성매매 피해 청소년에게
주거·의료·법률·직업훈련·치유 프로그램 등의 서비스를 제공하고 있다.

엄마와 내가 가지 않았던 길을 선택했다

제가 대학교를 졸업하고 나서 공무원 시험 준비를 했어요. 잠깐 쉴 겸 일을 하려고 알아본 곳이 광주여성인권지원센터였어요. 복지 쪽에서 일하면 좋겠다 싶어서 지원했고, 쉼터에서 일하게 되었어요. 처음엔 잠깐 일하고 다시 공부할 생각도 있었는데, 그냥 있어졌어요.

대학교에 다닐 때 한 교수님이 첫 수업에서 "소셜 닥터"라는 이야기를 했어요. "사회를 치료할 수 있는 사람이 돼라"면서요. 그 말을 듣고 나도 뭔가 사회를 치료할 수 있는 일을 하면 좋겠다고 생각했죠. 막연하지만 뭔가 남에게 도움이 되는 일이면 좋겠다고 생각했어요.

저는 엄마가 십 년 전에 일찍 돌아가셨어요. 엄마가 돌아가시기 전에 십 년 정도 아프셨는데, 제가 맏딸이고 남동생들이 많고 아빠는 직장 다니니까 엄마 옆에 있을 사람이 저밖에 없었어요. 제가 살림하고 밥하고 동생들도 챙기면서 가족에 대한 책임감이 있었죠. 아픈 엄마랑 같이 있는 시간이 많아지며 '내가 이 사람을 지켜줘야 한다'고 여겼어요. 엄마가 돌아가신 뒤에 '이 사람이 못 살았던 삶, 내가 잘 못 해온 것도 이제 해봐야 한다'고 생각했어요.

엄마가 아프실 때 주위에서 도움을 많이 받아서 '나도 남들을 도와야지, 받은 게 있으니까' 하고 생각한 거죠. 십 원을 벌더라도 이왕이면 남을 도울 수 있는 데서 하자고 마음먹었어요. 의미 없이 돈만 버는 일보다 내가 할 수 있는 범위에서 사람을 돕는 일이면 좋겠다 싶었으니까요. 사회복지시설이라는 것만 알고 들어와 처음

일을 시작했고 2010년부터 지금까지 칠 년째 이곳에 있어요.

처음엔 쉼터 친구들에 대한 편견도 있었어요. 아이들이 무서워서 존댓말을 썼을 정도로요. 나보다 세상을 더 잘 아는 것 같아서 내가 무슨 얘기를 할 수 있을까 고민했어요. 아이들이 열아홉 살일 때 나는 스물일곱 살이었으니까, 나이 차이도 얼마 안 나잖아요.

어떤 친구는 저를 때리고 배를 발로 차고 '○○년아' 하고 욕을 했어요. 처음에 그 말을 들었을 때는 너무 화가 나서 저도 그 친구를 벽으로 밀쳤어요. 저도 한 대 때리겠다는 생각이 들 정도로 화가 났는데 다행히 이성을 찾은 거죠. 저는 이성적인 편이어서 감정이 순간 없어질 때가 있어요. 마음이 착 가라앉고 덤덤해져요. '나보다 약한 사람인데 이 사람이 화낸다고 내가 화내고, 이 사람이 마음대로 한다고 내가 해야 할 일을 못하면 안 된다.' 그 순간 생각했어요. 다른 선생님들과도 상의하고 나중에 그 친구를 따로 불러 상담했어요. 그 친구도 사실 그 뒤에 말 걸어주기를 바랐고요. 속을 풀고 이야기하면 나쁜 사람은 없거든요. 다들 이유가 있으니까 화해를 잘하면 일상을 또 같이 지내게 돼요.

싸우면서 차츰 정든 것 같아요. 제가 사람들과 부딪히는 걸 힘들어하지 않아요. 살아온 환경 이야기를 듣고 상담하면서 왜 이 친구가 이렇게밖에 할 수 없었는지, 왜 힘들 수밖에 없는지 알게 되었어요. 그러니까 반항도 이해가 되더라고요. 왜 화를 내는지 알겠어요. 청소년이라서 더 마음 아픈 점도 있고 안타까웠어요. 어떨 땐 동생 같기도 하고.

얼굴을 마주하고 뒤치다꺼리를 모두 같이 하니까, 키우다시피 하니까 정이 생겼어요. 제가 아가씨기는 하지만 엄마처럼 정드는 것 같아요. 고운 정, 미운 정이 다 들어요. 친구들이 예쁘지만은 않은데 되게 짠하죠. 청소년이라서 앞으로 더 기회가 있을 것 같고 내가 좀 더 해줄 수 있을 것 같아 열심히 일했어요. 친구들이 열 번 반항한다 해도 한 번은 제 말을 듣고 따라와요.

쉼터라는 공간이 필요한 공간이지만 어떻게 보면 친구들에게 불편한 공간일 수 있어요. 규칙도 있고 여럿이 같이 살아야 하니까요. 또 일반적인 가정환경에서 잘 지낸 아이들이 오는 게 아니거든요. 가정폭력이 있었다거나, 성폭력이 있었다거나 '어떻게 그런 사건들을 겪고 지금까지 커왔을 수 있었을까?' 싶은 일련의 사건을 다 겪은 다음 이곳에 오는 경우가 많아요. 정말 성매매는 마지막 수단인 것 같아요. 한편으론, 아이들 사이에서도 약육강식이 있어서 거리에서도 더 생존하기 어려운 형편의 친구들이 쉼터에 들어오는 것 같아요.

친구들이 처음 왔을 때는 기본적인 것도 잘 못했어요. 식사 예절이나 인사하는 법, 밥 먹기 전에 손 씻기 같은 것도 잘 몰라요. 열일곱 살, 열여덟 살 친구들에게 "밖에 다녀오면 손을 씻어야 한다"라는 것부터 가르쳐야 해요. 자기 몸을 잘 돌볼 줄 모르고 남을 배려할 줄 잘 몰라서 하나하나 가르쳐요. 그런데 어느 순간 이 친구들이 기본적인 생활을 너무 잘하게 돼요. 새로운 입소자가 오면 직접 가르쳐주기도 해요. 그런 사소한 모습에서 '변했구나' 하고 성장을 봐요. 저희는 큰 걸 바라지 않아요. 쉼터를 나가서 사회생활을 하는 데 어려움이 없다면 좋겠어요.

대한민국이라는 나라는 학력이 없으면 제대로 못 사는 나라니까, 고졸 정도의 학력을 갖추게 하죠. 최소한의 학력과 최소한의 예의. 그걸 이곳에서 갖추게 하는 거예요. 학교에 못 가겠다던 친구가 학교를 가고, 일어나자마자 밥만 정신없이 먹던 친구가 조금씩 세수도 하고 이불도 개고 밥을 먹으면서, 남을 배려할 줄도 알게 돼요. 그런 모습을 볼 때 '많이 바뀌었구나, 성장했구나' 하고 기쁘죠.

저는 아이들과 친하지만 무서운 사람으로도 여겨져요. 잘못한 일을 야단칠 때는 확실히 야단쳐요. 저를 친구같이 생각하다가 본인들이 뭘 잘못하면 저를 엄청 신경을 써요. 그게 중요해요. 다 받아주고 원하는 대로 해주는 게 아니라 화를 낼 때 화내고 잘못한 일에 대해서는 아니라고 분명히 말해야 하죠.

두 개의 집, 두 개의 갈등

처음엔 집과 일터가 구분이 안 갔어요. 제가 집에 가도 친구들이 계속 연락을 하니까요. 식구보다 쉼터 친구들을 많이 보게 되는 거죠. 퇴근해 집에서 자다가도 친구들이 전화로 깨우면 일어나야 해서 꼭 엄마가 된 느낌이었어요. 저도 집에 가도 계속 친구들이 생각나더라고요. '자고 있을까? 밤인데 혹시 밖에 나가지 않았을까? 학교 준비물은 잘 챙겼을까? 다른 친구들과 싸우진 않을까?'

제가 쉼터에서 법률지원과 학업을 담당하고 있어서, 친구들이 다니는 학교에서도 저한테 전화가 종종 와요. 친구들이 열 명이라면 열 명의 선생님들이 저한테 수시로 전화를 하는 거죠. "이번에 학교 급식비 낼 기간입니다", "학생이 오늘 조퇴한다고 합니다" 하는 전화들. 마치 쉼터도 집이고, 우리 집도 집이어서 제가 두 집을 왔다 갔다 하는 기분이 들었어요.

친구들은 쉼터 선생님들에게 계속 애정을 요구해요. 많은 애정을 요구하는데 저한테 한계도 있는 거고, 한 친구한테 모든 애정을 쏟을 수 없는 일이기도 해요. 하지만 친구들은 항상 그 이상의 관심과 사랑을 원하는 것 같아요. 쉼터 생활이 안정되고 나면 친구들이 심리적으로 관심받기를 원하는 마음이 커지죠. 제가 그 마음을 다 채워줄 수 없을 때 개인적으로 힘들어요. 친구들이 고등학교에 가서 뒤늦게 사춘기도 오고 과거의 가정환경을 떠올리며 힘들어하기도 해요. 그 마음을 채워주고 싶지만 사실 제가 엄마를 해줄 수 없으니까, 그때도 마음 아파요.

다른 사람의 삶에 들어간다는 것도 힘들었어요. 한 사람이 쉼터에 오면, 그 사람이 가진 모든 문제에 저희가 알게 모르게 관여하게 돼요. 아버지의 폭력 때문에 아이가 가출한 경우, 그 아버지를 못 만나게 하면 맨날 전화가 와서 "내 새끼를 거기다 왜 가둬놨냐? 너네가 뭔데!" 하고 화를 내죠. 저희가 그 아버지를 직접 만나서 상의까지 해요. 친구들의 가족 문제, 남자친구 문제, 학교 친구 관계, 공부 문제, 모든 것에 저희가 관여되죠. 친구의 집안에 장애인이 있으면 내버려둘 수 없어 복지관이라도 연계해줘요. 아이 때문에 생기는 문제를 해결하려고 그 엄마를 만나면 엄마가 토로하는 어려움까지 저희가 들어야 했어요. 알게 된다고 다 해결할 수 없는데 마음으로 힘겨울 때가 있어요. 어쩌다 아이가 임신해서 오면 낳으라고 할 수도 없고 수술하라고 할 수도 없고, 선생님들은 힘든 거죠. 제가 도와줘야 하는데, 어떨 때는 머리로 이해를 해도 마음으로 갈등이 생겨요.

또 친구들이 드나드니까, 어제까지 웃던 친구가 오늘 갑자기 욕하고 나가버리면 선생님들이 상처를 받죠. 저는 '어떻게 나한테 이러지?' 하면서 초반에 많이 울기도 했어요. 이런저런 일로, 퇴근해서 집에 가도 일이 끝나는 게 아니라 일상이 연장돼 도는 것 같았어요. 그러면 제 삶이 없는 것 같은 느낌이 들 때가 있었죠.

속으로만 겪는 갈등도 많아요. 제가 하는 일 자체가 다른 사람의 인권 문제여서 제 친구들을 만나도 얘기할 수 없으니까요. 친구들을 좀 더 나은 방법으로 끌어줘야 하는데 그게 뭘까, 그게 내 기준에만 맞는 게 아니라 아이의 기준도 생각해야 하는데 그게 어떤 걸까, 늘 고민하면서 일하죠. 제 안에서 겪는, 도덕적인 부분과 현실적인 부분의 갈등들이 있어요.

꽉 붙잡아주는 손 하나

친구들은 의외로 처음에 감정을 드러내지 않고 성매매 경험을 덤덤히 이야기해요. 감정 없이 하는 말을 들으면 '어쩌면 저렇게 아무렇지 않지?' 하고 의아해요. 친구들은 주로 조건만남을 해서 성인 남성들을 만났는데 사실은 그 경험이 떠올리고 싶지 않은 기억이에요. 나중에 저희에게 토로하죠. "그때가 자꾸 생각나요. 나가서 또 그 남자를 만날 것 같아 무서워요." 가끔 퇴소한 친구 중에도 연락이 와서 "아르바이트를 하는데 그 아저씨가 왔어요. 무서워서 숨어 있었어요"라고 말하기도 해요. "이전에 나를 성매매시켰던 언니를 길에서 마주쳤어요. 어떻게 해야 하죠?"라고 묻기도 하고요. 지우고 싶은 힘든 기억이고, 학교나 주변에 소문이 날까 봐 항상 두려워하죠.

이따금 장애를 가진 친구들도 있는데 그 친구들은 상황을 정확히 인지하지 못해서 더 대처하기 어려울 때도 있어요. "저 사람 만나서 시키는 대로 하면 돈을 줘요." 이런 말을 들은 적도 있어요. 그 일이 무슨 의미인지 정확하게 알까, 얼마나 위험한지 알까 싶어서 걱정이 많이 되죠. 친구들이 쉼터에 오면 성매매 예방 교육을 시키고 최대한 외부와 차단시키려 노력하죠. 어떤 친구는 길이라는 자유로운 환경에서 지냈는데 여기 와서 쉼터의 통제나 규칙을 지키기 힘들고 싫다고 하기도 해요. 하지만 할 수 있는 것과 할 수 없는 것, 위험한 것과 안전한 것을 저희는 계속 일러줘야 한다고 생각해요.

성매매로 인한 문제뿐 아니라 친구들의 전반적인 삶에서 힘듦이 이어져요. 부부 간의 문제가 아이에게 넘어오고, 부모가 잘못된 방식으로 훈육하니 애가 못 견뎌서 집을 나오는 거죠. 사춘기 때 보통 가정의 아이들도 반항하고 대처가 안 돼 뛰쳐나오는데, 힘든 가정환경 속에서 뛰쳐나오지 않고는 살 수 없는 청소년들이 많아요. 아버지가 폭행하는데 어떻게 그 집에서 살겠어요? 그런데 일단 세상에 나오면 너무 많은 게 있어요. 너무 위험한 것들이 있어요. 집에서 나오면 사회안전망이 아무것도 없는 거죠.

우리 사회에서 집 나온 청소년들이 할 수 있는 게 뭐가 있어요? 아르바이트할 곳이라도 제대로 있었으면 좋겠어요. 일할 곳이 없고, 부모님 동의를 받는 것도 안 되고, 살아야 되니까, 먹어야 되니까 문제들이 발생해요. 그런데 그걸 관심 가지고 잡아줄 어른이 없는 거죠.

청소년들이 가출한 다음에 길에서 만나는 청소년들은 다 같은 친구들이에요. 비슷한 아픔을 공유하기 때문에 친해지는 거예요. "너도 엄마 없어? 나도 엄마 없어." "너도 부모한테 맞았어? 나도 맞았어." 그 친구들끼리 아픔을 공유하면서 거리에서 같이 살아나가요.

중요한 건 애정과 관심이에요. 결국 청소년은 청소년이에요. 대단히 무서운 범죄자가 아니에요. 쉼터에서 같이 있어보니까 싸우더라도 잡고 안 놓으면 친구들이 바뀌는 게 있거든요. 좀 힘들기는 해도 어른이 꼭 붙들어주면 변할 수 있는 기회가 많아요.

스마트폰이 보급되면서 청소년 성매매가 정말 심각해졌어요. 예전에는 컴퓨터로 조건만남을 찾고 시내 버스터미널이나 극장 앞에 청소년들이 서 있었거든요. 우리가 청소년들을 만날 수 있는 장소가 정해져 있었어요. 피시방 가면 채팅하는 청소년들이 있었는데 이제 스마트폰을 갖고 다니니까 청소년들을 찾아 만날 수 없는 거예요. 스마트폰이 지극히 개인적인 공간이라서 훨씬 더 많은 청소년들이 성매매에 노출되어 있을 텐데 어른들이 모르는 것 같아요.

아이들은 애정을 갈구해요. 본질적인 문제는 그거예요. 어른이 하는 역할이 중요해요. 어른들이 나서서 해결하지 않으면 현실적으로 청소년들 스스로 사회를 바꿀 수 있는 게 거의 없어요. 그래서 애정과 관심을 가지는 어른이 꼭 필요해요.

그래, 내가 엄마는 아니지만

쉼터의 한 친구가 저보고 학교 공개수업에 한 번만 와달라고 했어요. 그런데 제가 너무 젊어서 학교에 가면 오히려 엄마가 아니라는 게 눈에 띄어 남들 입에 오르내릴 수 있겠다 싶더라고요. 그 친구는 그래도 괜찮다는 거예요. "나한테도 누가 있다는 걸 애들한테 보여주고 싶어요" 하더라고요. 고민을 많이 했죠. 아무래도 가면 안 될 것 같다는 판단이 서서 그 친구를 학교 앞까지만 바래다줬는데, 친구가 눈물이 글썽글썽해서 학교에 들어가는 거예요. 그걸 보고 '도저히 안 되겠다'고 마음먹고 제가 공개수업에 들어갔어요.

제가 너무 젊으니까 주변에서 웅성웅성하죠. 그런데 친구가 담임 선생님을 붙잡고 "선생님, 왔어요!" 하고 다급하게 말해요. "어, 누구시지?" 선생님이 묻는 말에 친구가 대답을 못 하는 거예요. 저희 둘 다 거짓말이 빨리 안 나왔어요.

"네가 먼저 말해." 제가 말하니까 아이가 저보고 고모라고 했고 그날 제가 '고모'가 되었죠. 그 친구가 몹시 좋아하더라고요. 자기한테도 누가 있다는 걸 보여주고 싶었던 거예요. 나도 가족이 있다는 걸 보여주고 싶었던 거죠. 더 이상 저보고 뭐 해달라고 안 했어요. 그렇게 같이 있는 것만으로도 힘이 되는 거죠.

엄마가 그렇잖아요? 그냥 있다는 것만으로 아무것도 안 해도 되는 존재예요. 결국 힘들 때 내 편을 들어줄 거라는 믿음이 있으니까요. 내가 뭘 할 때, 내가 어떤 순간을 맞았을 때 나를 도와줄 수 있는 사람, 나를 언제든 그리워해주고 내가 찾을 수 있는 사람이 엄마예요. 아이들한테도 엄마라는 존재는 그냥 있기만 하면 되는 것 같아요.

이런 일도 있었어요. 입소한 한 친구가 지적 장애가 심했어요. 가족도 장애가 있었는데 아빠가 일해서 현금을 애한테 무턱대고 많이 주니까 애가 몇 십만 원씩 들고 택시를 타고 전국을 돌아다닌 거예요. 그러다가 성매매에 노출됐어요. 처음 쉼터에 왔을 때는 계속 도망가려고 했어요. 머리카락으로 얼굴을 다 가리고요. 쭈그리고 앉아 있는데 밥을 먹으라고 해도 안 먹고, 반찬을 먹으라고 하니 접시 그릇을 집어던졌어요. 숟가락 잡는 것부터 가르쳐야 했죠.

처음엔 눈에 보이는 건 입에 다 집어넣어 철사를 먹거나 수화기 핀을 뽑아 먹었어요. 그럴 때마다 병원 응급실로 데리고 갔어요. 초반에 그 친구가 고집을 부릴 때 고집을 꺾을 때까지 싸웠어요. 그 고집에서 지면 그 친구는 그 자리에 멈춰서 계속 그렇게 행동할 테니까요. "이건 돼. 이건 안 돼"라고 일일이 가르쳤어요. 잘못했을 때는 사과하라고 끝까지 말해서 사과하는 법을 익히게 했고요. 상담치료를 받게 하면서 제가 데리고 다녔어요. 나중에는 저한테 애착 관계가 심해져서 안 떨어지려고 하는 거예요. 상담 선생님이 "아기 때 엄마한테 가는 애착 관계를 이제 시작했고 그 대상이 당신이니 받아주라"고 했어요. 제가 그 자리를 견뎌냈더니, 나중에는 그 친구가 제게서 조금씩 떨어져서 친구들과 건강한 관계를 맺게 되었어요.

그 친구가 학교에서 간식으로 요구르트를 하나씩 받는데 그걸 쉼터에 가지고 와서 제 책상 위에 먹으라고 갖다놔요. 그럼 전 먹어요. 하루 종일 참고 와서 주는 건데 그걸 먹어야 이 친구가 좋아할 테니까요. 이제 그 친구가 누구보다 잘 지내고 생활도 잘하고 좋아하는 사람한테 애정도 표현할 줄 알아요.

쉼터에 있다 보면 경계성 장애인 친구들도 만나게 돼요. 그런 친구들은 지적 장애가 있는 게 아니라 학습능력이나 사회성이 떨어져 있는 거예요. 사람들이 가르치지 않아서 배우지 못해 지능 지수가 낮게 나오는 거고요. 제대로 돌봐주면 사회성이 생기고 지능지수가 올라가기도 해요. 저는 그렇게 생각해요. 장애가 있다 해도 끊임없이 돌보고 가르치면 나아진다고. 지적 장애를 가졌던 친구도 지금은 말도 잘하고 남의 말을 잘 이해해요. 말이 좀 어눌할 뿐이지 일반 아이들과 다를 바 없이 어울려 생활할 수 있어요.

가슴속에 들어앉은 빈 방들

쉼터에는 열아홉 살 때까지 머물 수 있어요. 학업 같은 사유가 있을 때는 스물한 살까지 있을 수 있지만요. 이 공간에서 친구들을

내보낼 때 힘들죠. 제가 전부 책임질 수 없다는 걸 알지만 정이 들어서 떠나보내기 힘들 때가 있어요. 계속 날마다 보던 친구들이 쉼터에서 나가면 좋게 나가든 나쁘게 나가든 그 뒤에 울었어요. 빈방을 보면서 울었어요.

친구들이 열아홉 살이 되면 저희가 해줄 수 있는 게 없어져요. 안타깝죠. 그렇다고 그 친구의 삶이 특별하게 바뀌지 않았는데 말이에요. 극적으로 삶이 바뀌어서 잘 살게 되어 나가는 친구들은 드물어요. 앞으로 사는 게 얼마나 힘들까 하는 애달픈 생각이 들어요. 가족은 없고 과거의 기억을 놓을 수도 없는데, 어디에 가서 뭘 하고 뭘 먹고 살까요? 나름대로 살겠지만 저희가 더 해줄 수 없어서 답답하죠. 할 수 있는 게 정서적 지원 정도밖에 없으니까. 모든 친구들에게 집을 사줄 수도 없고……. 최선을 다하지만 한계도 느껴요.

혹시 가정이 있는 친구는 나중에 집으로 돌아갈 수 있게, 쉼터에 있는 동안 최대한 가족 간의 갈등을 해소하려고 노력해요. 퇴소하면 친구들은 따로 방을 얻어서 지인들과 살기도 하고, 남자친구랑 살기도 하고, 결혼해서 아이를 낳고 살기도 해요. 일부는 대학에 가고 자격증도 따죠. 장애가 심한 친구는 장애인 시설로 가고, 갈 데가 딱히 없는 친구는 일반지원시설로 가서 자립할 수 있게 더 준비해요.

청소년 쉼터에 있을 때는 늘 보면서 투닥투닥대고, 매일 똑같은 걸 먹고, 똑같은 데서 같이 살았잖아요. 친구들이 언제든 다시 저에게 연락하고 찾으면 만날 용의가 있는데, '이 친구들에게 과연 내가 인연이 되는 게 맞나?' 하는 생각도 들어요. '성매매 피해를 알고 있는 그 인연을 이어갈 필요가 있나? 저 친구들은 여기가, 내가 싫을 수 있겠다, 잊고 싶을 수 있겠다' 싶죠.

한번은 퇴소한 친구가 결혼해서 아이 돌잔치를 한다고 절 초대해줬어요. 그런데 그 친정어머니가 저를 보더니 엄청 화를 내시는 거예요. 딸 이름까지 다 바꿨더라고요. 저는 축하해주러 갔는데 친구가 "엄마, 선생님 왔어" 하는 말을 듣자마자 그 어머니가 아는 척도 안 하고 화부터 내시길래 바로 나왔어요.

인간적인 서운함이 들죠. '내가 그래도 저 친구를 몇 년 동안 데리고 있으면서 애정을 쏟았는데, 대학 보내고 제대로 퇴소시켰는데, 뭘 잘못했기에 이렇게 천대를 하시나? 축하해주겠다고 간 건데……' 그 뒤부터 그 친구에게서 연락이 안 왔어요. 친구들이 쉼터에서 나가고 나면, 때로 저는 아는 사람이 되면 안 될 때가 있는 거예요. 좋은 기억이 아니니까 잊고 싶을 수 있겠다고 이해하려고 노력해요.

지금도 전화가 계속 오죠? 퇴소한 한 친구가 아이 낳는다고 분만실에서 전화하는 거예요. 나중에 친정엄마 찾듯이 연락해오는 친구들도 이따금 있어요. 이곳에 남자친구를 데려와 인사를 시키기도 하거든요. 직업에 필요한 자격증을 따고 잘 사는 친구들도 있어요. 대학교에 간 다음 쉼터로 찾아와서 리포트 쓰는 법을 가르쳐달라고 하기도 하죠. 잘 지내고 있는 친구들을 보면 저희 마음이 뿌듯해요. "전에는 말 안 듣더니……" 하고 제가 농담하면 "그땐 아무엇도 안 들려요"라면서 웃죠. 한번 마음을 잡으면 정말 열심히 사는 친구들이에요.

"길은 길로 이어진다"

모든 인간에게는 상처가 있을 거라고 생각해요. 어떤 상처가 더 힘들고 어떤 상처가 덜 힘든지는 개인의 주관에 따라 달라요. 쉼터에 있는 친구들을 다른 청소년들과 똑같이 봐줬으면 좋겠어요. 그 친구가 겪은 일 중에 성매매 피해가 있었을 뿐이에요. 사실은 성매매 피해 청소년 쉼터라고 하는 게 친구들에게 미안할 때도 있어요. 십구 년 인생 중 일부의 시간이었을 뿐인데, 사람들은 너무 성매매만 강조해서 옭아매고 보는 것 같아요. 살아가다 생긴 한 사건인 거지, 성매매가 곧 그 사람은 아니거든요. 특별한 사람이 아니라 우리와 같은 사람이에요. 성매매가 만연한 환경은 어른들이 만들어놓은 거잖아요. 그걸 가지고 아이들을 비난하고 구분 짓지 않았으면 좋겠어요.

이전보다 훨씬 더 많은 청소년들이 넓은 방면으로 성매매에 노출되어 있어요.* 성매매 예방 교육을 하러 학교에 나가면 반응이

---

* 국가인권위원회는 '아동·청소년 성매매 환경 및 인권 실태와 개선방안 토론회'에서 성매매에 이용된 어린이·청소년이 처음 성매매를 경험한 평균 나이가 만 14.7살이고 조건만남 형태의 성매매가 88.3퍼센트이며, 사이버 공간을 통한 알선이 86.4퍼센트로 조사되었다고 밝혔다. 조사 대상자 중 성 구매자로부터 부당한 경험을 당한 비율이 80퍼센트에 이르렀다. 「청소년 첫 성매매 66퍼센트가 "14~16살 때"」, 『한겨레』, 2016년 11월 3일.

안 좋아요. 자기보다 밑에 있는 사람이 '그런' 짓을 하지, 성매매라는 것이 보편적인 환경이고 우리가 그 위에 놓여 있다고는 생각을 안 해요. 청소년들이 외롭거나 심심해서 스마트폰 어플리케이션으로 대화하려고 하면 거의 바로 조건만남을 제안받게 돼요. 학교 밖 아이들뿐만 아니라 누구나 성매매에 유인될 위험과 유혹이 퍼져 있는데 어른들이 무관심한 거예요. 매스컴이나 SNS에도 엄청나게 많은 성적인 이미지들과 성매매 관련 동영상들을 유포하는데 잘 걸러지지 않잖아요. 성매매에 노출될 통로가 훨씬 많아졌고 환경이 바뀐 건데 대응책이 미비해요.

폭력피해 여성 지원단체들끼리 모여도 제가 "저희 쉼터 청소년들은 피해자예요"라고 말을 하지 않으면 피해자라고 인정을 안 해줘요. 그나마 청소년이라니 관심을 받는 거지, 성매매 피해 여성을 피해자로 보고 특별한 지원이 이뤄져야 한다고 사람들이 생각을 안 해요. 비슷한 단체들끼리 모여도 저희가 성매매 피해에 대해 목소리를 높여야 한다는 게 슬프죠. 어딜 가도 우리가 어떤 사람들인지 소개해야 하고, '내가 돕고 있는 이들이 피해자다'라는 걸 항상 말해야 하니까요. 저희가 말하지 않으면 '그런 애들'이 돼버리고 그 속에서도 다시 차별받게 되더라고요. 언제나 더 주장하게 되고 분명하게 목소리를 내게 돼요.

어렵다고들 하는 청소년 쉼터에 어떻게 오랫동안 일할 수 있었냐고 주위 사람들이 저한테 물어보더라고요. 제 평범한 일상이에요. 삶이고요. 친구들이랑 부딪히고 지내는 게 일상이 됐고, 이게 내 일이 됐고, 내가 해야 되는 일이 됐고, 내가 아니면 안 되는 일은 아닌데, 아직은 할 수 있고…… . 모르겠어요, 있어졌어요.

물론 힘들어서 그만두고 싶은 순간도 있었지만 그 순간을 잊게 할 만큼 재미도 있어요. 제가 적극적으로 움직여야 하는 일이 있고 제가 조금 도와 해결되는 문제가 있다는 역동적인 것이 좋아요. 업무가 누군가를 설득하고 목소리를 낼 수 있는 분위기로 흐르는 것도 좋았어요. 사실 저도 이곳에 계속 있을 줄은 몰랐어요. 처음에 왔을 때 '과연 이곳에서 몇 년을 있을 수 있을까?' 자문했는데 어느새 돌아보니 이곳에 제가 있는 거예요.

앞으로 모든 것이 지금보다 조금 더 나아졌으면 좋겠어요. 친구들한테 더 좋은 환경이 생기고, 성매매에 대해 사람들의 인식이 변화해 남의 일이라고 생각 안 하고 관심을 가졌으면 좋겠어요. 조금만 더 나은 삶이었으면 좋겠어요. 저도, 아이들도, 오늘보다 내일이 나았으면 좋겠어요.

후기

여행자의 꿈

광주에 오랜만에 갔다. 지하철을 탔는데 광주비엔날레의 프로젝트로 만들었다는 예술열차칸에 들어섰다. "탐구자의 전철"이라는 이름이 붙어 있었다. 차체 안에 거미줄처럼 빼곡한 실선이 그려져 있었고 얼룩덜룩한 의자에 노란 글씨로 이름이 쓰여 있었다. "은둔자", "감시자", "투명인", "신", "반대자", "익명인" 등의 의자에 승객들이 띄엄띄엄 앉아 있었고, 나는 어느 이름의 의자에 앉을까 잠깐 고심했다. 정지영 씨를 만났을 때 속으로 그녀라면 어떤 이름의 의자가 어울릴까 점쳐보았다. '여행자.' 머릿속에 떠오른 단어였다. 여행자는 가보지 않은 길에 들어서서, 사람들과 부딪혀가며, 새로운 일에 적극적으로 대처한다. 때로 여행자는 강하게 자기주장을 하면서, 때로는 다가오는 풍경을 선선히 받아들이면서 자신의 길을 간다.

정지영 씨는 자신이 별로 한 일이 없다고 겸손하게 말했다. 인터뷰에서는 주로 친구들과 일상을 꾸려가는 이야기를 했다. 그녀는 쉼터의 청소녀들에게 커다란 책임감과 애착을 품고 있는 것 같았다. 인터뷰 중간중간 그녀에게 전화나 문자가 왔다. 퇴소한 이들 중 결혼해 오늘 아기를 낳는 친구가 분만실에서 생각나 전화를 했단다. 학교에서 선생님들이 학생 소식을 전한다고 문자를 보내거나 전화를 하기도 했다. 그녀는 여러 친구들의 일상을 동시에 꼼꼼히 챙겨주고 관심을 가져주어야 했다.

정지영 씨는 스물일곱 살에 쉼터에 처음 입사해서, 잠깐 한다고 생각하며 하루하루 지내다 보니 칠 년 동안이나 일해온 젊은 실무자다. 쉼터는 생활공간이고 직접 대면하면서 여러 가지 상황에 대처하고 꾸려가야 하는 곳이라 해내야 하는 일들이 만만치 않다. 이 길에 어떻게 오래 있었냐는 질문에 그녀는 잠깐 생각하다가 "그냥 있어졌어요"라고 대답했다.

그녀는 쉼터에 있으면서 친구들이 건강을 회복하고 마음의 힘을 찾으며 조금씩 성장하는 모습을 목격했고 그것에 뿌듯해했다. 내 질문에 되레, 쉼터에서 생활하는 친구들이 다른 청소녀들과 특별히 다를 것이 없으며, '청소년 성매매'라는 지칭이 저지를 수 있는 대상화의 위험도 짚었다. 이들의 긴 인생에서 '성매매 피해'는 한 가지 사건일 뿐인데 그 이름으로 친구들을 정의해서는 안 된다는 것이었다.

평범한 일상이라고 했지만, 들어보면 결코 녹록치 않은 일상이었다. 점점 격화되는 약육강식의 세상은 거리의 아이들에게도 영향을 미친다. 쉼터를 오는 친구들에게서도 더 깊은 상처를 목격하게 된다. 쉼터들의 운영 방식들은 저마다 다를 수 있는데 그녀는 쉼터에 온 친구들의 삶에 직접적으로 개입하는 편이다. 쉼터를 나가서도 생존할 수 있게 최소한의 학력과 최소한의 사회생활 방법을 익히게 하려고 한다. 이따금 장애를 가진 친구들도 입소하는데 이 친구들에게 사회적 기술을 익히게 하려고 분투한 이야기는 놀라웠다. 그녀는 적절한 돌봄을 행하기 위해, 친구들이 앞으로 살아가는 데 필요한 것들을 쉼터에서 익힐 수 있게 하려고 원칙 속에서 애쓰고 있었다.

그녀는 "엄마"라는 표현을 곧잘 썼다. 현실에서 결국 '엄마는 아니지만' '엄마 같은' 역할을 요구받게 될 때가 있다. 그럴 때 그녀는 그 역할을 감내할 수 있는 만큼 해내려고 애썼다. "엄마 같다"는 말을, 나는 그녀가 할 수 있는 최선의 노력을 친구들에게 하고 싶다는 말로 이해했다. 또한 그 말은 자신을 돌봐준 사람들, 자신이 돌봐야 했던 떠나간 사람들을 기억하며 타인과 세상을 최선으로 돌보겠다는 다짐으로도 들렸다. 나는 그녀가 이 여행을 잘해나가기를 바란다.

어른의 거짓말,
어른의 약속

전수진

"이 친구들은 살기 위해 집을 나왔어요.
그럼 이 친구들이 뭘 못하겠어요?
실수도 하고 넘어지기도 하고 누워 있기도 하겠죠.
하지만 전 이 친구들이 일어나지 않는다고 생각한 적은
한 번도 없어요.
용감한 친구들이고, 살려고 나온 친구들이기 때문에
살 거라고 믿어요."

새날을 여는 청소녀 쉼터
새날을 여는 청소녀 쉼터는 십 대 청소녀의 꿈과 자립을 지지하며 함께 성장하고 있는
곳이다.

네가 원하는 것을 이제 말해봐

새날을 여는 청소녀 쉼터에서 일하기 시작한 지 이제 구 년째예요. 성매매 피해에 대해선, 이들이 가출해 나와 보니 할 수 있는 게 이 것 말고는 없다고 생각했을 수 있고, 어쨌든 그건 과거의 일이죠. 선택이 달랐던 거예요. 누구나 올바른 선택만 하고 살지는 않잖아요. 각자의 경험이고, 경험의 힘이 있다고 봐요. 저는 친구들이 길에 나와 선택하는 방법이 달랐다고 보지, 어떤 선택은 맞고 어떤 선택은 틀렸다고 보지 않아요.

친구들이 한 모든 행동은 그 순간에 최선이었기 때문에 선택한 거예요. 다른 방법이 있었다면 성매매를 했을까요? 넌 무조건 잘못했으니 바꾸라는 것은 폭력적이에요. 그들을 많이 인정하고 수용해야 해요. 성매매 피해 시설에 있어도 모두 경험이 다르고, 그 경험을 스스로 느끼는 바가 또 달라요. 성매매 피해 경험이 있어도 청소녀는 성인에 비해 기회가 더 많은 것 같아요. 유입 기간이 아무리 길어도 삼 년에서 칠 년으로 짧은 편이고요.

친구들은 잘 살고 싶어 하고, 잘하고 싶어 해요. 항상 원하는 건 좋은 삶이에요. 그 좋은 삶을 살기 위해 얼마나 많이 애써야 하나요? 가진 것 없는 친구들이 남들처럼 좋은 삶을 멋지게 누리고 싶은데 지금 삶과 괴리가 크니까 화를 많이 내요. 잘 살고 싶었던 마음을 유지하려면 지금 더 노력해야 하는데, 화가 나니까 살고 싶었던 삶과 멀어지는 거예요. 그게 제일 안타까워요. 친구들한테는 시간이 많이 필요한데 저희한테 주어진 시간은 너무 짧아요.

저희는 친구들에게 자꾸 실수하라고 해요. 실수는 실패가 아니니까요. 자기가 원하는 삶을 살기 위해 앞으로 수천 번, 수만 번 실수를 할 텐데, 몇 번 실수한 것 때문에 절대로 포기하지 말라고 얘기해요. 실수를 견디는 친구는 자기가 원하는 자립으로 갈 수 있어요.

처음에 친구들이 쉼터에 오면 일주일 동안은 시급한 병원 치료 말곤 아무것도 안 해도 돼요. 일어나고 싶을 때 일어나고, 밥 먹고 싶을 때 밥 먹어요. 쉼터의 암묵적인 동의죠. 먼저 주방에서 일하시는 이모님한테 먹고 싶은 거 말하고 같이 장 봐오라고 해요. 친구들은 먹고 싶은 것을 양껏 먹고 쉬어요.

청소녀니까 친근하게 대해야 해요. 친구 같고, 언니 같고, 엄마 같고, 이모 같은 상대가 필요해요. 그동안 심리적으로 누군가에게 온전히 관심을 받지 못한 친구들이 많아요. 쉼터 선생님들은 친구들과 일 대 일 데이트를 많이 해요. 그런 프로그램을 하면서 한 선생님한테 마음을 열고 조를 수 있는 관계를 만들어줘요. 마음에 드는 선생님을 선택하라고 하고, 원한다면 담당 선생님을 미안한 감정 없이 바꿀 수 있도록 하고요. 쉼터는 친구들이 뭔가 하고 싶어질 때 편안하게 올 수 있고 머물 수 있는 곳이에요. 자활지원을 해주려면 친구들이 머물 수 있는 기간이 길어야 가능해요. 친구들은 쉼터가 자신들을 어른스럽게 대해준다고 느끼죠.

쉼터에 잠깐만 머무는 친구도 있어요. 그럴 때 쉼터 선생님들은 대범하게 대해요. "저 퇴소할래요"라고 하면 그 의견을 존중하고 "잘 나가라. 차비는 있니?"라고 물어요. 하루, 이틀, 일주일을 있

2014년, '텃밭 이야기' 새로운 곳, 새로운 일.

다 가도 붙잡지 않아요. 왜냐하면 이 친구가 준비가 안 된 상태에서 쉼터에 왔기 때문에 이곳에 있는 게 더 괴로울 거거든요. 우리는 쉼터가 안전하다고 생각하지만 당사자가 불편하고 힘들다면 안전한 게 아니죠. 그 친구가 쉼터에서 나간다고 할 땐 인턴십 지원이나 의료지원 같은 정보를 알려줘요. 우리 쉼터가 필요하면 다시 연락하라고 하죠. 쉼터에서 나갔다가 다시 오는 친구들이 몇 명 있어요. 다시 오면 쉼터에서 더 오래 살아요. 일주일을 쉼터에 있다 나갔다면 다음에는 한 달은 있어요. 한 달 동안 있다 나가면 다음에 다시 들어와 육 개월은 살아요. 사실 시간을 많이 주는 친구들이 고마워요. 그래야 뭘 할 수 있거든요. 병원 치료도 한 달은 있어야 제대로 받을 수 있어요.

쉼터에서 같이 살다가 다른 기관에 더 어울리겠다 싶은 친구에게는 물어봐요. "우리 쉼터에 있는 게 편하니? 여기에 있는 것도 좋지만 다른 기관도 있는데 너한테 더 맞을 수도 있을 것 같아." 친구가 거절하면 안 보내지만 "그럼 저 가고 싶어요" 하면 연계해주죠. 존중과 친근함, 대범함, 친구들을 기다리는 우리 쉼터의 방법이에요. 친구들이 스스로 선택하는 힘이 생기는 순간에 자활이 시작돼요. 어디가 아픈지, 어떻게 해야 할지 잘 모르다가 자기 상태를 보는 눈이 생겨 병원에 가겠다고 먼저 제안할 때 같은 시기가 자활의 시작이죠. 자기 소리를 내는 순간 말이에요.

숨죽였던 상처들이 노래하고 춤출 때

저희가 친구들을 가만히 보니까 친구들이 호흡이 짧은 편이고 성공의 경험도 없는 편이었어요. 어떻게 성취감을 느끼게 할 수 있을까를 쉼터에서 고민했어요. 그래서 친구들이 두 달 동안씩 작업해서 성취한 것을 보여줄 수 있는 프로그램을 진행했어요. 처음엔 보컬 연습을 했어요. 밴드도 불러서 콘서트를 했죠. 친구들과 상담해서 이 노래가 왜 자기 인생의 노래인지 말하고 연습하고 콘서트를 하니, 감정이 진실하게 올라와서 친구들도 울고 관객들도 많이 울었어요. 남 앞에 나서서 자기 이야기를 하는 게 어렵잖아요. 노래라는 매개체가 있으니까 자기 이야기를 하게 되고 자신의 감정을 그대로 느끼는 거예요.

쉼터에서 건강프로젝트도 했어요. 한의사 선생님한테 가서 친구들의 몸을 진단받았어요. 한 명, 한 명마다 몸을 만져주고 이야기를 나눴어요. 친구들은 자기 몸이 비뚤어졌는지 휘어졌는지 몰라요. 한의사 선생님이 몸이 어떤 상태인지 말해주면 그제서야 자기 몸을 깨닫는 거예요. 몸이 왜 그렇게 되었는지 기억해내는 거예요. 어떤 친구는 할머니한테 심하게 맞아서 몸이 그렇게 되었던 거고……. 아팠던 기억이 떠올라서 운동하는 내내 울던 친구들도 있었어요.

화가 선생님도 만나서 도자기를 굽고 홀을 빌려 전시했어요. 저희는 프로그램에 다 같이 참여하거든요. 쉼터 선생님들도 친구들과 함께 참여해 작품을 만들고 전시했어요. 저도 뜨개질을 열심히 해서 작품을 만들었죠. 작은 작품 하나하나에 친구들의 성장이 어려 있어요. 친구들이 도자기 작품에서 '가족, 공동체, 희망, 밥' 같은 것들을 표현했더라고요. 친구들한테 이런 게 중요했구나, 하고 저희도 작업을 하면서 다시 알게 된 거죠.

친구들을 중심에 두고 '무엇에 관심이 있고 무얼 하고 싶어할까?' 고민해요. 쉼터의 프로그램은 늘 그것에서부터 시작하죠. 쉼터에서 살다가 나간 이들이 다른 성매매 피해 지원시설의 실무자가 되어 있기도 하고, 결혼해 가정을 이루고 잘 살고 있기도 해요. 그들을 명사로 초청해 '불금데이'라고, 밤을 새서 대화를 나누기도 해요. 올해부터 '문화데이'를 열어서 영화도 보고 책도 따로 골라 사보게 할 거예요. 혼자 선택할 수 있는 힘을 키워주는 것이 자립이니까요.

기억에 남는 일이 있어요. 한 친구는 엄마가 성매매 피해 여성이었어요. 아이는 아빠한테 가서 살았는데 새엄마가 그 친구한테 "너도 네 엄마랑 똑같이 살 거다!"라고 저주를 퍼부은 거예요. 친구가 초등학교 이 학년 때 그 말을 듣고 무서워서 늘 움츠러들어 살았다는 거예요. 그 말을 듣고 가슴이 아팠어요. 그 친구한테 얘기해줬어요. "그건 거짓말이다. 어른들이 거짓말한 거니까 그 거짓말 때문에 힘들어하지 마라." 다른 사람들도 그렇겠지만, 저도 어릴 때 어른 때문에 받

2015년의 친구들. '속닥속닥 이야기' 할 수 있는 만큼 힘차게.

은 상처가 있어요. 우리 쉼터는 내가 어른이 돼서 친구들에게 그런 상처를 안 주기 위해 노력하는 곳이고, 친구들한테 그 사실을 정확하게 말해줄 수 있는 곳이죠.

제가 성 매수자를 대상으로 교육을 한 적이 있어요. 그 사람들은 자기가 재수 없어서 걸렸다고 말해요. 전 이렇게 답하죠. "당신들이 재수가 없어서 걸린 게 아니다. 당신들이 청소녀를 성 매수했기 때문에 걸린 거다. 당신들 즐거우려고 청소녀들을 사서 이용한 거다. 절대 그러지 말아라." 성 매수자들의 거짓말에 대해서 저는 단호하게 말해요.

일용할 양식과 일용할 방 한 칸

제가 처음에 쉼터에 왔을 때 기관장님이 "쉼터에서 성장이 멈추면 퇴소한다"라고 했어요. '무슨 의미일까? 왜 퇴소한다는 거

지?' 충격적인 말이라고 여겼는데, 그건 이곳에 익숙해져 더 애쓰려는 마음이 없어졌을 때, 다른 곳에서 새롭게 노력해야 한다는 의미였어요. 쉼터는 성장을 도와주는 곳이에요. 쉼터에서 잘 사는 사람이 아니라 세상에 나갔을 때 잘 사는 사람이 되도록 돕는 곳이니까, 이 자리에서 성장이 멈춘다면 다른 곳에서 새롭게 노력하는 편이 낫다는 거죠.

친구들 중에서 학교에 다시 다니고 싶어 하는 이들은 근처 학교에 보냈어요. 그런데 학교에 가면 선생님들이 편견을 가지고 우려 섞인 시선으로 친구들을 보는 경우가 많더라고요. 친구들이 자기가 익숙한 방법을 쓸 때 그걸 기다려주는 일반 학교가 없었어요. 그래서 대안학교도 만들었어요. 친구들이 심리적으로 자립하고 새로운 놀이문화를 경험할 수 있는 곳으로 만들어갔죠. 꼭 상업적인 놀이문화가 아니어도 건강하게 놀 수 있고 예술 분야를 경험할 수 있는 곳으로 학교 프로그램들을 진행했어요. 인턴십 과정도 만들어 관심 있는 일을 경험하게 하면서 일에 대해 두려움을 떨칠 수 있게 했어요. 그 과정에서 친구들이 성장하는 모습을 보게 돼요.

하지만 이 과정 안에 있는 친구들은 그나마 안전망에 들어온 친구들이에요. 저희는 자꾸 길에 있는 친구들이 눈에 들어와요. 당시에는 성매매 피해 청소녀를 전문적으로 상담하는 곳이 없었어요. 그래서 기관에서 자부담으로 새로 일을 시작했어요. 그즈음 쉼터에서 퇴소하고 나서 다시 힘들다고 하는 친구들이 많이 찾아올 무렵이었거든요. 그들에게 어떤 힘과 역할을 주어야 잘 살아갈지 쉼터에서 고민하다가, 상담소랑 접목해 또래상담원을 양성하자는 이야기가 나왔어요.

길에 있는 친구들을 가장 잘 이해하는 사람은 그들의 언어를 가진 이들이고, 바로 같은 경험을 한 또래들인 거죠. 이들에게도 건강한 일자리가 필요하다고 해서 만든 게 사이버또래상담실*이에요. 같은 언어와 경험을 가진 사이버또래상담원이 일하면서 엄청나게 반응이 좋았고 많은 사례들이 생겼어요. 사이버또래상담원들을 더 양성할 수 있는 지원금도 받아 사업이 잘되었어요. 성장의 의미는 기관에도 적용되는 거예요. 이 년 동안 새날을 여는 청소녀 쉼터에서 운영한 뒤에 회의를 했어요. 저희 밑에 상담실을 두면 상담실이 더 성장할 수 없다는 결론을 내리고, 이 사업을 더 넓혀주려고 독립을 시켰어요. 전세 자금을 마련해 새로운 비영리 민간단체로 또래상담실을 독립시켰어요. 그 일은 지금도 잘되고 있어요.

쉼터 선생님들은 그다음 사업으로 뭘 해야 할까 고민했어요. 우리 친구들이 길에서 선택할 수 있는 게 너무 적다는 생각을 하면 늘 가슴이 아픈 거예요. 길 위에서 할 게 없으니까 픽치기도 하고, 성매매도 하고, 성매매를 시키기도 하고. "또래포주"라는 단어가 생기고 "가출팸"이라는 단어가 생기면서 그 안에서 또 새로운 계급 문화가 생기는 거예요. 결국 일자리 문제가 아닐까요?

---

* 사이버또래상담실은 여성가족부와 한국여성인권진흥원으로부터 사이버또래상담사업을 수탁받아 2011년 3월에 활동을 시작해, 2013년 11월 '십대여성인권센터'로 단체 명칭을 변경하고 현재 청소년 성매매 사이버상담사업과 서울위기청소년교육센터를 수탁 운영하고 있다.

낮에 길거리에 있는 친구들을 불러다 쉼터의 빈 공간에서 작업을 하게 하면 어떨까, 우편물 발송 작업을 함께하면 어떨까, 집에서 하는 부업은 어떨까, 쉼터 회의에서 여러 고민을 나누었죠. 마침 청소년 좌담회가 있어 가보니, 길 위의 청소년이 원하는 건 '일과 학력'이더라고요. 역시 건강한 일자리가 필요하다는 거죠.

마침 한 기업에서 지원을 해주겠다고 선뜻 뜻을 밝혀주셨어요. 그래서 2013년에 인턴십 센터를 시작할 수 있었어요. 쉼터에서 고민을 많이 했어요. 어떻게 이 친구들한테 세상과 다른, 새로운 형태의 일자리를 마련해줄 수 있을까? 우리 친구들은 월급을 기다릴 만한 여유가 없기 때문에 처음에는 일급으로 시작하자고 했어요. 그러다가 친구들이 심리적으로나 경제적으로 자립할 기반이 되면 주급제로 바꾸고, 본인이 원하면 월급제로 바꾸는 것으로 정했어요.

일급비를 받아가니까 여기에 오더라고요! 당장 나가서 밥 사 먹을 돈을 가질 수 있으니까요. 친구랑 둘이 오면 한 명의 일급으로 밥을 사 먹으면 되고, 다른 한 명의 일급으로는 방을 구할 수 있잖아요. 이 친구들은 잘 곳 생기고 밥 먹을 곳 생기면 되거든요. 일을 시작하자마자 친구들이 많이 왔어요. 저희가 수용할 수 있는 인원은 다섯 명이었는데 열다섯 명씩도 오고 그랬죠.

목공 선생님을 구해 인턴십 센터에서 같이 작업을 했어요. 액자를 만들고 쿠키도 만들었어요. 또 규방 공예를 한 선생님과 함께 책갈피 공예품 같은 것도 만들었어요. 물품을 가지고 벼룩시장에 가서 팔았어요. 친구들이 장사를 너무 잘해요. 쿠키를 만들어 카페에 납품하고, 후원금을 만들어 새로운 일터를 계획하고, 텃밭에서 직접 농사를 지어 수확한 감자, 옥수수도 팔았어요. 배추도 김장해서 팔고요. 지금은 한지 공예와 가죽 공예를 해요.

청소녀들의 인턴십 센터는 일자리이기도 하지만 정서적, 심리적 자립이 이루어지는 곳이에요. 여러 방면에서 지원을 하고 외부에 있는 자원들을 어떻게 이 친구들과 연계시킬까 노력을 많이 해요. 쉼터에서 기관 연계도 하고 법률지원, 의료지원도 연계해요. 필요하면 부모 상담까지 연계해요. 친구들이 변하는 게 눈에 보이죠. 인턴십 센터에서 친구들이 어느 정도 성장하면 저희가 다른 곳으로 취업을 시켜요. 외부에 인턴으로도 보내고, 취업을 많이 시켰어요.

청소년들도 일할 수 있어야 한다

실제적인 고민들도 있죠. 열여덟 살이지만 사회에서 일하는 친구들이 꽤 많아요. 한번은 쉼터에 있는 한 친구를 회사에 취업시켜주려 했는데 '만 십구 세'가 안 되어서 취직이 안 된다는 거예요. 너무 속상했어요. "이 친구는 우리 나이로 스무 살이다. 검정고시로 고등학교도 졸업했다. 그런데도 취직이 안 되냐?" 물었더니 "생일이 안 지나서 안 된다"라고 해요. "그럼 이 친구는 그때까지 어떻게 하냐?" 해도 안 된다는 거예요. 참 괴롭더라고요. 해줄 수 있는 게 너무 없으니까요. 스무 살이 됐는데도 이런데, 열여덟 살 친구들이 어디에 가서 취업을 할까요? 의지할 수 있는 일이 한국여성인권진흥원에서 하는 커피 바리스타 양성과정, 여성성공센터 W-

113
2부 대단한 쏘녀들과 점프를!

ing, 실제로 그 정도밖에 없는 거예요. 나이, 학력에 따른 조건 때문에 선택의 폭이 적고 좁은 거죠.

쉼터에서 친구들이 학력을 취득해도 아직 십 대라는 이유 때문에 제대로 된 직장을 구하기가 어려워요. 검정고시를 쳐서 고졸 자격을 갖춰도 사회에서 일을 하려면 만 십구 세 이상이어야 하거든요. 친구들이 직장을 잡기 어려우니 식당이나 주유소, 커피숍 같은 데서 서빙을 하거나 제과점에서 판매하는 알바들을 해요. 학력을 취득해도 나이 제한 때문에 취업할 수가 없으니 알바 인생이 될 수밖에요. 더 큰 문제는, 아르바이트만 하다 보면 이십 세에 직장을 얻는다 해도 그 생활을 유지할 힘이 떨어질 수 있다는 거예요. 직장에선 주어진 일만 하는 게 아니라 협력도 해야 하고, 야근도 해야 하고, 더 많은 일들을 하는데 일을 더했다고 돈을 더 주지는 않잖아요. 그러니 다시 알바를 찾게 되기 쉽죠. 열여덟 살이든 열아홉 살이든 스무 살에 하는 일을 똑같이 할 수 있어요. 그런데 단지 나이가 안 되니까, 사회에서 허용을 안 하니까 처음에 알바로 일을 배우기 시작하는 거죠.

최근에 전산회계 일급을 딴 친구가 있어요. 열여덟 살에 검정고시로 졸업을 했고 지금 스무 살이 됐는데, 계속 알바를 하면서 직업교육을 받았어요. 이번에 그 친구가 제대로 자격증을 땄으니 저희랑 직장을 알아봤죠. 그런데 다들 대졸자를 원하더라고요. 예상은 했지만 역시 현실은 이렇구나, 하고 느꼈죠. 가고 싶은 데는 이력서도 제대로 못 넣고, 고졸자 뽑는 데만 찾을 수밖에 없었어요. 다행히 취업해서 직장에 다니고는 있어요.

한 친구는 쇼핑몰에서 전화상담을 했는데 야근도 잦고 일이 너무 많아서 힘들었던 거예요. 그래서 일을 그만두었는데 다행히 그 친구가 다른 카페에서 일할 수 있게 인턴 자리에 연결이 됐어요.

사회 속에서 한계를 느낄 때가 있어요. 청소년들이 실지로 일을 해야만 생존할 수 있는데, 나이에 대한 한계, 학력에 대한 한계가 있거든요. 또 자신이 할 수 있는 것보다 회사에서 더 많은 것을 요청하니 때로 버거운데, 버거운 것을 적절하게 나눌 수 있는 방법이 마땅히 없으면 일을 그만두게 되는 거예요. 스스로 일어날 수 있도록, 자립할 수 있도록 도와줘야 하는데, 저희 마음과 현실은 들어맞지 않을 때도 있어요.

용감한 친구들, 세상에 둥지를 틀다

성인이 되어 취업한 친구들은 쉼터에서 자립을 시켜요. 전에는 자립해서 나가는 경우가 별로 없었어요. 전에는 친구들이 저희한테 주는 시간이 길어야 일 년이 안 됐어요. 잠깐 머물다 간 친구들이 그만큼 많았다는 이야기죠. 지금은 이십 명 안팎으로 입소해서 일 년에서 이 년 동안 오래 머무르는 친구들이 생겨났어요.

쉼터에 이 년 동안 있었던 친구가 작년에 처음으로 자립을 했어요. 그 친구는 바리스타 일도 하고 자활작업장 일도 열심히 했어요. 자립할 때가 되자 자기가 모은 보증금으로 방을 얻고 지하상가 옷 가게에 취업했죠. 저희 쉼터에서 자립한 첫 번째 친구예요. 두 번째

로 또 다른 친구 하나도 직장을 구하고 그동안 모은 보증금으로 방을 얻었어요. 직장을 구해 자기 생계비를 벌게 된 친구들도 있어요. 물론 생계비를 스스로 벌려면 일을 많이 해요. 일주일에 육 일 내내, 하루에 열두 시간씩 일해 생계비를 버는 친구도 있어요.

친구들이 보증금을 모아서 이사할 때 쉼터 선생님들도 이사하는 과정을 도와요. 쌀이랑 필요한 물품들을 주면서 자립을 돕죠. 한 친구도 곧 자립할 예정이에요. 그 친구도 참 일을 많이 했죠. 검정고시 끝나자마자 일을 하기 시작해서 몇 백만 원 이상 모은 것 가지고 스스로 자립하는 거예요.

이 친구들이 참 어려운 돈을 모은 거거든요. 쉼터 선생님들이 칭찬해줘요. "너는 부자야. 너흰 돈도 잘 모은다!" 쉼터에서 친구들에게 그동안 경제 교육을 했어요. 자기에게 있는 돈을 나눠 일부는 쓰고 일부는 모으는 것을 가르쳤어요. 쉼터에서 용돈을 받거나 자활수당을 받으면 다 쓰지 말고, 만 원이나 이만 원이라도 저축해야 한다고 자꾸 가르쳤어요. 그래야 앞으로 자립할 수 있다고요. 그리고 자립하고 나서도 비상시에 쓸 돈을 준비해야 한다고 항상 일렀죠. 퇴소하기 전에는 자립 교육과 경제 교육을 일 대 일로 많이 해요. 친구들이 고등학교 과정을 졸업하면 자립에 상담의 초점이 맞춰져요. 전문 상담을 하더라도 이 친구가 자립하는 과정에서 단단하게 마음을 굳힐 수 있는 부분을 다뤄요. 필요한 내용이 있다면 전문가와 연계해주죠. 우리 쉼터에서 나가도 다른 기관들의 도움을 받을 수 있게 관계를 만들어줘요.

자립을 지켜보면 뿌듯하고 고맙지만 안타까움도 있어요. 그저 "네가 잘했다"라고 칭찬하지만 사실 미안한 마음도 있죠. 이제 스무 살이 된 친구들이에요. 어차피 혼자 살아야 하는 친구들인데 쉼터에서 자꾸 의지하는 태도만 키워 내보내면 앞으로도 어디든 기대고 싶어지잖아요. 그건 친구들한테 독이 되니까, 친구들을 위해서 보내는 거죠. 자기 힘으로 사는 것을 빨리 할 수 있게 해주는 것밖에는 없는 거죠.

저는 친구들이 용감하다고 믿어요. 이 친구들은 살기 위해 집을 나왔던 친구들이에요. 그 집에 있다간 죽겠구나 싶어서 살려고 나온 친구들이거든요. 죽으려고 나온 친구들은 한 명도 없어요. 이미 살려고 나온 친구들은 굉장히 용감한 친구들이에요. 그럼 이 친구들이 뭘 못하겠어요? 실수도 하고 넘어지기도 하겠죠. 하지만 평생 그러지는 않을 거예요. 일어나기도 할 거니까요. 넘어져 있는 걸 보면 정말 답답했어요. 빨리 일어나기를 바라며 기다리지만 일어나지 않을 거라고 생각해본 적은 한 번도 없어요. 저희는 그걸 믿고 있는 거예요. 용감한 친구들이고, 살려고 나온 친구들이기 때문에 분명히 살 거라고.

이제 당신도 약속해주시겠어요?

사실, 친구들보고 자립하라고 냉정하게 얘기해놓고 집에 돌아와서는 많이 울어요. 왜냐하면 저도 그 나이에 그렇게 못 살았잖아요. 학생 때 저도 힘들어서 가출하고 싶었던 적이 있었어요. 친구들을 보면 측은한 마음이 들지만 그 마음조차 그들을 위해 내색하지 않을 때가 있거든요. 이성적으로는 친구들에게 자립을 이야기하는 게 맞지만, 한 인간으로서는 안타까워서 그렇게 이야기하기가 힘들더라고요. 용기 있는 친구들, 훌륭한 친구들한테 사실 제가 더 많이 배웠는데 더 오래 살았다는 이유 하나로 그 앞에서 이야기하는 게 참……

친구들을 보면 항상 저 같아요. '아, 나도 저랬는데, 나도 저때 힘들었는데.' 학교 다니면서 어른들에게 받았던 상처들, 억울하고 공평하지 않았던 것들, 친구들이 저한테 경험을 말하면 저도 공감하며 경험을 말해요. 친구들이 한 뼘 성장하면 저도 한 뼘 성장하는 것 같아요.

어른들은 늘 도덕적인 잣대로 청소년들을 봐요. 모두 착해야 하고, 모두 공부 잘해야 한다고 하죠. 모두 학교를 잘 졸업해야 하고, 모두 좋은 직장에 가라고 해요. 우리 친구들의 환경은 다르고, 가지고 있는 재능도 다른 건데.

어른들이 세운 기준으로 청소년들을 재단하지 않았으면 좋겠어요. 우리 친구들한테 "너 그렇게 살아서 행복하겠니?"라고 물어보지 않았잖아요. 누군가가 어떤 좋지 않은 조건이나 환경에 있다고 그것에 맞춰 사람을 대하면 안 되는 거예요. 이들도 인격이 있고, 숨 쉬며 살아 있는 존재니까요. 존중해줬으면 좋겠어요. 상처받은 사람에게 다시 일어설 방법을 알려주지도, 도와주지도 않고 '저 사람은 의지가 없다'고 단정 짓죠. 의지가 없어서 그러겠어요? 의지를 가질 수 있는 힘조차 없어서 그런 거죠.

새날을 여는 청소녀 쉼터에서 새로운 일터를 세우려고 준비하는데 동네 주민들이 잘 이해하려고 하지 않아요. 장소를 선택하려고 하니까 혐오시설이라고 하더라고요. 혐오시설 아니거든요. 열심히 살려는 친구들이 모이는 건데, 자기 동네에 그런 게 들어오면 집값 떨어진다고 세우면 안 된다고 하더라고요. 그러지 않았으면 좋겠어요. 그래야 친구들이 사회에 나갈 때 좀 다양한 방법들이 생길 것 같아요.

가정이 행복하려면 마을이 행복해야 하니까 어른들이 마을에서 하는 일에 참여해야 하고, 사회가 바라는 것을 무시하지 말고 동참해야 해요. 자기 아이들이 행복하려면 다른 아이들도 행복해져야 하기 때문에 마을에 공간을 내놓을 수 있는 마음도 있어야 해요. 어른들이니까, 힘들지만 사고를 넓게 하면 좋겠어요.

친구들에게 힘이 있어야 해요. 이 친구들이 나와서 자기 힘이라고 얻었던 것은 조건만남하면서 돈 버는 것이 대부분이었거든요. 그러니까 이 친구들한테 돈이라는 개념은 저희 생각과 다를 수 있어요. 그렇다면 그때보다 돈은 적을 수 있지만 자기 삶을 이룰 만한 노동을 하는 것이 허락되어야 한다고 생각해요. 국가에서는 허락하지 않지만 어른들은 허락해줘야 한다고 생각해요.

저는 친구들이 노동하는 것이 대견하고, 고맙고, 미안한 감정이 들지만 해야 한다고 생각하거든요. 이 친구들은 자기가 벌어서 공부하고, 벌어서 먹기도 해야 하니까요. 청소년 노동에 대해 저는 가슴 아픈 것만 볼 수는 없다고 생각해요. 친구들에게 노동을 하라는 말이 편하게 나오는 이야기는 아니에요. 그렇지만 해줘야 하는 말을 하지 않는 것은 비겁한 거예요. 그래서 친구들이 정말 제대로 대우받고 일할 수 있는 곳을 우리 어른들이 만들어갈 필요가 있는 거고요. 물론 항상 걱정은 되죠. 걱정은 되는데 친구들을 못 믿어서 쉼터에서 세상 밖으로 못 내보내지는 않아요. 믿어요, 그리고 언제나 빌어요.

후기

몸으로 배우는 성장

모든 어른은 청소년이었지만, 어른이 되면 그때를 종종 잊는다. 아니, 지난 일이라 여기고 떠올리지 않으며 일상을 살아간다. 하지만 어른이 되어도 기억한다. 청소년 때 느낀 고민, 갑갑함, 힘든 순간들은 기억 속에 남아 있다. 전수진 씨는 쉼터에서 만나는 청소녀들의 이야기를 그들의 눈높이에서 잘 이해했다. 그 아픔, 분투, 노력을 인정하며 나란히 손잡고 어른으로서의 약속을 다짐했다.

새날을 여는 청소녀 쉼터에 갔을 때 한 선생님과 입소자가 상담하는 모습을 보았다. 야외의 계단참에 같이 쭈그려 앉아 두런두런 이야기를 하고 있었다. 골똘히 머리를 마주하고 내밀한 이야기까지 터놓는 분위기 같았다. 전수진 씨는 새날을 여는 청소녀 쉼터가 어떤 관점을 가지고 운영되며 청소녀들의 성장을 도모하는지 설명했다. 이곳이 중요시하는 '성장'의 의미를 그녀 또한 일하면서 몸으로 배웠다고 했다. 그 성장은 청소녀들뿐만 아니라 선생님들에게도, 새로운 사업에도 적용되었다. 부단한 새로운 성장은, '쉼터에 적응해 잘 사는 이들'이 아니라 '사회에서 스스로 생활을 꾸려갈 수 있는 삶'을 위한 것이다.

전수진 씨는 엄격해 보이는 표정도 있었지만 스스럼없는 웃음을 보여주기도 했다. 그녀의 말에서 청소녀에 대한 깊은 애정과, 때로는 그 애정을 드러내지 않는 냉철함을 느꼈다. 쉼터에서 할 수 있는 모든 것을 청소녀들과 함께 해나가지만, 막막한 세상에 첫발을 들여놓는 이들의 등을 보면서 때로 그녀는 가슴이 아프다고 말한다. 그러면서 한편으로는 자신이 청소년기 때 가지지 못한 그들의 용기에 감탄하기도 한다. "친구들은 힘이 있으므로 기어이 살아낼 것"이라고 그녀는 말한다. 사람의 성장과 힘을 믿고, 또다시 청소녀들을 만나간다.

또한 청소년들이 일할 권리가 이 사회에서 보장되기를 바란다. 학교와 사회의 시스템이 더 다양한 시도들을 품을 수 있는 곳이 되기를 바란다. 어른들이 청소년들을 배척하지 말고 이웃으로 함께해주기를 바란다. 청소년들이 새로운 삶을 열어가려는 시도를 할 때 맞부딪히는 한계는 사회의 민낯을 고스란히 보여준다. 어른들이 거짓말로 청소년들을 아프게 했지만 또 다른 약속으로 그 다양한 삶들이 자리 잡을 수 있게 도와주기를 바란다. 이 세상이 획일적인 곳이 아니라 다른 얼굴과 처지들이 그대로 존중받을 수 있기를 바란다.

『오늘이 새날이다』(새날을 여는 청소녀 쉼터 지음, 뜰밖, 2008)에서 청소녀들과 글쓰기 프로그램을 진행한 한 작가는 쉼터의 친구들에 대해 말한다. "나는 아이들 나이였을 때 학교밖에 기억이 없었는데 아이들은 정반대였다. 아이들 이야기를 들으면서 생각이 깊다는 것에 대해서 생각했다. '생각이 깊다는 것'은 자신과 다른 사람들 마음과 처지를 헤아리는 능력이라는 것을 깨달았다. 아이들이 비춘 이 빛 때문에 내 마음 닫혀 있던 한 세계가 활짝 열렸음을 고백한다."

전수진 씨가 들려준 이야기도 결국 그 친구들이 가지고 있는 힘과 빛에 대한 이야기일 것이다. 무수한 거짓말과 상처 속에서도 사람들이 마음을 열고 만나가며 이루어가는 성장의 목격담일 것이다. 새날을 그리며 길을 걸어가는 그들의 모습이 진정한 성장의 의미를 우리에게 질문한다. 그리고 그 걸음들을 함께 응원해달라고 약속해주기를 기다릴 것이다.

두근두근
너의 점프

이은정

:
:
:
:
:
:
:

"난 친구들에게 이렇게 이야기해요.

그럼에도 불구하고 너무 잘 살아가고 있다.

그럼에도 불구하고 나랑 같이 웃기도 하고,

그럼에도 불구하고 나랑 얘기도 같이하고,

그럼에도 불구하고 죽지도 않았고,

너희는 정말 다 때때로 대단한 것 같다."

△대안학교
△대안학교는 자립을 준비하는 십대 여성을 위해 일·치유·학습을 돕는 곳이다. 다양
한 대안적 삶을 '함께' 살아보고자 하는 긍정 메시지를 배우고 실천한다

보이는 게 다가 아니야

대학교에 다닐 때 동두천에서 기지촌 활동을 했고 성매매 여성 언니들을 처음 만났죠. 졸업하고 바로 2005년에 부산 '살림'에서 일을 시작했어요. 업주들이 욕하고 쳐들어오기도 하고 성매매 집결지를 뚫어야 하는 상황이어서 3보 1배 하면서 집결지에 들어가기도 했어요. 특히 밤에 긴급 상황이 많았죠. 저는 집결지가 그렇게 큰지 몰랐어요. 첫 아웃리치 가서는 긴장이 돼서 '가서 얻어맞는 것 아닌가?' 하고 걱정도 했어요. 몇 번 해보니까 그냥 언니들 만나러 가는 거지 무슨 큰일도 아니고 그렇게 어렵지 않다 싶었죠. 당시엔 치기 어리게 언니들하고 비슷해져야 한다고 생각해서 함께 담배도 피우면서 이야기하곤 했어요. 집결지에 가보면 열 시, 열한 시에 업소에서 언니들이 식사를 하는데 먹는 게 냄비에 있는 밥이에요. 그 밥이라도 먹는 언니는 시간 여유가 있는 거죠. 그때 제가 아웃리치 가면 언니들이 정이 많으셔서 들어와서 먹으라고 해요. 안 먹는다고 하면 "왜, 우리가 먹는 거 먹기 싫으냐?"라고 해요. 그럼 "아닌데!" 하고 들어가서 냄비 밥을 같이 먹어요. 그 밥이 맛있었어요.

  몇 년 후에, 서울에서 성매매 청소년 대안교육을 같이하자는 제안을 받았어요. 청소년은 처음이라 사실 두려움이 있기는 했어요. 그래도 이 친구들한테 직업훈련이나 자활지원이 필요하다고 생각해서 해보기로 한 거죠. 대안학교 형식이되 성매매 방지 내용으로 교육하고, 청소년들한테 필요한 콘텐츠도 연구하는 학교였어요. 일 시작하면서 '맨날 맞고 들어오면 어떡해?' 하고 진짜 걱정했어요. 가출과 빈곤 가정 청소년들에 대한 고정관념이 언니들에 대한 고정관념보다 훨씬 더 심했던 것 같아요.

처음에는 엄청 힘들었어요. 초기에 저는 친구들한테 '착한 선생님'으로 여겨졌어요. 그때 한 친구를 만났어요. 학교에서 유별나고 가족자원이 하나도 없고 분노 조절이 안 되는 친구였어요. 한날 제가 교실에 내려와 보니 그 친구가 약한 애의 뒤통수를 세게 여러 번 때리고 있는 거예요. 전 성격이 센 편이 아니에요. 그렇지만 그때 '이건 안 되겠다' 싶어 엄청 큰소리로 싸웠어요. "너의 그 폭력성 때문에 얼마나 문제가 많이 생기는지 아냐! 그리고 약한 애를 때리다니 너 치사하다!" "솔직하게 얘기를 하자!"라고 둘이 마주 앉아 소리 지르면서 얘기했죠. 그러다가 이 아이를 '꺾게' 됐어요. 아이의 자존심을 그렇게 했다는 게 아니라, 얘기할 때 내 말이 이 친구 귀에 어느 정도 들어가게 된 거예요. 그걸 처음 경험한 거죠. 그때부터 서로 얘기가 되었어요. 그 뒤 친구의 행동이 바로 나아진 건 아니지만 어떤 좋지 않은 행동을 했을 때 제가 "좀 더 생각해봐라"라고 말해줄 수 있게 됐어요. 친구들도 제게 반말을 했지만 잔정도 보여줬어요. 그때 이후부터 '우리 친구들은 외적으로 보이는 부분이 진짜 중요하지 않구나, 오히려 자기보호본능과 방어본능 때문에 이렇게 행동하는 거구나' 하는 걸 알게 되었어요. 책을 읽어도 알 수 없는 것을 경험으로 깨달은 거죠.

제가 두려움이 조금씩 없어지니까 차츰 친구들을 편하게 대하기 시작했어요. 친구들이 자유롭고 움츠러들지 않았으면 좋겠다 싶어서, 저는 학교에서 아주 활발하게 행동해 분위기를 많이 띄워 주는 편이거든요. 청소년들과 같이 에너지를 주고받아야 하니까 집에 가면 완전히 녹초가 되기도 하죠.

어떤 친구는 말이 전혀 안 통한다 싶어도 기다려줘요. 그러다 옷, 음식, 강아지, 남자친구 같은 화제로 얘기를 하다 보면 그 가운데서 친구의 관심사를 알게 돼요. 선생님들 중 한 분이 "저 아이는 저랑 맞을 거 같아요" 하면 그 선생님이 상담을 담당하는 선생님이 돼요. 친구들을 기다리겠다는 인내심이 있어야 해요. 가끔은, 기다렸는데도 학교를 그만두고 나가는 친구도 있어요. 학교에서 나갔다고 선생님들과 연락을 끊진 않아요. 우리는 친구와 연락이 닿을 때면 "너한테 필요 없다면 학교를 굳이 안 다녀도 된다. 취업을 하고 싶다면 취업하는 게 맞겠지. 지금 너에게 필요한 건 뭐니? 같이 최선의 방법을 찾아보자"라고 말해요. 저희는 친구들이 자활할 수 있도록 지원하고 친구들이 조금 더 잘 살 수 있게 의지를 불어넣어 주는 거예요.

선생님들에게도 시간이 필요하죠. 학교에 반년 정도 있게 되면 친구들하고 쑥 친해지는 선생님들이 있어요. 그러면 그 선생님들은 오래 계시는 거예요. 하지만 반년이 지나도 학생들과 거리를 갖고 내려다보는 선생님은, 사실 적응을 잘 못한 경우예요. 저는 실무를 보면서 과목도 가르쳐요. 각 과목마다 학과 선생님들이 따로 있는데 개교 때부터 오래 계신 분들이에요. 선생님들의 자질은 친구들의 자원이 돼요. 특히 청소년들은 초기 유입되는 과정에서 어떻게 돌봄을 받았느냐 하는 인연이 중요한 것 같아요. 기다려줄 수 있는 사람을 만나는 것 말이죠.

십 대 여성, 쏘녀학을 만나다

개교 초기에, 청소년들은 성매매 유입 기간이 길지 않으니 앞으로 어떤 일을 준비할 것인가에 방점을 두는 학교가 되는 것이 좋겠다고 의견을 모았어요. "과거를 인정하되 현재를 어떻게 잘 살아나가야 하는지 고민하자. '치유', '학습', '진로'. 세 부분에 중점을 두자." 삼 년 동안 여러 시도를 해보고 이렇게 정했어요. 처음에는 다른 대안학교를 모델 삼아 따라 해보기도 하고, 미술치료와 음악치료도 해보고, 검정고시를 집중적으로 준비해보기도 했어요. 나중엔 한 가지만 하는 것이 아니라 여러 가지가 필요하니 복합적으로 진행하게 됐죠. 초기에 학교에 오셨던 선생님들은 주로 성매매 방지 활동을 했거나 사회복지를 전공한 선생님들이셨어요. 하지만 그때는 아무리 훌륭한 선생님이 와서 강의해도 현실과 동떨어진 내용이라면 친구들이 전혀 공감하지 못하더라고요. 이렇게 개교 초기는 여러 시행착오를 통해 '친구들에게 필요한 게 과연 뭘까?' 하고 찾아가는 과정이었어요. 친구들에게 가까이 다가가는 과정이기도 했고요.

우리 학교는 성매매를 예방하고자 하는 학교인데 가출 경험이 있는 친구들과 성매매 피해를 겪은 친구들이 섞여 있어요. 친구들은 서로의 지난 일을 알 수 없고, 성매매에 대한 경험치가 달라 마찰이 있기도 했어요. 초기에는 '성매매 방지'라는 취지를 학교 홍보할 때 쓰기도 했거든요. 그런데 뜻밖의 일이 일어났죠. 학교에 오는 친구들 중에 '난 가출했지만 성매매는 하지 않았어. 성매매를 한 친구는 더러워'라는 편견을 드러내면서, 같은 가출 경험을 가졌으면서도 경험으로 나뉘는 거예요. 성폭력 피해자가 성매매 피해자보고 "넌 자발적으로 그걸 선택했지? 난 성매매는 안 했어"라고 차별하는 일도 생겼고요. 그 뒤에는 성매매 방지를 학교 홍보에서 드러내고 알리기보다 '대안학교이고 청소년 자활을 지원해주는 기관이다'라고 알려나갔어요.

하지만 성매매 주제는 빠질 수 없었어요. 우리 학교는 청소년 성매매 방지를 위해 설립되었고 성매매 예방과 자활 준비라는 특화된 성격을 띤 학교니까요. 조금 더 고민을 해서 친구들을 위한 여성학 수업을 만들었어요. 여성학이 어려운 학문일 수 있지만 십 대 여성들을 중심으로 한, 사회적·정치적·경제적인 부분을 현실과 동떨어지지 않게끔 실례를 들어가며 하는 '쏘녀학' 수업을 기획한 거죠. 쏘녀학에는 당연히 성교육과 성매매 방지 내용이 들어가요.

그렇게 수업 과정에 내용을 녹여내는 게 필요했던 거예요. 그 사실을 알기까지 오래 걸렸죠. 여성학이 자신의 무기와 힘이 된다는 것을 더 많은 친구들이 경험했으면 좋겠어요. 우리 친구들은 이미 충분히 고집도 있고 강단도 있어요. 그 강단을 조금 더 유연하게 활용할 수 있도록, 스스로 더 당당해질 수 있도록 세상을 많이 경험하게 도와주고 싶은데, 그러려면 친구들의 눈높이에 맞는 교육이 필요하죠.

학교에 오는 친구들은 처음에 자기가 어떤 지원을 받을 수 있는지 몰라요. 성매매 피해를 입었는데 어떤 방법으로 지원이 이루어지는지 모르는 경우가 많아 학교에서 교육을 하고 지원도 연계해주는 거예요.

눈부신 점프의 순간, 특별한 목격

청소년들은 앞으로 주어진 시간이 많잖아요. 어떻게 보면 성매매 피해로 인한 회복 기간이 짧기도 하고요. 친구들 눈높이에 맞춰주면 자활지원이 더 원만하게 진행될 수 있어요. 지원이 적절하게 이루어지면 친구의 의지가 긍정적으로 움직여서, 사회에 적응할 수 있는 힘을 기르게 돼요.

전 성매매 피해 성인 여성 지원시설에서 일한 적이 있는데 그때 마음이 조급했거든요. 당시 생계비가 나오는 육 개월 동안 자활지원, 의료지원을 다 해드리려고 했어요. 아직 마음의 준비가 되지 않은 언니에게 "얼른 학원 등록해요. 미용이나 요리 기술을 배우세요"라고 기술적인 부분을 강조했는데, 나중에 돌아보니 큰 의미가 없더라고요. 언니들한테는 그보다 먼저 마음을 다지는 것, 탈성매매하려는 의지를 다지는 것이 더 중요했다는 걸 나중에 알았어요.

초기엔 제가 친구들한테 "아침에 학교 왜 안 와?"라고 자주 물었죠. 친구들이 솔직하게 "학교 재미없는데요. 왜 하는지 모르겠는데요”하고 대답하면 화가 나죠. ‘우리가 애써서 만들었는데 왜 재미없다고 쉽게 말해?’ 이런 마음이었어요. 사실 강제성이 없는 곳이니, 학교가 재미있어야 학생들이 오잖아요. 초기에 친구들과 소통하지 않고 과목을 만들어놨으면서 섣불리 생각한 거죠. 한편으로는 가출 경험이나 성매매 피해로 몸이 많이 상해 있는 친구들도 있어요. 친구들이 건강이 안 좋으니 의지가 잘 생기지 않는 거예요. 자꾸 자고, 집에서 잔소리 듣고. 잔소리하는 집이라도 있으면 다행인데 집도 마땅치 않은 경우가 있어요. 학교에서 선생님이 “왜 자니?”라고 자꾸 물으니까 친구들 입장에서는 몹시 괴롭고 짜증나는 일인 거죠.

이런 문제를 두고 여러 논의를 했어요. 청소년들의 눈높이에 맞게 다시 세팅하는 것이 필요하다는 얘기를 실무자들과 나눴죠. 그렇지만 시스템을 하나로 굳히면 저희도 틀에 갇히게 되니, 여러 가지 시도를 충분히 해보자고 했어요. 그렇게 해보니 한 친구에게 맞는 내용이 한두 가지씩은 꼭 있더라고요. 서로 만나는 지점을 찾을 때까지 시간이 많이 걸렸던 거예요. 왜냐하면 친구들은 아직 학교에 재미도 못 느끼고, 가족자원도 거의 없고, 기존 학교에 대한 인식도 안 좋거든요. ‘선생님은 다 꼰대야!’ 이런 생각이 머릿속에 이미 탁 박혀 있어서 불신을 회복하기 전에는 어떤 프로그램도 적용될 수가 없어요. 그래서 초기에는 친구들더러 교무실에 오라고 많이 이야기했어요. 교무실이라는 곳에 문을 두드리고 들어와 선생님을 만나게 하기 위해 학교에 오게끔 했어요. 어떨 땐 “선생님, 저

세 시에 일어났어요"라고 전화가 와요. 우리 학교가 네 시경에 마치거든요. "지금이라도 와서 선생님 얼굴 보고 가" 하면 그 친구가 학교에 와서 교무실에 들어와 인사하고 얘기한 다음 가는 거예요.

그다음에는 친구들이 학교에 재미를 붙일 수 있는 프로그램이 뭘까 찾았어요. 친구들이 "이런 수업이 재미있을 것 같아요"라고 스스로 의견을 낸 내용 중심으로 준비를 하면, 그 친구들이 참여한다는 걸 알게 되었죠. 친구들이 일주일에 두세 번 정도 온다 하더라도 차츰 어느 정도 학교에 적응하게 되고, 선생님들한테도 적응해요. 충분히 기다려주면 좋더라고요. 저는 성장이 완만한 선을 그리며 올라간다고 생각하지 않아요. 아무 변화도 없는 것 같다가 갑자기 이전과 다르게 급상승하면서 성장해요. '점프!'죠. 이 시점을 만나는 건 저희로서 아주 행복한 일이에요.

한 친구가 학교에서 졸업한 다음 스물두 살이 됐을 때 저희한테 카톡을 보냈어요. 이전의 시간을 훌쩍 뛰어넘는, 점프하는 시점을 맞이한 거예요. 점프의 순간은 언제 오든 좋지만 그 특별한 순간이 왔을 때, 선생님 생각이 났거나 우리 학교에서 배운 게 생각난다면 아주 다행인 거죠. 저희는 그런 순간들을 기다려요.

한 친구는 똑똑했지만 자주 결석했어요. 자기중심적인 이 친구가 성실함이나 다른 사람을 배려하는 마음을 배우면 좋겠다 싶었어요. 중학교, 고등학교 검정고시를 다 치르고 나서 어느 날, 이 친구가 같이 피자를 먹으면서 저한테 "선생님은 피자 안 좋아하시는데 저 때문에 먹는 거 괜찮아요?"라고 물었어요. 그 순간이 너무 행복했어요. 한 번도 이렇게 말한 적이 없었거든요. 상대가 마음 쓰는 것을 이 친구가 조금씩 알기 시작한 거예요. 그래서 제가 웃으면서 "그런 말 해주니까 고마워. 진짜 보람이 있네" 하고 말했어요. 그런 데서 뭉클한 순간이 오는 거예요. 학교를 거쳐 검정고시를 잘 치르고 학력을 취득해 취업한 친구들은 많죠. 그런데 그것보다 더 중요한 것이 있어요. 태도적인 면에서 좀 더 긍정적으로 세상을 보고, 긍정적으로 자신을 들여다보는 것. 이런 변화가 딱 보이면 저는 너무 좋은 거예요. 그때가 바로 점프의 순간이라고 생각해요.

선생님들하고 함께 이런 이야기를 많이 해요. "한 사람에게 점프의 순간이 언제 올지 몰라요. 십 대였던 친구들이 이삼십 대가 되어서, 혹은 마흔에, 아니면 예순에 그 순간이 올 수 있어요. 우리는 지금 열심히 씨를 뿌리는 사람들이지만, 그 작업은 결코 우리 힘으로만 할 수는 없어요. 직업훈련을 갔을 때 만난 선생님이 친구와 맞아서 어떤 깨달음을 줄 수 있고, 앞으로 친구가 어떻게 해야겠다는 생각을 스스로 하다가 그런 순간을 맞을 수도 있어요. 성장의 순간이 모두 우리의 것은 아니니까요. 하지만 그건 결국 우리 것이기도 하지 않겠어요?"

물론 선생님들도 교육을 하면서 낙담하는 경우가 있죠. 친구들을 위해 엄청 애를 썼는데 갑자기 학교에 발을 끊고 사라지는 경우도 있으니까요. 어쩔 수 없는 일이죠. 하지만 살다 보면 우리 학교와 선생님들 생각이 날 때도 있을 거예요. 연락이 없다가 기댈 데가 없어서 문득 우리한테 연락을 하기도 해요. 그럼 우리는 다시 만나러 가죠. 친구들을 기다려주는 게 정말 필요해요. 자활이 정말 삶의 지난한 과정이고, 어느 시점에서 자기가 스스로 할 수 있는 의지를 북돋워주는 것이라고 한다면, 진짜 많이 기다려줘야 하는 거죠.

쉬고 배우고 일할 수 있는 학교

올해는 선생님 세 분에 학생이 열다섯 명이에요. 한 선생님이 대여섯 명의 상담을 맡고 있는 거죠. 학생들이 직접 쉼터에서 오기도 하고, 선생님들이 아웃리치를 나가거나 보호관찰소 같은 곳에 찾아가 학교를 알리기도 해요. 학교가 한 지역에 오래 있다 보니까 지역 네트워크도 활발해졌어요. 한 기관이 지역에 자리 잡을 때까지 십 년쯤 걸리는 것 같아요. 지역문화재단에서 직접 제안해주셔서 친구들과 함께하는 수업도 생겼어요. 제안을 받으면 친구들의 욕구조사를 해서 수업을 새로 만들어요. 그런 네트워크를 통해서 문화예술 강사님이 학교에 오시는데, 그분들이 친구들과 교감하는 게 훌륭해서 저희가 많이 놀라죠. 문화예술로 소통도 잘되고 일대 일 프로젝트가 되니까 친구들이 엄청 좋아해요. 말하자면 악기를 가르쳐주는 그 문화예술 강사님이 자기 멘토가 되는 거예요. 이런 프로그램을 통해 친구들도 네트워크할 수 있는 자원을 얻게 되고, 연주뿐 아니라 음악을 섭렵하면서 이 년 동안 크게 성장해요. 만약 예산이나 사업비 안정성이 담보되면 친구들을 위해 할 수 있는 것이 엄청 많을 거예요.

우리 학교에는 캠프 체험이나 진로교육도 많아요. 다 같이 농촌살이하러 4박 5일 동안 가서 '혼자 살아남기' 같은 프로그램도 해요. 친구들이 농촌에서 몸을 놀려 일하고 약간의 수고비를 받으면, 그 돈으로 밥을 사 먹거나 직접 해서 먹죠. 아주 재미있어 해요. 밭일하고 농사일하고, 필요하다면 저녁에 부업까지 해요. 저희는 '왜 꼭 도시에서 살아야 하나?' 같은 문제의식으로 청소년들의 진로와 관련해 새로운 지평을 열어주는 것에도 애를 많이 써요. 학생들이 혼자 못하는 부분을 같이 열어주면 더없이 좋겠죠. 새로운 진로 체험이 친구들한테 의미가 커요. 학교에서 새로운 직업 찾기, 농촌살이처럼 새로운 공간 찾기를 많이 시도해요.

학력 취득을 위해 검정고시 수업도 진행하는데 응시생의 절반 정도가 합격하는 편이에요. 초등교육만 제대로 받아도 공부를 하기가 수월한데 그게 제대로 안 되어 있는 경우가 있어요. 친구들이 공부할 여건이 되어 있지 않았던 것이 안타까워요. 공교육 제도에서 적응을 못한 이들을 수용하지 않고 열등생으로 치부하면서 본인도 학교에 흥미를 잃고, 친구들끼리 모여 자퇴하고 거리에서 떠돌면서 살게 되는 거예요.

저희는 이 친구들이 성매매를 일로 인식하고 그 돈으로 살아가기보다 '성매매 외의 다른 일들, 다른 식의 몸 쓰는 일들이 많지 않을까?' 하고 제시해주는 거예요. 성매매에 대해서 판단하고, 금지하고, 훈계하는 것이 아니라 다른 일도 더 있다는 것을 보여주고 좀 더 넓은 세상을 만나게 해주는 거죠. 그런 경험이 가능하려면 일과 교육이 함께 이루어지는 공간이 친구들에게 중요해요. 우리 친구들이 쉴 수 있고, 일할 수 있고, 공부할 수도 있는데 그것을 자기 필요에 따라 선택적으로 활용한다면, 그것이 한 공간에서 이루어진다면 아주 좋은 거죠.

'그런 애들'은 없다

우리 학교는 일 년에 삼 학기제인데 하반기에는 진로 수업을 중점적으로 해요. 인턴십으로 한 달 동안 직업을 체험하죠. 친구들이 진로에 대해 같이 글도 써보고, 고민하고, 참고 영상 보는 작업들을 두 달 하고 난 뒤 나머지 한 달은 자기가 하고 싶은 일을 체험할 수 있는 기관에 가서 일해요. 처음엔 그 기관을 친구들이 직접 찾으면 프로젝트가 완성되겠다 싶었는데 현실적으로 힘들었어요. 자존감이 낮은 친구들이 기관이나 가게에 찾아가서 일하고 싶다고 이야기하는 게 쉽지 않은 일이거든요. 그래도 의지 없던 친구들이 스스로 하고 싶은 일을 찾은 게 어디예요? 그래서 인턴십 자리를 찾는 일은 선생님들이 맡기로 했어요. 관련된 곳에 선생님들이 전화하거나 찾아가서 우리 학교를 소개하고 "혹시 괜찮으시면 우리 학생이 자립 준비를 할 수 있도록 한 달 정도 그곳에 인턴으로 보내도 괜찮을까요?"라고 문의해요.

하지만 우리 청소년들이 일할 수 있는 장소를 찾아낸다는 것은 정말 어려운 일이에요. 이런 대화가 오가기도 하죠. "그 학교가 어떤 학교인데요?" "우리 학교는 대안학교입니다." 사람들은 대안학교에 대한 편견도 있거든요. "대안학교는 학교 잘리는 애들이 가는

데 아니에요? 우리 가게에는 단골도 많이 오고 돈도 만져야 하는 일이라서 안 맞아요." 또는 "아, 우리 가게엔 '그런 애들' 안 받아요!"라고 딱 잘라 얘기하는 분도 있어요. 학교 안에서는 학교를 일주일에 세 번 오던 친구가 다섯 번 나오면 대단하고 훌륭한 일인데, 일단 사회에 나가면 친구들의 모습은 여전히 이렇게 비춰지는구나, 하는 현실을 맞닥뜨리면 선생님들도 고민이 많이 돼요.

선생님들은 친구들이 인턴십으로 무슨 일이 하고 싶다고 말하면 "아, 그래. 너 그거 하고 싶었어? 한번 해보자!"라고 해맑게 반겨줬는데, 사회는 이 친구들을 반기지 않으니까요. 그래서 선생님들이 개인 인맥까지 동원해 알음알음 네트워킹해요. 칠팔 년 동안 인턴십을 하니까 이제는 어느 정도 정해진 곳이 생기기도 했지만 친구들이 원하는 새로운 직업이 생기면 또 선생님들이 직접 나서서 찾아야 돼요. 그 과정에서 '아, 세상이 아직 여전하구나' 하고 다시 느끼게 되죠.

우리 친구들이 갈 수 있는 직업훈련 장소라든지 인턴십 장소가 아주 절실하게 필요해요. 서울시에 우리 친구들 같은 청소년들이 일할 수 있는 자리를 확충해달라고 요청하고 싶어요. 또, 개인적인 서비스를 기획하고 개발하는 것도 중요하지만 인식이 변해야 해요. 우리 친구들에게 자활이 왜 필요하고, 이런 서비스가 왜 필요한지, 그럴 수밖에 없는 상황이 어떤 것인지까지 이야기가 많이 되면 좋겠어요. 지금 청소년들을 지원하는 단체들이 이런 인식의 변화까지 도모하기에는 한계가 있어요. 개별 청소년들을 지원하기에도 일이 많으니까, 운동적인 측면에서 사람들의 인식을 바꾸는 작업을 하는 게 몹시 어려워요.

성매매 여성 문제를 논의할 때 청소년 성매매 쪽은 분리돼요. 또 청소년에 관심이 있는 분들도 성매매 문제와 청소년 문제를 포괄적으로 접근하는 문제에는 인식이 덜 미치는 경우가 있고요. 그래서 속상해요. 성매매 청소년 이슈를 만들어나가는 것에 사람들이 좀 더 적극적일 필요가 있지 않을까요? 청소년 성매매 방지에 대한 담론이 필요해요. 현재는 청소년 성매매 관련 기관이 거의 쉼터 중심이고, 쉼터는 생활하는 '집'이기 때문에 사회적인 공론화 작업이 어려워요. 저도 성매매 청소년 지원을 하다 보면 그 부분에서 한계가 보여요. 청소년 성매매 관련한 이슈에 공동 대응을 해야 하는데 함께 모일 수 있는 장이 없고, 또 다들 개별 지원에 힘들고 바빠서 기관 밖으로 잘 나올 수 없는 상황이죠. 지원 활동을 하다 보니 구조적인 이야기를 청소년 스스로 말할 수 없고 선생님들조차 적극적으로 발언하기 어려운 여건에 있지 않았나, 하는 생각이 들어요.

가고 있어, 네 곁에서

저도 친구들한테 도움을 많이 받아요. 저보다 훨씬 많은 경험을 가지고 있는 친구들과 얘기할 때가 있어요. 그럴 때 문제의 해결 지점을 같이 찾으면서 "야, 그런데 너 잘 산다!"라는 말이 나오기도 하거든요. 그럼에도 불구하고 너무 잘 살아가는 거예요. 그럼에도 불구하고 저랑 같이 웃기도 하고, 그럼에도 불구하고 저랑 애기도 같이하고, 그럼에도 불구하고 자살도 하지 않았고, 그래서 정신의 대단함을 느껴요. "너흰 진짜 대단해. 나는 그렇게 학교가 엉망이라도 자퇴서 쓸 생각을 못했어. 아무리 학교가 쫓아냈다 하더라도 너희는 자퇴를 선택해서 여기까지 오지 않았니? 형식이 어떻게 되었든 조직을 박차고 나온다는 것은 엄청난 용기야. 선생님은 그 용기가 없었어. 때때로 너희는 정말 다 대단한 것 같아. 하지만 나도 대단할 때가 있으니까 그걸 같이 주고받으면 좋겠어." 이런 이야기들을 해요. 어느 누구도 홀로 대단하지는 않다는 걸 이야기하면서 말이죠.

학교에서 저는 친구들, 선생님들이랑 이야기를 많이 나눠요. 어떤 사안이 있을 때 사실 저 혼자 다 해결하지는 못하거든요. 그래서 같이 얘기해서 많이 결정해요. 이런 행동을 하면 어떻게 받아들여질까 하는 불안까지도 터놓고 얘기하는 편이에요. 저는 함께하는 직장 문화도 중요하다고 생각하거든요. 함께 더불어 하려고 늘 애써요. 물론 그렇게 안 될 때도 많고, 선생님들끼리도 생각하는 것이 서로 다르기 때문에 어려울 때도 있지만 '그럼에도 불구하고 그렇게 하려고 애쓴다'는 것이 중요해요. 저도 당연히 실수하고, 실수하지 않도록 이야기하는 게 회의고, 성장하는 거고, 학교인 것 같아요.

전 그냥 같이 사는 사람이에요. 특정한 경험을 가진 친구, 언니들과 십 년의 시간을 지내온 사람이죠. 그들의 삶을 옆에서 지켜봐준 사람, 그들이 어떻게 살았는지 다 말할 수는 없지만 같이 숨 쉬면서 살아온 사람이에요. 제가 누군가의 삶에 저 혼자 힘으로 변화를 주었다고 생각하지 않아요. 한 친구를 둘러싼 수많은 환경이 있고 점프의 순간에, 점프의 계기에 저도 그 아이 주변에 있었으니까, 같이 걸어왔으니까 제 역할을 했다고 여기는 거죠. 선생님으로서의 역할, 엄마로서의 역할, 이모 혹은 고모로서의 역할……. 당사자가 원하는 역할들을 수행하면서 그 시기를 함께 걸어온 사람이라고 할까요? 그런데 같이 걸어오면서 저도 그 친구한테 얘기를 많이 했을 거고, 친구들도 저한테 주는 것이 알게 모르게 많았을 테니까 함께 큰 것 같아요. 이렇게 시간이 흘렀는지도 사실 몰랐는데……. 예전에 저는 철없고 무책임하기도 한 사람이었는데, 책임감이 무엇인지 조금씩 알아가요. 그건 한 친구의 모든 걸 책임지는 것이 아니라, 지금 이 순간 한 친구에게 충실하거나, 한 친구의 이야기를 들어주거나, 한 친구가 욕구하는 바에 대해 무언가를 같이 하는 거예요. 저에 대해 생각을 해봤어요. 멋진 사람이고 싶고, 다른 이에게 결정적인 역할을 하는 사람이고 싶을 때가 분명히 있었어요. 그런데 지금 생각해보니까 그런 건 의미가 없고, 그냥 같이 친구들과 걸어가는 사람, 그게 더 좋은 것 같아요.

"기다려주는 선생님"

이 대안학교가 있는 건물 근처에서 잠시 근무한 적이 있다. 그 가을에, 학생들이 연주하는 악기 소리가 날마다 들려왔다. 썩 잘한다고는 할 수 없는 소리여서, 일하다 말고 동료들과 같이 웃으며 평가를 주고받곤 했다. 그런데 그 소리는 끈질기게 계속됐다. 다음 날도, 그 다음 날도 계속 들려왔다. 그게 신기했다. "어제보다 연주가 나은데." "계속 좋아지고 있네." 어느새 동료들은 입방아를 멈추고 시간이 되면 어김없이 들려오는 연주 소리에 귀를 기울였다. 다음 날에도 들리는 소리에 은근히 기다렸다는 양 반색하며 차츰 눈에 보이는 향상을 격려하는 기분까지 들었다. 이따금 학교 앞을 지나치다 보면, 청소녀들이 두런두런 이야기하는 모습을 보기도 했다. 열심히 악기도 연주하고, 여행도 간다는 이 학교의 정체가 무엇일까 내심 궁금했다. 우연히 지나치다 본 이은정 선생님은 활기차고 발랄한 분이었다.

초여름 5월의 부슬비가 내리는 날에 그녀를 만났다. 대안학교 근처에 있는 찻집에서였다. 천장이 낮은 골방들이 모인 그 찻집은 그녀가 학생들과 이따금 들러 속 깊은 상담을 하는 곳이었다. 성매매 청소녀 대안학교는 전국에 두 곳이 있다. 이은정 씨는 서울에 성매매 청소녀를 위한 대안학교를 개교할 때인 2009년 9월부터 일에 합류했다. 이 학교의 목적은 "내면의 성장 가능성을 발견하고 세상과 소통하며 더불어 살아갈 수 있는 힘을 기를 수 있도록 학습과 실천의 기회를 제공하는 것"이다. 그 과정에서 검정고시 교과를 운영하고 자격증 취득 과정과 인턴십 과정을 진행하며 동아리 활동이나 문화 활동을 한다. 탈학교를 한 모든 청소녀들이 자유롭게 학교에 다닐 수 있다. 진정한 자립은 정서적 자립과 경제적 자립으로 이루어진다고 여기기에 학생이 학교를 자율적으로 운영할 수 있는 기회도 준다. 이은정 씨는 학교의 내용과 형식을 만들어가는 과정을 함께한 교사다. 그래서 그 이야기는 '성매매 방지'의 성격으로 특화된 청소녀 대안학교의 기틀을 어떻게 세워갔는가에 대한 보고이기도 했다. 학생들은 그녀를 "기다려주는 선생님"이라고 불렀다.

만나서 이야기해보니 이은정 씨는 차분하고 조곤조곤 말하는 이였다. 학교에서는 학생들의 자신감을 북돋기 위해 더 활발하게 행동한다고 했다. 인터뷰를 하다 보면 상대의 말에 몰입되는 순간이 있다. 이은정 씨가 "친구들을 기다려준다는 것"과 "점프"라는 말을 할 때가 그랬다. '한 사람의 인생에서 어느 순간에 올지 모르는 점프, 그것을 모두 준비하고 기다려준다는 것'은 우리에게 여전히 낯설고도 유효한 메시지다. 배제하고 차별하기 바쁜 세상에서 작은 성장을 어떻게 축하해줘야 하는지 배우려면 그 이야기에 귀 기울여야 한다.

　활동하는 이들이 겪는 어려움도 있다. 사회에서 여성은 임신과 출산, 양육과 가사일에서 많은 역할을 도맡고 있다. 더불어 활동가로서 역동적인 현장 상황에 대처하다 보면 때로 소진될 수도 있다. 일에서나 생활에서나 여성으로서 많은 역할을 동시에 해내야 한다. 건강이 나빠지거나 주변의 도움이 여의치 않아 일을 쉬어야 할 때도 생긴다. 과중된 부담을 느낄 때면 당연히 괴로움이 들 것이다.

　이은정 씨는 성매매방지법이 시행된 초창기부터 십 년이 넘는 세월 동안 소리 없이 성매매 피해 여성들의 곁을 지켜왔다. 대학교 때 만난 여성주의 공부를 시작으로, 동두천에 기지촌 활동을 가면서 자신과 완전히 다르게 살아온 '언니'들을 만났고, 부산 완월동의 업소에서 냄비 밥을 먹는 언니들의 손짓에 스스럼없이 들어가 같이 밥을 먹었다. 서울에 와서는 성매매 피해 청소녀들을 위한 학교를 꾸려가는 일에 동참하며 줄곧 한길을 걸었다.

　나는 한 자료집 속에 있는 십여 년 전의 오래된 사진 한 장에서, 아웃리치에 쓸 물품을 챙기는 그녀를 보았다. 하나하나 건네질 무수한 선물들 중 어느 하나가, 불현듯 어느 순간 맞잡는 손으로 돌아올 것이라고 믿고 선물에 리본을 묶는 그 손길이 한결같은 기다림을 품고 있었다.

3부

누구나 다르지 않은 밥

마주 보는
문지기의 꿈

이정미

:
:
:
:
:
:

"이 여성들에게는 안정된 공간이 필요하죠.
아무도 자신을 모르는 데에 가서 일하는 게 아니라
자신을 이해하는 곳에서 일하며 얻는 심리적인 안정감이 있어요.
공간이 주는 안정감과
자기도 열심히 하면 일터에서 일할 수 있다는 기대감,
그런 공간이 세상에 다양하게 있었으면 좋겠어요."

한국여성의 집
한국여성의 집은 성매매 피해 여성에게 안전한 보호와 충분한 휴식을 제공하고 있다.
또한 미래를 위한 자립을 준비하도록 지원하며 성매매 피해 여성과 함께 나아가고자
하는 기관이다.

문턱을 넘는 여자들

저는 한국여성의 집 원장으로, 이곳에서 이십삼 년째 일하고 있어요. 사회복지사이자 마포 지역사회보장협의체 위원으로도 활동하고 있고요. 제가 오랫동안 지역에서 사회복지사로 일하면서 같은 지역의 다른 사회복지사들과도 관계를 맺어왔고, 그런 시간들이 쌓여 마포 지역에 네트워크가 많이 구축되어 있어요. 네트워크는 중요합니다. 관계라는 것은 만드는 데 시간이 걸리는 일이지만, 서로 충분히 관계를 맺고 나면, 자연스럽게 기관의 사업들이 공유되고, 그 과정에서 성매매 피해 여성인 우리 친구들이 함께할 자리들도 많아져요.

지역사회에서 서로 네트워크를 맺어야 해요. 그래야 다른 기관에서도 우리 성매매 피해 여성들을 만날 때 자연스럽게 대하고, 지역사회의 한 구성원으로 참여할 수 있게 관심을 가지고 도와줘요. 내담자를 존엄한 인간으로 보고 그들이 더 나은 삶을 살 수 있도록 정보와 도움을 주는 일이 사회복지사의 일이에요. 물론 사회복지기관은 기본적으로 내담자에 대한 비밀보호 원칙을 가지고 있기 때문에 지역에서 열어놓고 관계를 맺는다 해도 문제가 있었던 적은 없었습니다.

또 우리 친구들이 지역 안에서 적극적으로 활동하는 게 일반인들의 인식 개선에 효과적이라고 생각했어요. 지역에서 함께하는 활동을 통해 성매매 피해 여성에 대한 인식을 개선할 수 있거든요. 편견이 있었던 일반 사람들도 막상 이 여성들과 같이 활동하고, 일터에 직원으로 채용해 함께 일해보면 이들이 자신과 다르지 않다는 것을 알게 되는 거예요. 일터에서도 우리 친구들을 긍정적으로 평가하고, 그 경험이 친구들에게도 긍정적인 영향을 미치죠.

지역에 캠페인이 있어 같이 봉사하러 나갈 때, 가끔 새로 온 친구들이 안 나가고 싶다고 말하기도 해요. 남들 앞에 자기가 드러날까 봐 두려워하는 거죠. 그럴 때면 오히려 캠페인을 이미 경험해본 친구들이 "괜찮아" 하면서 그 친구들을 데리고 가요. 밖에서 캠페인을 할 때, 한국여성의 집 실무자나 내담자들이나 모두 '스태프'라고 이름표를 달고 서로 "선생님"이라고 똑같이 부르거든요. 친구들이 캠페인에 안전하게 다녀온 경험을 하고 나면 색다른 경험을 했다고 좋아해요. 자꾸 지역 안에서 활동하고 자신을 드러내면

2013년 서울시 청소년 직업체험 부스 운영. 머리 미용, 피부 미용, 네일 아트 등을 선보였다.

2016년 벽화 프로젝트 워크숍. 경남 합천 정토 마을을 방문해 벽화 그리기와 어르신 마사지, 네일 아트 봉사를 했다.

서 만나가는 부분이 중요해요. 친구들이 밖에 나가 캠페인에도 참여해보고 봉사활동도 해보고 사람들과 대면하면서 자신의 경험이 커지는 거죠. 경험은 중요하니까요.

마포 지역은 사회적 기업이나 마을 기업이 많아요. 서울이 다른 곳보다 사회적 경제가 발달한 지역이기도 하고요. 마포에는 지역 조례에 의해 만들어진 '마포구 고용복지지원센터'도 있거든요. 이곳하고 한국여성의 집이 MOU(Memorandum of Understanding, 업무협약)를 맺어 지역의 몇 군데 카페에서 우리 친구들이 인턴십으로 참여하고 있어요.

한국여성의 집은 사회적 경제 네트워크 안에서 활동하면서, 사회적 기업에서 하는 좋은 프로그램을 친구들한테 교육하기도 해요. 사회적 기업 중에는 취약 계층에게 필요한 일자리를 제공하는 기업도 있어서 우리 친구들이 그 기업에 직원으로 채용되기도 해요. 한국여성의 집은 마포 지역에 있는 사회적 기업과도 네트워크가 잘 이루어지는 편이에요.

작년에 사회복지 공동모금회에서 여성 자립을 위한 공모사업이 있어 마포구 고용복지지원센터와 한국여성의 집, 다른 이주 여성 쉼터가 같이 참여했어요. 마포를 포함하여 서부 지역에 있는 성폭력·가정폭력·성매매 피해 여성, 가출 청소녀, 미혼모들에게 바리스타와 네일 아트, 수공예 교육을 제공했고 올해는 관련 매장을 개장할 계획이에요.

꿈꾸는 가위들이 모인 곳

저희는 스무 살 이상의 성매매 피해 여성에게 보호와 충분한 휴식을 제공하고, 미래를 위한 자립을 준비시키고 있어요. 자립을 위해 기술 자격을 취득하게 하고 취업과 창업을 지원하죠. 또 학습 지도를 해서 고졸 이상의 학력을 갖추도록 지원해요.

여기 온 성인 성매매 피해 여성들이 학력을 취득하고 자격증을 어렵게 취득해도 취업하기가 참 어려웠어요. 다양한 기술 교육 가운데서도 특히 미용 자격증은, 취득을 해도 취업해서 헤어 디자이너가 되기까지 너무 오랜 시간이 걸리더라고요. 또 이 여성들이 미용실에 취업했다고 해도 대인 관계가 잘 안 되는 경우도 있고요. 아무래도 바로 적응하기 힘드니까요. 미용실 스태프가 되면 오랫동안 바닥에 떨어진 머리카락을 쓸고 손님들 머리를 감겨주는 역할을 해야 해요. 이렇게 스태프 일을 한두 해는 해야 헤어 디자이너가 되는 거예요. 그런데 스태프 일만 해서는 미용 실력이 안 늘거든요. 미용 자격증을 취득해도 사람들 머리를 직접 만져 연습을 해야 하는데, 일반 미용실 중에는 우리 친구들에게 그런 기회를 안 주는 데도 있어요. 기회를 얻지 못하면 스태프로 일만 하다 시간이 가버리죠.

성인 여성들이라 나이도 있고 사회적인 경험이 많이 없다 보니, 힘들게 자격증을 따도 일터에서 못 버티고 나와 결국 자격증과 관련 없는 서비스업, 판매업 같은 일을 하게 되는 경우가 많았어요. 자격증을 제대로 활용할 수 없는 것이 몹시 안타까웠죠. 대부분 손재주가 좋아서 미용 실력이 아주 좋거든요. 그래서 헤어 디자이너를 채용하고 매장을 마련해서 친구들을 인턴십으로 훈련시키면 좋겠다고 생각했어요. 그때가 2014년이었는데, 여성가족부와 한국여성인권진흥원의 도움을 받아 한 관공서 지하 공간에 미용실을 열게 되었죠.

미용 자격증을 취득한 여성들이 그 미용실에 가서 인턴십으로 훈련받았어요. 헤어 디자이너가 손님 응대, 커트, 샴푸하는 법 같은 서비스 기술을 빨리 가르쳐주는 거죠. 최근에 미용 자격증을 취득한 지 두 달 된 친구가 벌써 남자 커트를 쳤어요. 그 남자 손님이 자기에게 "고맙다, 잘했다"라고 했다면서 너무 기분 좋다고 문자로 자랑을 하더라고요. 일반 미용실에 스태프로 들어가 가위를 잡고 남자 커트를 치려면 오 년씩은 걸리거든요. 우리 미용실 공간이 주는 의미가 친구들에게 남다른 거예요.

미용실이 운영된 지 삼 년이 되어가는데 이제야 자리를 잡고 있어요. 저희가 헤어 디자이너를 채용해 미용실을 운영해야 하니까 어려운 점도 있죠. 특별히 예산이 나와 그곳에서 일하는 여성들의 고용을 안정시킬 수 있는 것도 아니고 매출도 신경 써야 하니까요. 그리고 다른 미용실 헤어 디자이너는 손님만 받으면 되는데, 우리 헤어 디자이너는 친구들한테 여러 가지를 가르쳐줘야 하니 일도 더 많은 거죠. 이처럼 헤어 디자이너에게는 많은 역할이 부여되고, 한편으로는 미용실 안에서 인턴십 참여자들 간에 다양한 역동이 일어나기도 해요. 하지만 버티는 힘을 키워야 한다고 생각해요. 미

용실에 인턴십으로 참여하는 친구들은 다들 일 년 이상 일하고 있어요. 저희가 바라는 것은 우리 미용실에서 일한 여성이 나중에 창업해서 고용주가 되고 후배 탈성매매 여성들이 인턴이 되어 그 공간을 활용할 수 있게 되는 거예요.

지역의 몇 군데 카페에서도 친구들이 인턴십으로 참여할 수 있으니 사회 경험을 쌓기 좋아요. 커피에 대해 몰랐던 한 친구는 일반 학교에 다니면서 쉼터 가까이 있는 카페에서 인턴 경험을 쌓다가 학교를 졸업할 때가 되니까 자기도 바리스타를 해보겠다고 했어요. 인턴 경험을 통해 사회를 기초적으로 경험해보고 자기 힘도 생긴 거죠. 그 친구는 지금 카페에서 바리스타로 잘 일하고 있어요.

친구들이 일할 수 있는 미용실과 카페는 안정된 공간이고 유익한 경험을 할 수 있는 곳이죠. 아무도 모르는 곳에 가서 일하는 게 아니라 자신에 대해 이해하고 잘 아는 사람들 속에서, 그런 공간에서 일한다는 심리적인 안정감이 친구들에게 있어요. 공간이 주는 안정감과 나도 열심히 하면 이런 일터에서 일할 수 있다는 기대감이 긍정적인 것 같아요. 앞으로 일할 수 있는 안정된 공간들이 다양하게 있었으면 좋겠어요.

닫힌 마음의 문을 열어주는 눈물, "울어줘서 고마워"

한국여성의 집은 "감사하자, 이겨내자, 꿈을 이루자"를 원훈으로 하고 있어요. 자립 지원이 꿈을 이루기 위한 것이라면, 심리 지원과 사회성을 키우는 과정은 감사하고 이겨낼 수 있는 힘을 기르기 위한 것이에요. '지금 여기에서(Here and Now)'로 시작해 앞으로 어떻게 살 것인지 초점을 두고 쉼터에서 심리치료 프로그램을 많이 진행하죠.

우리 친구들을 보면 성매매에 유입된 기간 동안 힘든 것도 있지만, 유입되기 전의 성장 과정이 심리에 더 큰 영향을 미치는 것 같아요. 어렸을 때 가정폭력, 근친강간, 성폭력, 학교폭력 피해를 입은 적이 많고, 그 상태에서 성매매로 유입되는 경우가 자주 있거든요. 복합적인 피해를 입은 상황에서 마지막 종착역으로 성매매 피해 현장에 다다른 경우가 많아요.

이 친구들은 삶 자체가 굉장히 취약해진 상황에서 성매매 피해까지 입고 쉼터에 왔기 때문에 때로는 심각한 상태인 경우도 있어요. 성장기에 평범하게 잘 살다가 성매매 피해를 입었다면 그나마 치유가 빠른 편이에요.

보통 어린 시절부터 폭력을 당했고 지금 스무 살이라면 이십 년의 트라우마 속에, 서른 살이라면 삼십 년의 트라우마 속에 방치된 경우가 많아요. 쉼터에서 공동생활을 하는 게 쉽지 않은데 그래도 이곳에 있어야 하는 이유는 다른 자원이 아무것도 없기 때문이거든요. 우리 친구들은 자원이 없는 정말 엄청난 환경 속에서 스스로 살아내 왔다는 거죠.

쉼터에서 공동생활을 하면 관계 속에서 친구들 각자의 문제가 드러나요. 모든 트라우마가 그렇듯 성매매 피해 트라우마도 분리된 자아를 연출하게 만들잖아요. 성매매 업소에서 가명을 쓰고 살면서 진정한 '나'로서 존재하기 힘드니까요. 자아를 분리하면서 살아왔으니 원래 자신이 어떤 사람인지 모르게 돼요. 쉼터에 와서 '뭘 해야 하지? 난 어떤 사람이었지?' 고민하면서, 그때부터 찾아야 해요.

그동안 남의 얘기만 듣고 눈치만 보며 살아야 하는 환경이었다면 이제 내 안에 있는 나를 찾아야 되는 상황인 거죠. 관계를 제대로 맺는 것에 익숙하지 않아 벌어지는 갈등도 많아요. 성매매 업소에 있으면 자기가 먼저 손님을 받아야 하니까 업주한테 잘 보이려고 상대 여성을 인신공격하기도 하고, 업소 안에서 일어나는 위계적인 폭력에 피해를 입게 되기도 하죠. 친구들이 살면서 긍정적인 관계를 맺어본 적이 거의 없어요. 강압적인 피해 환경에 있다 왔기 때문에 처음엔 쉼터에서도 다른 여성에게 강압적으로 대하려 하는 경우가 많죠. 사실 본마음은 안 그래요. 본마음이 나쁜 건 아닌데, 감정을 표현할 때 말이 강하게 나가는 거예요. 그래서 갈등 상황을 해결하는 방법과 자신의 진심을 드러낼 수 있게 소통하는 법을 많이 훈련해요.

자기 안에 있는 낮은 자존감과 분노가 치유되고 객관적으로 자신을 볼 수 있어야 학력 취득이든 기술 교육이든 제대로 할 수 있어요. 남이 스치듯 하는 말에 상처받고 자기 일을 그만두면 안 되니까, 스스로 환경의 자극을 견딜 수 있는 힘이 있어야 해요. 어떤 친구는 검정고시 준비를 하다가 시험에 대한 부담이 커서, 시험을 치기 일주일 전에 포기하기도 해요. 그 경우에는 작은 성취라도 먼저 맛보게 하고 스스로 동기를 얻어 할 수 있게 하는 것이 중요해요.

그래서 저희는 심리 치료와 기술 교육을 병행해요. 친구들이 입소하면 상담소에서 법률지원을 받고 쉼터에서 의료지원을 받으면서 한두 달 지나면 각자에게 필요한 프로그램에 들어가요. 자기를 드러내는 작업은 불편하죠. 친구들이 스스로 가슴에 눌러둔 걸 드러내게 되고 감정이 느껴지면 울게 되고, 화나고, 속상하니까요. 우는 게 싫어서 감정을 누르고만 있는데 밖에서 건드리고 표현하게 하니까 불편할 거예요. 그들이 지금까지 한 번도 드러내지 않은 감정이에요. 감정을 드러냈을 때 부정적인 피드백만 받은 경험이 많고 아무도 자신을 위로해주지 않았으니까요. 심지어 성폭력 피해를 입었을 때도 주변에서 "여자인 네가 먼저 행동을 잘못했겠지"라는 비난을 들었으니까, 그다음부터는 누군가에게 도움을 요청하지 않고 감정을 눌러만 놓고 산 거죠. '저 상황에서 어떻게 눈물이 안 나올까?' 싶을 정도로 못 우는 친구도 있어요.

일단 눈물이 흐르면 우리는 가슴 아프면서도 한편 반가워요. "네가 울어줘서 고맙다, 이제 시작이다"라는 말이 나오죠. 같이 생활하면서 친구들에게 동기 부여도 하고 성취도 많이 경험하게 해야 해요. 친구들은 그동안 인정과 칭찬을 안 받고 살아서 무언가를 받는 것을 쑥스러워하죠. 대부분 항상 욕과 비난만 듣고 살았으니까요. 이곳에서 자신의 감정을 표현하고, 함께 부대끼고 살면서 자신을 알아가는 것, 그리고 타인으로부터 긍정적인 메시지를 받는 것이 이 친구들한테 도움이 돼요. 지금까지 살면서 자기 의견을 물어본 곳은 이 쉼터가 처음이라고 하는 친구도 있어요.

한국여성의 집 "하늘을 날다" 난타 팀의 한국여성인권진흥원 토크 콘서트 오프닝 공연 모습.

네 세상의 문을 열고 나가라

쉼터 입소 기간이 이 년 육 개월인데, 긴 시간은 아니에요. 친구들이 의료지원을 받고 몸이 아프지 않게 되면 검정고시 공부를 하고 자격증 취득도 하는데, 둘 다 시간이 필요한 일이니까 입소 기간이 충분하지는 않죠. 사실 길지 않은 시간 동안 자립을 위한 준비를 해내야 한다는 것이 어떻게 보면 급박한 상황이어서, 한 친구가 "쉼터에 있지만 마치 전쟁터 같다"라고 표현한 적도 있어요. 쉼터의 한 선생님이 이렇게 답했어요. "전쟁터 맞아. 하지만 이 정도는 사회에서는 아주 약한 정도다. 이 정도를 이겨내지 못하면 사회생활이 어렵다"라고요.

사실 친구들이 원하는 삶은 평범한 삶이에요. 다른 보통 여자들처럼 살고 싶은 거예요. 원하는 삶을 써보라고 하면 모두 "평범한 삶"이라고 써요. 힘든 가정사를 버텨왔기 때문에 "행복한 가정"이라고도 쓰고요. 남성에 대한 두려움과 실패에 대한 두려움도 있어 "혼자 살고 싶다"라고 쓰기도 하죠.

사회가 흐르는 상황을 지켜보면, 과연 우리나라에서 여성들이 혼자 제대로 사는 삶이 가능한가 싶을 때가 있어요. 집도 없고 보증금도 없이 달마다 적은 월급만 받고 자립하기란 어려우니까요. 친구들이 퇴소할 때쯤 심리적인 이유로 일시적이지만 퇴보하는 경우도 있어요. 쉼터를 나가야 한다는 것이 너무 두려운 거예요. 사회에 나갔을 때 집도, 머물 곳도, 지지해줄 사람들도, 가진 것도 없다면 그 두려움은 상상을 초월하겠죠. 현실적으로 그럴 것 같아요.

저희가 일자리를 새롭게 만들고 친구들이 일할 수 있는 일터를 찾아주려고 많이 노력하지만, 이 친구들이 제대로 된 직장을 구하는 것도 쉽지는 않아요. 최선을 다해 학력과 자격증을 취득해도 사회에서 더 높은 학력을 갖춘 젊은이들과 경쟁해야 되니까요. 이따금 친구들이 현실의 벽에 부딪혀 좌절해요. "제가 언제까지 노력해야 원하는 걸 얻을 수 있는 거예요?" 이렇게 물어오면 저희는 몹시 안타깝죠. 우리 사회는 경쟁사회고 일반적으로는 중학교·고등학교 때부터 경쟁적인 분위기에서 습관적으로 살아와서, 이 사회는 경쟁이 지배한다는 것, 자기도 남들과 경쟁해서 생존해야 한다는 것이 체화돼 있어요. 하지만 친구들은 쉼터에 와서야 사회의 냉혹한 현실을 직면하게 되는 경우가 많아요. 저희는 친구들을 위해 현실적인 조언을 해주면서 한편으로 그들의 꿈을 지키기 위해 지원하고 함께 노력해요.

어떨 때 저는 친구들한테 "미안하다"라고 해요. 예산도 한정되어 있고 친구들이 머물 수 있는 기한이 정해져 있기 때문에, 직업과 실질적으로 연결되지 않은 학습이나 체험 기회는 지원하기 어려워서 안타까울 때가 있거든요. "미안하다. 네가 좋은 부모, 좋은 사회를 만났더라면 사실 학생 때 배우고 싶은 걸 배웠을 거고, 다양한 경험을 편하게 했을 텐데, 쉼터에 와서 제한적으로 할 수밖에 없다. 너희는 스무 살이 넘었고 앞으로 혼자 독립적으로 살아야 하기 때문에 자립할 수 있는 조건을 만들어주려고 우리가 재촉하는 상황이 안타깝다." 이런 이야기를 하면서 같이 울 때도 있어요. 사실 우리 사회가 이 친구들한테 미안해해야 해요. 울고 있는 친구를 위해서 무언가 해야 해요. 저는 친구들을 설득하죠. "이게 현실인 거야. 네가 하고 싶은 꿈들은 충분히 알겠는데 네 꿈이 현실적이지 않을 때는 나중으로 미루자. 모든 사람들이 꿈대로 살고 있진 않아. 지금은 생계 문제를 먼저 해결하고 그다음에 네가 스스로 원하는 걸 할 수 있지 않겠니?"라고요. 제 마음속에는 친구들이 현실을 바라보게 해야 한다는 생각과 커다란 안타까움이 함께 있어요. 정해진 기간 안에 사회에서 독립적으로 살 수 있게 지원해야 하는 입장이니까요. 나중에 친구들이 취업해 나가도 주거 공간이 없으면 힘들어지니, 저희는 '그룹홈'도 같이 운영해요. 그룹홈에 사 년 있으면 자기 월급을 모아 적게나마 보증금을 마련하고 자립의 토대로 삼을 수 있는 거죠.

영화 같은 매체에서 성매매 여성을 묘사할 때 맨날 욕하고 싸우는 모습으로 그려놓으니, 사람들은 성매매 경험이 있는 여성은 굉장히 사나울 거라고 생각해요. 그건 편견이에요. 사실은 친구들이 지지받지 못해 약하고, 사회에서 제대로 된 보호를 못 받아 취약한 상태에 놓여 있어요. 존중받아 본 경험이 거의 없기 때문에 인정받고자 하는 욕구, 사랑받고자 하는 욕구도 굉장히 많아요. 친구들을 개인적으로 존중하고 사랑해주면 그들 안에 있던 힘이 드러나며 빛이 나요. 본인이 가지고 있던 숨은 힘이죠.

저는 여기서 이십삼 년 동안 일하면서, 쉼터에 오는 친구들이 바뀌고 시대에 따라 새로운 문제가 생기는 것을 지켜보면서 어떻게 지원해야 할까 고민해왔어요. 정말 갈 곳이 없는 마지막 상황에서 이곳에 오는 여성들이 많아요. 저는 시설에서 친구들이 함께 거주함으로써 서로 얻을 수 있는 장점이 많다고 생각하는 입장이에요. 공동체 생활을 통해 사회성을 기를 수 있고, 관계에서 자신을 표현하고 제대로 소통하는 것을 배울 수 있으니까, 쉼터는 분명히 필요한 공간이라고 생각하죠. 성매매 피해 여성들은 많지만, 자원이 있는 친구들보다 정말 자원이 없고 갈 데 없는 친구들의 최종 보루가 쉼터라는 것을 느끼기도 해요.

저도 매 순간은 힘든데, 지난 시간을 돌아보면 친구들이 처음 쉼터에 들어왔을 때보다 많이 건강한 모습으로 달라져 있더라고요. 시간이 지나면 친구들에게 스스로 할 수 있는 힘이 생기고 어떻게 살아야 한다는 계획이 생기는 거죠.

빗장을 열고 보면 그냥 여성일 뿐

지역에서 여러 기관들과 같이 사업을 해보면 성매매 피해 여성, 가정폭력·성폭력 피해 여성들이 서로 다르지 않은 사람들이라는 것을 알게 돼요. 트라우마 폭력 피해 경험을 겪은 것뿐이지, 이들이 특별하게 다른 특성을 가지고 있는 것은 아니라는 거죠. 보통 사람들은 가정폭력이나 성폭력 피해 여성에게는 도움을 기꺼이 주려고 하지만 성매매 피해 여성에게는 거리를 두고, 편견을 가지고 봐요. 사람들이 이 여성들에게 일단 편견 없이 다가가 일할 수 있고, 살아갈 수 있고, 함께할 수 있는 기회를 많이 줘야 해요.

또한 여성들의 삶을 구분 짓지 말고 이해해야 해요. 제가 여러 기관들과 회의에서 논의해보면 여성 노숙인들도 정신장애나 성매매 피해를 겪기도 하고, 자활 참여자들도 알코올 문제나 경계성 장애를 가진 사람들이 함께한다는 거예요. 이용기관이든 공동작업장이든 보호시설이든 앞으로 우리가 통합적으로 이해해야 할 사람들이 사회적으로 더 많아지는 거죠. 이들을 어떻게 지원할 것인가 다같이 고민해야 해요. 개별적인 사람들만 임파워링*하는 것은 한계가 있고, 가족이나 지역의 도움으로 사람들의 문제들을 함께 해결해야 해요. 여러 사람들의 협력으로, 지역과 사회의 관심으로, 소외

---

* empowering, 타인의 힘을 돋워주거나 능력을 부여한다는 의미.

받는 이들의 문제를 어떻게 풀어갈 것인지 고민하고 있어요.

취약 계층이라는 말을 편의적으로 쓰지만 우리가 지원해야 하는 이들을 통합해서, 어떤 편견 없는 단어를 쓸 것인가도 고민돼요. 새로운 문제의식을 가지고 문제를 드러내려면 새로운 명칭이 필요할 수도 있는데 지금은 마땅한 단어가 없어요. 외국에서는 지원 대상자를 지칭하는 데 있어 우리가 쓰는 것처럼 단어가 세분화되어 있지 않아요. 우리는 성매매 피해 여성이나 폭력 피해 여성들에 대해 쓰는 용어도 제각기 다르고, 명칭으로 서로 구분 짓고 위계화하는 경향이 있어 고민하게 돼죠.

주변에서 "성매매 피해 여성의 특성이 어때?" 하고 질문들을 하면 제가 "그냥 여성이야. 특별할 것 없어"라고 대답해요. 그럼 묻는 이들이 대답을 뜻밖으로 느껴요. 저는 성매매 피해 여성들을 구분 짓거나 이런저런 설명을 하지 않거든요. 다른 여성들처럼 그 연령대의 같은 여성일 뿐이에요. 같은 사회적 구조에서 영향받으며 연결되어 살아가는 여성들이에요. 여성에 대한 피해는 사회적 예방이 굉장히 중요한데, 우리 사회가 안전망 없이 해체되고 있고 그 과정에서 그녀들이 희생물이었던 거죠.

발자국들도 함께라면 외롭지 않아서

"몇 명이나 자활해요?"라는 질문을 많이 들었어요. 이건 사실 성매매 피해 여성에 대해 굉장히 편견이 섞인 질문이에요. 성매매 여성들은 노력해도 자활하는 이들이 얼마 안될 것이라는 편견이 있으니까 성공 수치를 묻는 거예요. 저는 사람들이 말하는 성공의 기준이 뭔지 모르겠어요.

친구들이 업소에서 탈성매매를 하고 시설에 와서 몇 달을 못 머무르고 나가기도 해요. 그런데 이곳을 경험하지 않을 때와 여기를 경험하고 다시 나갔을 때는 분명히 다르다는 거죠. 그 전에는 친구들이 자신을 도와줄 수 있는 방법이 세상에 있을까 의구심을 가졌다가, 이제 쉼터라는 공간이 있다는 것을 알게 되잖아요. 자신이 힘들 때 마지막 보루로 갈 수 있는 데가 있다는 것을 쉼터를 거쳐 알아 가기만 해도, 저는 그게 그 사람의 삶에서 변화가 시작된 거라고 봐요.

이 세상을 잘 모를 때는 '더 먹고살 것도 없고, 세상에 나를 도와줄 데는 아무 데도 없어' 하고 자기가 마지막 상황에 처했다고 알고 사는 거예요. 어디선가 자기를 제대로 도와주겠다고 하면 그 상황에서 나오고 싶지, 성매매 상황에 계속 있고 싶은 사람은 없거든요. 현실하고 부딪혀 다시 성매매 업소로 돌아가게 되는 상황이 생긴다 해도, 세상에 자신을 도와주는 공간과 사람들이 있다는 걸 그 친구들이 아는 게, 분명히 친구들이 탈성매매하는 데 힘이 되지 않겠어요?

전에 한국여성의 집 홈페이지 비밀 상담실에 글을 쓰고 지방에서 기차를 타고 쉼터에 찾아온 친구가 있었어요. 그 친구가 상담이 다 끝나고 엉엉 우는 거예요. 오는 동안 긴가민가했다면서요. '정말 아무것도 묻지도 따지지도 않고 나를 먹여주고 가르쳐주는 데가 있을까?' 걱정하면서 왔는데, 정말 쉼터가 있고 "여기서 오늘부터 있어도 된다"라고 말해주니 그 친구가 그만 무너져서 우는 거예요. 다행이라고요. 자기가 인신매매를 많이 당해 속아서 팔린 경험이 있기 때문에 쉼터라고 해도 혹시 인신매매단이 있을 수 있다고 걱정한 거죠. 그런데도 일단 도움이 절실해서 쉼터에 찾아왔는데 다행히도 속은 게 아니었던 거죠.

저는 이곳에서 오래 일했지만 이 공간의 의미를 때때로 되새겨요. 낮은 자리에 몰린 여성들이 언제든지 도움을 요청할 수 있는 공간, 그리고 어쩔 수 없이 나갔더라도 맘만 먹으면 돌아올 수 있는 공간. 저희는 기다리고 있어요. 이곳이 열린 공간이 되고, 문을 오가는 사람들의 걸음이 더 성장하는 걸음들이 되기를 바라는 마음으로요. 사람들이 협력해서 다른 사람들을 지켜낼 수 있기를 바라요.

저는 변화는 가능하다고 봐요. 사람이 다른 사람을 마주 보고 시선을 맞춰 진심으로 대하면 그 진심은 통한다고 믿어요. 저는 직설적으로 말하는 편인데, 가끔 친구들의 삶 이야기를 들으면서 어떻게 해줘야 하는지 막막할 때도 있어요. 쉼터에서 갈등을 자꾸 일으키는 친구는 야단을 치려고 부르는데 이야기를 듣다 보면 이 친구가 그럴 수밖에 없는 상황에 공감이 될 때가 있어요. "나는 네가 그러지 않았으면 좋겠다"라고 말하면서 저도 모르게 울컥하는 심정이 될 때도 있고요. 그때 친구가 저를 바라보고, 제 마음을 고스란히 받아주는 것을 느낄 때가 있어요. 사람은 서로 진심을 느낄 수 있다고 믿거든요. 제가 진심으로 노력하면, 친구들이 더 나은 삶을 살 수 있도록 조그만 역할을 할 수 있는 거죠. 변화는 그 사람

스스로의 힘으로 가능한 것이지만 그 곁에서 저희가 조금씩 도와줄 수 있어요. 그런 마음이 전달돼서 이 친구들이 '누군가가 나를 진심으로 걱정해주고 잘되기를 바라고 있구나, 그런 사람들이 지금 곁에 있구나' 하는 것을 느끼게 하는 역할을 하고 싶어요.

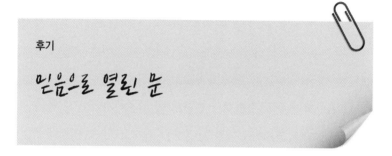

후기

민음으로 열린 문

마당이 딸린 단독주택인 한국여성의 집을 찾아갔을 때, 마침 문이 열려 있었다. 그 모습이 인상적이었다. 이 인상은 인터뷰를 하면서 들은 쉼터의 개방적인 시도들에 관한 이야기와도 맞물렸다. 이곳에서 이십삼 년을 일한 이정미 원장은 지역사회 속에서 참여자들이 함께할 수 있는 영역들을 확대하고, 적극적으로 교류를 맺어왔다. 지역 네트워크 속에서 새로운 일자리가 만들어지기도 하고, 사회적 체험의 기회가 확대되기도 했다. 특이한 점은 미용 기술을 바탕으로 여성들에게 인턴십 기회를 제공하고, 미용실을 세워 지원이 지속될 수 있게 도모한 점이다. 자신을 이해해주고 설 자리를 마련해주는 공간 속에서 탈성매매 여성의 자립은 좀 더 굳건해질 수 있다. 이런 공간들이 세상에 더 많아지기를 그녀는 바랐다.

이정미 씨는 문을 열어두었을 때의 장점을 안다. 열린 문은 인위적인 경계를 지우며 성매매 피해 여성이 '그냥 여성'이라는 것을 지역사회에 알려나가는 상징적인 통로다. 성매매 피해 여성이 앞으로 할 일들에 지역사회가 관심을 가지고 동등한 구성원으로 자리매김할 수 있는 기회들이다. 현실적인 한계들도 있지만, 여성들이 마음먹은 것을 이 기회에 시도해볼 수 있기를 바란다. 세상 밖으로 스스럼없이 나가 새로운 역할도 맡아 해내기를 바란다. 서로 만나고 겪어내다 보면 인식의 변화와 개선도 자연스레 이루어질 수 있다고 믿는다. 어우러져 고민하면 없던 길이 생기기도 한다.

그녀는 사회복지사로서의 정체성을 가지고 있다. 쉼터에 오는 여성들의 상황, 열악한 여성의 현실, 자활의 가능성과 변화에 대한 믿음을 이야기했다. 타인과 세상을 신뢰하면 함께 만들어낼 수 있는 것이 더 커진다. 인터뷰를 통해서, 한 기관이 오랜 시간 자리를 잡아 지역과 맺은 관계로 어떤 시도들을 새롭게 할 수 있는지 알 수 있었다. 그녀는 사회복지시설이 폐쇄적이면 안 된다고 생각한다. 만남이 성장의 가능성을 확대하기를 바란다.

이정미 씨는 가출 청소년 문제에 대한 관심으로 이곳에 1993년에 들어왔다. 당시 윤락행위등방지법에 따라 "요보호 여성"이라 불리던 이들을 돌봤다. "보육원을 나와 갈 데가 없거나, 가출했거나 빈곤한 여성, 직업훈련을 못 받은 여성, 시골에서 올라온 여성들"을 만나왔다. 1995년에 기존의 직업보도시설이 선도보호시설이 되면서 시설에 오는 여성들도 성폭력·가정폭력·성매매 피해를 겪은 여성들이 더 많이 늘었다. 성매매방지법이 제정된 후 2004년부터 한국여성의 집은 중장기 성인 일반지원시설로 성매매 피해 여성을 지원했다. 당시부터 칠팔 년 동안 성매매 업소에서 감금되었던 여성들이 많이 찾아와 법률지원을 많이 했다고 했다. 지금도 오랫동안 감금되어 있다가 나온 성매매 피해 여성들이 여전히 있지만, 성매매 피해를 입고 다른 자원이 없이 마지막 보루로 이곳에 머무는 이들, 때로 장애를 가진 이들도 늘어나고 있다.

　"우리 사회가 안전망이 없이 해체되고 있고 그 과정에서 그녀들이 희생물이었던 거죠." 이정미 씨는 말한다. 이십여 년이 넘게 문을 오가는 여성들을 마주하면서 그녀는 시대에 따라 입소자들이 변해가고 또 여전히 변하지 않는 것들도 있음을 본다. 쉼터의 존재에 대해 고민하면서, 갈 데 없는 여성들이 마지막으로 올 수 있는 쉼터의 역할이 아직 유효하다고 생각한다. 새로운 문제를 맞닥뜨리면 '어떻게 지원하지?' 늘 고민을 하면서 해결 방법들을 찾아왔다고 했다. 문턱을 어렵게 넘어 들어온 여성들이 쉼터에 있으면서 힘이 생겨나고 달라지는 모습도 지켜보고 있다. 그녀는 이들의 삶이 성큼성큼 문의 안과 밖을 넘나들며 성장할 수 있도록 역할을 다하고 싶어 한다.

밥을 짓는 쌤,
밥을 푸는 언니들,
밥을 먹는 사람들

윤혜상

:
:
:
:
:
:

"이건 우리 삶이에요.

같은 시간에, 같은 장소에서, 같은 지역에서,

동시대를 살고 있는 사람들이 같은 일을 하고 있으니까,

아픔을 이해하는 사람들이

도와줄 수 있는 마음으로 헤쳐나가고

함께 기뻐하고 함께 슬퍼하니까 이건 우리 삶이에요."

(사)경원사회복지회
경원사회복지회는 여성폭력 없는 평등 세상을 일구기 위해 여성장애인 성폭력 상담소,
성매매 피해 상담소 위드어스, 일반지원시설 희망터, 자립지원 공동생활시설 샘을 운영
하고 있다. 성매매 피해 여성 인턴십 매장인 '□□ 협동조합'은 지역사회와 협력해 함께
운영 중이다.

좋아, 이 일이야!

2005년에 성남에서 경원사회복지회 부설 쉼터가 생길 때부터 함께 했어요. 우리 쉼터에서는 친구들이 처음 오면 그냥 쉬게 했어요. '가족이 돌볼 수 없는 상황에서 망가진 몸과 마음으로 친구들이 들어오는 곳이니까 안정적이고 편안하게 쉬게 해야 한다'가 쉼터의 슬로건이었죠. 한참 쉬게 하다가 친구들이 뭘 좀 해본다고 하면 시작하게 했어요. 무엇보다 사회에 나가는 힘을 얻게 하는 게 중요했죠.

자립을 해야 하는 시점이 되면 쉼터에서 친구들에게 직업 훈련에 참여하게 하고 주로 기술 습득과 자격증을 취득하도록 했어요. 그런데 비용을 들여 자격증을 취득해도 친구들이 사회에 성큼 나가지 못하게 만드는 장벽들이 있었어요. 기술력만 가지고 사회에서 활동할 수 있는 건 아니거든요. 친구들이 주로 밤에 일했던 경험 때문에 아침 일찍 출근하는 게 어렵기도 하고 대인 관계에 불편함도 있었어요. 본인들이 대인 기피증도 있고 그전의 상처들이 드러나는 상황이 되면 움츠러들어 일터에 안 가니, 저희가 직업훈련을 시키고 취업 연계를 하더라도 한 달을 유지하게 하는 게 정말 힘들었어요. 친구들이 일터에서 몇 개월을 버티는 게 목표가 되더라고요.

경제적 자립이라는 건 삶의 조건 아닌가요? 자신이 가장 필요한 것들을 구할 수 있어야 하니까요. 쉼터에 있으면 먹고 잘 수는 있지만, 이를테면 스마트폰 비용 같은 건 감당 못하고 친구를 만나 커피를 마실 여유도 없어요. 쉼터에서는 아주 소액의 교통비와 통신비만 지원해요. 하지만 친구들이 자신 있게 할 일을 찾는 게 만만치 않았어요. 쉼터에 올 때 빚만 지고 들어와 빚 독촉에 시달리는 게 친구들의 일상이었어요. 쉼터에서 자립해보려고 자격증을 따는 데도 시간이 엄청 오래 걸려요. 문화생활이나 치료 회복 프로그램을 했지만 그게 다가 아니었고요. 친구들이 갑갑함을 느끼더라고요.

불안감을 해소하려면 스스로 벌어서 생활을 유지하는 게 좋지 않나 해서 인턴십 프로그램을 많이 연계했어요. 성남에 자활지원센터가 없기 때문에 전국 자활지원센터의 문을 두드려 알아보면서 아주 열심히 인턴십 연계를 했죠. 인턴십 프로그램에 참여할 수 있도록 지역에 있는 기관과 협약을 하고 친구들이 그곳에서 취업 활동을 하는 거예요. 저는 그 제도가 너무 좋았어요. 자기가 희망하는 분야에 따라 보육교사가 되고 싶다면 어린이집에, 간호조무사가 되고 싶다 하면 한의원이나 병원에 연계하고, 상담원이 되고 싶다고 하면 상담소의 동료활동가 일을 경험하게 했어요. 성폭력 상담원 과정을 수료해서 상담소에 당당히 취업한 친구도 있어요. 꿈이 있는 친구들을 도전할 수 있는 현장에 파견해서 임금을 받을 수 있게 했어요. 스스로 일어설 수 있는 힘을 기르게 하려고 한 거죠. 마음을 먹어야 일어설 수 있는데 거꾸로 경제적 자립이 되면 그 마음도 따라올 수 있겠다 싶었기 때문이에요.

저희는 지역사회에 있는 NGO 단체들과 인턴십 프로그램을 많이 연계했어요. 잘 적응한 친구도 있지만 적응하지 못한 친구들도 있었어요. 어린이집, 푸드 마켓, 한의원, 미용 학원, 음식점으로도 연결해봤지만 어떤 친구들은 오래 일을 못했어요. 길면 일 년, 일 년 반 일했어요. 이 친구들의 특성을 잘 알고 있는 분들과 일하는데도 오래가지 못하더라고요. 우리 친구들이 그 기관에 가지는 신뢰의 문제였어요. 어디까지 나를 드러내고 함께 갈 수 있을까에 대한 고민이 있었던 거죠. 그걸 상담하면서 알게 됐어요.

친구들이 먼저 제안을 했어요. "이곳에서 일할 수 있는 걸 하나 만들면 안 돼요?" 그 제안을 듣고, 뭘 하면 좋겠나 싶어 저희가 처음에 구상을 한 게 천연 염색, 화장품, 냅킨 아트였어요. 실제로 그런 것들을 프로그램으로 운영해봤는데 상품성이 없는 거예요. 바자회에서 한 번씩 판매할 수 있을 정도는 되는데 이걸 가지고 친구들과 지속적인 활동을 할 수는 없겠다 싶었어요.

2013년에 한국여성인권진흥원에서 공모한 '자활역량강화를 위한 재능나눔 지원사업'에 선정돼 사업을 해볼 기회가 생겼어요. '음식으로 봉사하기'란 주제로 토요일에 주간보호센터에 가서 저희가 요리해서 어르신들한테 나눠드리고 같이 놀아드렸어요. 또 장애인 생활 시설에도 가서 함께 요리하고 나눠 먹고 레크리에이션을 했죠. 쉼터의 주방 선생님과 친구들을 데리고 가서 했는데 친구들이 몹시 재미있어 하더라고요. '아, 이 일 할 만하겠다. 이걸 사업화하면 되겠다'는 생각이 들었어요. 이렇게 아이디어를 얻은 거죠.

나눌수록 커지는 특별한 밥 한 끼

2013년 12월부터 '□□ 협동조합' 시범 사업 일을 시작했어요.

쉼터와 그룹홈에서 지원하던 친구들의 경제적 자립을 위해 경원 사회복지회 안에 매장을 만들고 친구들이 자립할 수 있도록 연계한 '인턴십 지원 매장'인 거죠. 주변에 있는 NGO 단체 실무자들이 아주 저렴하면서도 건강한 식사를 할 수 있게 구내식당을 운영하고, 도시락 배달 사업을 해요. 친구들의 출퇴근이나 역할 분담, 훈련, 고객 관리, 행정 업무 같은 것은 제가 맡고 있어요. 친구들을 상담하고 운영에 따른 전반적인 책임을 지는 거죠.

주방 선생님과 저희 선생님들이 밥을 짓고 우리 친구들이 그 밥을 나누는 일을 하자고 구상한 거예요. 주방 선생님은 원래 쉼터에서 밥을 해주시던 분이었어요. 친구들이 쉼터에 와서 그분에게 가장 먼저 마음을 열었고 그 선생님도 친구들과 소통을 잘했어요. '주방쌤'이 친구들을 잘 이해하고 함께해주어 일이 수월했죠. 밥을 푸는 언니들하고 밥을 먹는 사람들하고 서로 네트워킹해서 자원을 잘 공유할 수 있는 공간이면 좋겠다 싶었어요.

경원사회복지회와 이 사업을 지지해 공간을 제공해준 지역사회가 함께 인적·물적 자원을 제공하고 밥을 잘 지어내면, 언니들이 이 밥을 지역 네트워크와 나누는 거죠. 밥을 나누는 과정에서 우리 친구들의 어려움을 그 사람들이 알게 되고, 우리가 필요한 자원들을 요청하면 연계할 수 있게 될 거라고 생각했어요. 그래서 밥을 매개로 '밥을 짓고 푸고 나누면서 만나갈 수 있는 곳'이 되면 좋겠다고 시작한 거죠. 사실 지역사회 단체가 도와주지 않으면 안 되고, 경원사회복지회와 연관된 단체들, 지역의 교회와 교인들이 속한 단체들이 동참해줘서 가능한 일이었어요.

성남 지역은 빈민 지역이었고, 지금도 가난한 자들이 있는 곳이죠. 또 이 지역에 많은 NGO 단체가 있어요. 1970년대와 1980년대에 노동운동과 민주화운동을 한 사람들이 지금도 지역에서 각각 활동을 하고 있는 거예요. 가난하고 힘든 사람들을 이해하고 함께하려는 마음이 같아요. 그분들은 저희가 하는 사업까지 소중히 여기고, 도와야 하고, 함께해야 한다는 당위성을 갖고 있으세요.

이렇게 친구들이 원하는 일을 함께할 수 있고, 끊임없이 일할 수 있는 조건이 생긴 거예요. 원래 같았으면 친구들이 이쯤 때려치우고 나갈 텐데 그러지 않는 거예요. 제일 어린 친구는 "이렇게 오래 일해본 적이 없다"고 해요. 다른 자활작업장에 다녀도 오래 있어 보지 않았다는데 이곳에서는 일을 곧잘 해요. 어려운 일이 아니라 여기니 일을 즐겁게 할 수 있고, 또 저희도 그들의 희망을 보니까 고맙게 할 수 있는 거죠.

친구들이 다 이곳의 주인이에요. 점심 메뉴를 짠다거나 도시락 주문을 받고 구성할 때, 일주일에 한 번 참여자 회의를 하는데 친구들이 적극적으로 의견을 말해요. 그때마다 '나 잘하고 있다' 하고 스스로 격려하는 모습을 봐요. 힘들 때도 있는데 견딜 수 있는 건 서로 그렇게 격려하기 때문이죠. 친구들이 서로 다독이고 같이 가는 거예요. "□□ 협동조합 2호점 만들까?" "푸드 트럭 할까?" "조리사 자격증 따서 창업할까?" 친구들이 그런 얘기들을 해요.

2호점을 창업하고 싶다는 친구는 그룹홈에서 생활했고 다른

인턴십 연계도 성실히 잘했는데 어떻게든 이 일터를 키우고 싶다면서 여기에 정규직으로 들어오고 싶다고 말해요. 꿈이 생기니까 한 친구는 창업 자금을 모으러 공장에 들어갔어요. 일 년만 사회 밖에서 돈을 벌고 오겠다고 해요. 그 친구는 진짜 다시 올 거예요. 일이 바빠서 저희가 전화하면 그 친구가 공장 일을 하다가도 주말에 와서 도시락 작업을 해주곤 자원봉사라고 말해요. 이 일에 애정이 있어요. 어떤 친구는 "이렇게 값을 받아 어떡해요? 밥값을 올려야" 한다고 투덜거려요. "이렇게 맛있게 해서 '갖다 바치는데' 더 값을 받아야 해요. 적자 보겠어요!" 하고 배달하면서 걱정하죠.

한 친구는 꼼꼼해요. 식재료 손질을 정말 잘해요. 다른 식당에 연계해 취업을 시켰는데 반 년 만에 돌아왔어요. "식당 일이 재미가 없어요. 남의 일이니까"라고 말해요. 사실 이곳에선 인턴십 지원비로 급여를 받지만 식당 같은 곳에 연계되면 급여를 훨씬 더 받는데도, 재미가 없어 못 하겠다고 다시 이곳에 돌아와 일하는 친구도 있었어요.

막내 친구 하나는 안 해본 일이 없어요. 배달도 서빙도 설거지도 했어요. 지적 장애가 있어 셈이 느려서, 숟가락과 젓가락 숫자를 세는 걸 어려워하더니 "요것만 아니면 뭐든지 잘해요!" 하면서 청소 일을 자청해서 하고 있어요. 성매매 피해 여성 중에 장애를 가진 여성들이 많고 일하는 친구 중에도 장애를 가진 친구들이 있어요. 저희가 받아들이니까 그 친구들이 편하게 여기고 일해요. 무시당했다는 느낌에 가장 민감하거든요. 자기가 존중받는지, 존중받지 못하는지 느낌으로 알잖아요.

　저희가 친구들한테 말하죠. "잘하는 거 하나 꼽아, 네가 정말 일 잘해서 다른 사람이 따라갈 수 없을 정도까지 전문가가 되게. 그게 뭐야?" 한 친구는 그게 배달이라고 했어요. 처음엔 배달 실수가 많았는데 지금은 많이 줄었어요. 그 친구는 배달 자원봉사를 한 달 하다 일을 시작해 이제 시내 곳곳을 누비고 다니죠. 한 친구는 십여 년 동안 저희가 상담한 친구인데, 한글을 몰랐어요. 아무리 한글 공부를 가르쳐도 잘되지 않았는데 이 일을 시작하면서 일과 관련되고 재미가 있다고 느끼니까 한글을 배우겠다는 동기가 생긴 거예요. 구입해야 하는 식자재를 화이트보드에 쓰는데 저희가 그 친구보고 쓰라 그래요. 그 친구가 처음엔 화이트보드에 쓴 "흑미"를 "검정 쌀"로 읽을 정도였는데 이제 "검정쌀", "양파", "휴지"는 자신 있게 쓸 수 있어요.

　한 친구는 인턴십 급여를 정말 꼬박꼬박 저금해요. 아픈 가족 치료도 시켜주고 월세방도 구하겠다면서 이곳에서 무조건 삼 년을 일한다고 목표를 세웠어요. 올 여름에 운전면허에 도전해서 배달 베테랑이 되겠다는 게 이 친구 꿈이에요. 친구들은 이곳에서 정규직으로 일하고 싶어해요.

　당장 누군가 아파서 일을 배분해야 하면 친구들 간에 역할 조정도 이루어져요. 이 안에서의 자매애는 쉼터에서의 자매애와 또 달라요. 더 여유가 있죠. 쉼터 안에서의 자매애는 생활 공동체로서 식구라는 개념이 있는 반면, 여기서는 살아갈 힘을 서로 확인하고 조언할 수 있는, 좀 더 힘이 나는 자매애 같아요. 이곳은 친구들과 가장 가까이 마주해서 변화와 성장을 보는 곳이죠.

도시락을 싸고 나르고 설거지하는 다 다른 손들

그동안 가장 안타까운 건 친구들이 당당하지 못한 거였거든요. 이곳은 남들을 의식하지 않아도 되고, 자신들이 수용되는 곳이에요. 밥을 짓는 사람들, 밥을 먹으러 오는 사람들, 도시락을 받아든 사람들이 다 친구들을 이해하는 분들이라 그런 수용이 어렵지 않아요.

일 년 동안 시범 사업을 하고 2014년 12월에 □□ 협동조합 창립 총회를 하고 운영해왔어요. 조합원들은 저희 기관 분들과 지역 주민들이에요. 이 주변 지역의 상권이 약해질 때 마침 저희가 구내

'밥을 짓고 푸고 나누는' 경원사회복지회 종사자들.

속도는 느리지만 함께 짓는 밥, 샐러드 도시락을 준비 중인 참여자.

식당을 연 거예요. 형편이 넉넉지 않은 NGO 실무자들이 밥을 건강히 먹는 식당을 하겠다, 우리 친구들과 함께하겠다고 시작한 일이어서 지역 활동가들이 다 고객이고 홍보대사인 셈이에요. 도시락 소매업으로 사업등록 허가도 받았고요.

성남시의 세 개 구와 관공서에 도시락과 반찬 세트를 배달해요. 행사가 있으면 단체 도시락도 만들어 배달하죠. 매출이 많이 늘었어요. 초반에 사업을 시작했을 때보다 네 배 많은 수입이 생겼어요.

친구들 급여는 인턴십 급여에다 초과되는 근무 시간을 추가 급여로 더해 주죠. 밥값이 저렴하고 좋은 재료를 쓰니 이윤이 많이 남지는 않아요. 공과금, 인건비, 홍보 활동비, 세금을 빼면 아직 빠듯하죠. 그게 아니라면 친구들에게 팍팍 나눠주고 싶은 생각이 드는데 말이에요.

하루에 평균 사십 명 정도가 구내식당을 이용해요. 또 일하는 여성들을 위해 집으로 반찬을 사갈 수 있게 반찬 세트를 그날그날 메뉴를 바꿔 판매해요. 일주일 단위로 메뉴를 만들고 고객이 원하는 음식도 메뉴에 반영해요. 친환경적인 운영을 하려고 일회용을 안 쓰고 회수용 도시락을 써서 빈 도시락 통을 가져와 설거지해요. 일이 많죠. 전 그게 다 단순한 일이라고 생각했어요. 그 단순한 일들이 다 언니들이 할 수 있는 일인 거예요. 배달, 포장, 회수용 도시락 설거지. 그런 것들로 언니들의 일자리를 만들어야겠다고 생각했죠. 그렇게 할 수 있는 일을 늘려갔어요.

또 하나 만든 게 저녁 파트 영업을 해보자는 거였죠. 모든 영업이 세 시에 끝나니 저녁 도시락을 배달해보자고 샐러드 도시락 사업을 시작했어요. 주방장님하고 같이 주변에서 잘한다는 샐러드를 사서 먹어보고 '이 정도면 우리도 하겠다' 마음먹고 만들기 시작했어요. 저녁 도시락도 배달하죠. 아침에는 도시락을 모두 구십여 개 싸고 반찬 세트 가방을 따로 싸요. 조리사 선생님은 하루에 평균 백 명분 조리를 해요. 바쁠 때는 기관 선생님들도 새벽에 같이 달걀말이 만들고 도시락 포장도 해줘요. 그렇게 만든 음식을 가지고 친구들이 배달 가면 사람들이 곳곳에서 다독여주고 응원해주죠.

처음에는 친구 두 명으로 시작한 이 사업을 지금은 일곱 명이 함께하고 있어요. 사실 참여자가 많아도 그다지 효율적이진 않아요. 정예 멤버는 주방장님 한 분이시고 나머지는 다 훈련 중인 친구들이잖아요. 친구들이 늘고 일이 많아지는 건 그만큼 주방장님과 저의 역할이 점점 더 많아지는 거거든요. 앞으로 친구들이 인턴십 프로그램을 안정적으로 할 수 있게 전문훈련과정이 있었으면 좋겠어요. 저나 주방장님이 친구들의 훈련을 모두 감당하기는 벅차니까요. 사실 한 명, 한 명이 일을 할 수 있게 만드는 것이 쉬운 일은 아니에요. 앞으로 주방장님 일을 도울 수 있는 사람이 하나 더 붙고 친구들을 훈련시키는 전문가가 붙어주는 게 이 사업을 안정적으로 끌고가는 방법이겠다 싶어요. 사실 저도 또 다른 영역의 제 일이 있으니 재미는 있어도 부담이 큰 편이죠. 전문가가 맡아 해줄 수 있으면 앞으로 사업이 좀 더 안정되면서 지금보다 많은 친구들을 수용할 수 있을 거라고 생각해요.

성남시 사회적경제한마당에서 부스를 운영하는 경원사회복지회 종사자들.

앞으로 이 일을 예비 사회적 기업으로 신청해보려고요. 저는 단순히 우리가 주는, 서비스로써의 복지가 아니라 그들과 함께 갈 수 있고 함께 일어설 수 있는 사회적 경제에 관심이 가서 밤에는 관련 강의도 듣고 바쁘게 지내고 있어요. 어쨌든 이곳이 인턴십 매장으로서의 역할과 단단한 훈련기관으로서의 역할을 다했으면 좋겠어요. 이 안에서 훈련된 친구들이 창업을 해나가는 과정을 볼 수 있었으면 좋겠고요. 앞으로 조금 더 시간이 걸리겠지만요.

알고 있지? 넌 혼자가 아니야

경원사회복지회가 지역사회에서 소외된 여성들의 인권과 권익을 보호하고 성폭력·성매매 피해자에 대한 보호 사업을 한다는 걸 이제 지역에서 많이 알고 있어서 사람들이 편견이 없어요. 오랫동안 성남 지역에서 한 활동을 인정받아 우리 기관이 지역에 자연스럽게 말을 걸고 제안할 수 있게 된 거죠. 하지만 때로 성매매에 대해 전혀 알지 못하는 사람을 만나 이해시켜야 할 때 난감해요. 또 일을 드러내고 수치화해서 남들을 설득하는 것이 특히 힘들어요. 자활, 취업, 자격증 같은 것을 숫자로 평가하려 들 때가 그렇죠. 현실에서 숫자는 그저 울림일 뿐이에요.

성매매방지법이 세워지고 십 년 동안 계속 성매매 방지 지원이 변화하면서 체계화되는 과정 속에 있었어요. 그중 자활지원센터는 엄청 잘된 사업이라고 생각해요. 제가 쉼터에 있다 보니 직업훈련의 지속성이 어렵다는 걸 느끼고 있었거든요. 자활지원센터의 사업이 좋은데 전국적으로 그 수가 많지 않다 보니 지역에 따라 혜택을 볼 수 없는 경우가 있어 안타까웠어요. 그래서 기관에서 직접 사업을 만들어 지역과 함께 시작해본 거죠.

제가 십여 년 동안 한 기관에서 근무해보니, 기관에서 한 사업이 친구들끼리 의지할 수 있는 고리를 만들어준 것 같아요. 십 년 전부터 만난 친구들이 지금도 계속 관계를 유지하고 있어요. 저희가 그들에게 새로운 지지망이 되어준 거죠. 선생님과 기관 외에도 어디 가서 이야기를 할 수 있고 도움을 받을 수 있는지, 지속 가능한 지원을 받을 수 있게 해준 거예요. 사는 데 자원이 되어주는 곳, 지속되는 사업 속에서 어디를 가든 지원받을 수 있는, 열려 있는 공간이 생겼다는 점에서 친구들은 새로운 관계망을 가지게 된 거죠.

"내 바닥을 본 건 선생님이잖아요." 이렇게 말하면서 연락을 계속 해오거든요. 남편, 친구, 누구에게도 이야기하지 못하는 바닥이 서글퍼지고 힘들어지면 찾아와요. 친구들이 잠시 도움받고 나가는 상대일 수도 있는데 저희가 한 기관에 오래 일하다 보니 친정처럼 찾아오는 인연도 생겨요. 십여 년 전의 첫 입소자가 결혼하고 아이 낳고 직업인이 되어 연락이 오고, 어떤 친구는 사무직으로 취업해 나갔는데 엑셀 작업 모른다고, 가르쳐달라고 문득 전화하기도 하죠. 쉼터 퇴소자들이 저희 사업의 고객이 되기도 해요. 퇴소해서 가정을 꾸릴 때 낯선 곳이 아닌 성남으로 와서 아이를 낳고 살면서 식구들과 함께 반찬을 가지러 이곳에 오는 거죠. 그렇게 찾아주는 것이 고마워요. 또 쉼터에서 자립해 나간 친구들이 주변에서 또 다른 피해자를 감지하고 "얘를 상담 좀 해봐요"라고 저희한테 전화로 연결해주는 경우도 있어요. 그럴 때 보람을 느껴요. '우리가 헛물을 주지 않았구나', '어떤 물을 주기는 했는데 다 자양분이 됐구나', '다 스며들었구나', 그런 생각이 드니까 그 마음으로 또다시 기다려줄 수 있게 되는 거죠.

같이한다면 기꺼이 살아낼 수 있다

전에 저는 기독여민회 회원으로서, 실무자로서 1992년부터 활동을 했어요. 당시에 기독여민회 회원들은 빈민 활동을 했고, 민중교회에서 운영하는 공부방, 탁아방, 무료 급식, 야학 사업을 함께 했어요. 육아와 또 다른 일들로 잠시 쉬었다가 2002년에 다시 기독여민회에서 활동했는데, 장충동에서 한국여성단체연합하고 같은 건물을 썼죠. 그때 군산에서 감금된 성매매 여성들이 화재로 죽는 사건이 있었고, 한국여성단체연합이 성매매 문제를 사회적으로 이슈화해 성매매특별법 제정 운동을 하고 있었어요.

업주들이 한국여성단체연합 사무실로 쳐들어오고 경계 태세로 나오는 걸 지켜보면서 저도 여성문제에 민감해졌죠. 그러면서 여성 폭력을 방지하는 활동을 교회가 어떻게 함께할까 고민했어요. 처음에는 성매매 문제에 대해 잘 몰랐기 때문에 제가 성매매 방지 시설에 들어갈 수도 있다는 예상은 못했어요. 사회복지와 여성이 관련돼 있다는 정도만 알고 경원사회복지회에 와보니 일터가 성매매 피해 여성 쉼터였던 거죠. 약간의 선입견은 저도 사실 있었어요. 처음엔 힘든 사례들을 많이 접하니까 뭔가 다 해결해줘야 할 것 같아서 너무 버거웠어요. 초짜 사회복지사였는데 단순히 힘든 사례만 있는 게 아니라는 걸 조금씩 알게 되었어요. 저는 성매매 피해 여성이 저와 굉장히 다를 줄 알았거든요. 그런데 다르지 않았어요.

쉼터에 있을 땐 '아, 이들에게 집이 필요하구나. 그래서 우리는 같은 구성원이 되어야겠구나' 하는 생각으로 일했어요. 그들이 받고 싶은 것을 우리에게 풀 수 있고 우리가 줄 수 있는 곳이 되면 좋겠다 싶었어요. 이들이 회복되기보다 자꾸 밖으로 뛰쳐나가는 일들이 반복되자 그때부터 성매매 구조와 단절하려면 뭐가 필요할까 고민하게 됐어요. '어떤 조건들이 이 친구들을 자꾸 내몰까?' 하고 고민했었죠. 아픈 곳을 치료받고 몸이 조금 회복되고 나면 자꾸 나가려고 해요. 돈 벌러 나가는 거잖아요. 한참 만에 그게 경제적 자립이 되지 않아서 그랬다는 걸 깨닫게 된 거예요. 그래서 돈 버는 방법을 결국 우리 안에서 찾은 거죠. 여러 시도를 한 끝에 만든 게 협동조합 사업이었어요.

저는 이 친구들에게 자활은, 누군가의 도움이 필요 없다는 용기가 생기는 시점이라고 생각해요. "나도 이거 할 수 있어!"라는 용기가 생기면 자활이 시작된 거예요. 그것이 출발점이에요. 자활이 특별한 건가요? 특별하지 않아요. 일상으로의 복귀 아닌가요? 누군가에게 의존해 살아야 하는 시간이 정리되는 순간, 자기 힘으로 살겠다는 의지가 생기는 순간이 자활의 시작이고, 그건 용기만 있으면 충분히 가능한 일이에요.

결국 친구들의 삶은 우리 삶이죠. 마음에서 우러나와 함께하려는 생활이에요. 저희 선생님들은 오래, 건강하게 우리 친구들하고 끝까지 같이 가겠다는 마음을 가지고 있거든요. 시공간을 함께 누리고 있으니까 우리 삶이죠. 같은 시대에 같은 곳을 바라보고 같은 일을 하니까 우리 삶이에요. 같은 시간에 같은 곳에서 동시대를 사는 사람들이 같은 일을 하고 있으니까요. 함께 헤쳐나가고 함께 기뻐하고 함께 슬퍼하니까 우리 삶이에요.

어떨 때 도시락 구십 개를 싸야 한다고 하면 저희 가족들이 "집에 가지고 와서 같이 쌀 거예요?"라고 물을 만큼 함께하는 마음이 가족한테도 있어요. 누구의 아픔을 대신하는 건 아니지만 이해하는 사람들이 서로 협력자가 될 수 있는 마음으로 일해요. 이런 걸

할 수 있게 하는 건 기관이 갖고 있는 테두리와 지역에서 인정해 주는 안정적인 구도인 것 같아요. 사람들을 믿고 좀 더 하고 싶은 걸 맘껏 할 수 있죠.

다들 재미있어서 일하고, 물론 저도 그랬어요. 사실 지치고 힘들 때 쉬어가야 하는데, 저는 쉬어가는 걸 이 사업을 통해 시작한 거예요. 지금처럼 변함없었으면 좋겠어요. 계속 일하고 싶은데 건강도, 열정도, 에너지도 지금처럼만 유지되면 좋겠어요. 할 수 있을 것 같아요.

사실 그룹홈은 자립 준비를 하는 친구들이 오는 곳이어서 이후 생활 계획도 본인이 세우지만 아직 치료 중인 친구들도 있어요. 어떤 선생님은 앞으로 이 일을 그만두더라도 진짜 오갈 데 없는 친구들과 공동생활을 할 생각까지 하세요. 나중을 그려보면 저도 그런 마음이 있는 거예요. 자립을 할 수 있는 친구들은 굉장히 희망적이지만 저희가 봤을 때 그것조차 안 될 만한 친구들이 있잖아요. 그런 친구들은 우리가 품고 같이 살아야 한다고 생각해요. 그래서 우리는 건강하게 오래 살아야 해요. 그리고 주변에 좋은 사람을 많이 둬야 해요.

그룹홈을 넘어선 대안이 필요해요. 본인이 경제적으로 자립해서 독립 공간을 갖고 살 수 있으면 정말 좋죠. 하지만 저희는 그렇게 못하는 친구들을 위한 대안까지도 생각하게 돼요. 저한테 이런 얘기를 하는 친구도 있어요. "나, 선생님 집에 가서 살면 안 돼요?" "아직은 안 될 것 같아." 선을 긋는데 그게 일로 다가오지 않는 선이 될 때, 그때 함께 살 수 있을 것 같아요. 그런 꿈을 꾸고 있어요.

이 모든 게 혼자 할 수 있는 일은 아니었어요. 하고 싶은 의지와 열정이 있다고 모든 걸 다 할 수 있는 건 아니에요. 이 일은 누군가의 도움이 꼭 있어야만 가능했던 건데 저한테는 가족이 있었고, 동료가 있었고, 저를 믿고 따라준 우리 친구들도 있었기 때문에 할 수 있었어요. 앞으로도 그들이 같이 있을 거라는 믿음이 있기 때문에 잘할 수 있을 거 같아요. 그렇게 믿어요. 믿고 하려고 해요.

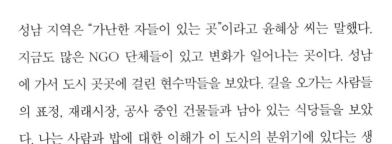

후기

밥 한 그릇이 일궈내는 뜨거운 관계

성남 지역은 "가난한 자들이 있는 곳"이라고 윤혜상 씨는 말했다. 지금도 많은 NGO 단체들이 있고 변화가 일어나는 곳이다. 성남에 가서 도시 곳곳에 걸린 현수막들을 보았다. 길을 오가는 사람들의 표정, 재래시장, 공사 중인 건물들과 남아 있는 식당들을 보았다. 나는 사람과 밥에 대한 이해가 이 도시의 분위기에 있다는 생각을 했다.

가난한 사람들은 안다. 사람을 살려내는 것이 결국 한 그릇 밥이라는 것을. 함께 먹는 밥이 서로 살려낸다는 것을. 가난한 사람들은 관계를 유지하는 것이 결국 자신을 지탱하는 길임을 알고 있다. 밥들은 옹졸한 밥그릇의 경계를 넘어 커지면서 관계를 뜨겁게 일구어낸다.

평일 오후에 경원사회복지회 사무실에서 윤혜상 씨를 만났다. 바쁜 일과 중에 끼어든 인터뷰였다. 앉자마자 그녀는 □□ 협동조합을 만들고 꾸린 이야기부터 자세히 들려주었다. 이 일을 시작할 때 그녀는 밥이 가진 관계성에 주목했다. 자활역량강화사업으로 어르신과 장애인들에게 음식으로 봉사할 때 모두 즐겁게 진행하는 것을 보고 사업의 아이디어를 얻었다. '밥을 짓고 푸고 나눌 때' 실무자들과 탈성매매 여성들, 지역 사람들이 어떤 역할로 이어질 수 있는지 생각했다. 밥을 받아 든 사람들이 다시 탈성매매 여성들에게 힘을 북돋아주는 역할을 해줄 수 있다는 점도 생각했다.

이들이 생각한 밥은 느린 밥이었다. 좋은 재료를 쓰고, 직접 씻고 다듬어 조리하고, 포장도 일회용이 아닌 도시락에 싼다. 그리고 그 도시락들을 일일이 거둬 손으로 설거지를 한다. 그것이 모두 '친구들의 일'이 될 수 있었기 때문이다. 속도가 아니라 과정의 의미를 꼼꼼히 다지는 일이었다. 이 사회의 밥상에서 제외된 이들도 기꺼이 두리반에 둘러앉아 밥을 먹을 수 있어야 했다. 고객들에게 배달하는 따뜻한 밥 한 끼가 바로 그 소외된 이들의 손으로 싼 것이었다. 먹어서 살리고, 살려서 먹는다.

성남 지역과 단체들의 협력과 네트워크가 어떤 일을 만들어내고 해낼 수 있는지 보여주는 사례였다. 지역사회 속에서의 오래된 신뢰와 활동이 어떤 시도를 가능하게 했는지 보여준다. 한편으로 그것은 실무자들에게 더 많은 역할을 요구하는 일이기도 했다. 실무자들이 소진되는 것을 예방하기 위해 이러한 사업들에 더 많은 지원이 필요할 것 같다는 생각이 들었다.

사무실이 있는 건물의 지하에 식당이 있었다. 점심시간이 끝나 식당은 잠시 쉬고 있었다. 초록색 긴 식탁들과 의자들이 가지런하고 벽 쪽에는 차곡차곡 쌓인 도시락 통과 반찬 통 들이 있었다. 잠시 후면 저녁 도시락을 싸기 위해 손들이 바쁘게 오가고 가방을 들고 분주하게 길을 나서는 여러 손들이 있을 것이다. '도시락(樂)과 건강한 관계 맺기로 여성들의 일자리를 지원합니다'라는 글귀도 쓰여 있었다. '혼자 먹는 밥'을 줄인 "혼밥"이라는 유행어가 생기는 세상이다. '밥에다 밥을 더하면 무엇이 나올까?' 이곳은 질문한다. 밥에 밥을 더해서 탈성매매 여성들 중 어떤 이에게 자립의 꿈이 생겼다. 책임지고 삶을 꾸려가겠다는 의욕이 생겼다. 모르던 글자를 익혀 식재료의 이름을 칠판에 직접 쓸 수 있는 힘이 생겼다. 전에 없이 와자지껄 회의하면서 이 공간의 주인은 자신들이니 언제까지나 이곳을 꼭 지켜내고 싶다는 마음들이 생겼다.

한 시인은 "밥은 하늘입니다/하늘을 혼자 못 가지듯이/밥은 서로 나눠 먹는 것"이라고 노래했다. 우린 아직 다 모른다. 밥의 테두리를 넓히면 어떤 경험을 하게 되고 어떤 풍요로움을 얻게 될까. 좁은 밥상의 테두리를 넓히면 어떤 만남이 가능해지고 어떤 도약을 하게 될까. 차별하지 않고 누구나 짓고 푸고 나눌 수 있는 따뜻한 밥 한 끼, 그 밥이 허락되는 세상을 빈 그릇들이 꿈꾼다.

언니의
눈빛

천현옥

:
:
:
:
:

"친구가 넘어지면 물론 일으켜 세워줄 때도 있죠.
그런데 본인이 일어나기를 기다려주는 것도 필요하더라고요.
그 친구가 넘어졌을 때 같이 누워 하늘을 보는 것도 괜찮은 것 같아요.
친구가 지금 잠깐 늦게 일어난들, 뒤를 돌아본들,
먹먹하게 하늘을 본들, 아무 생각이 없는들,
그때가 긴 인생에서 오히려 더 성장할 수 있는 시간인 것 같아요.
그럴 때 같이 누워 있어주는 사람이면 좋겠어요."

○○일반지원시설
○○일반지원시설은 대전·충청 지역의 성인 성매매 피해자를 위한 쉼터로, 인권 보호
와 개인의 성장을 위해 다양한 서비스를 제공하고 있다.

그녀들을 위해 목소리를 내겠다

2002년부터 기관에서 일했어요. 저는 컴퓨터를 전공했는데, 당시에 윤락행위등방지법에 따라 직업훈련 교사로 일하기 시작했어요. 직업훈련법에 따라 컴퓨터반, 미용반이 있었어요. 그전에 있던 직업학교에서는 어려운 과목을 가르쳤는데, 여기서는 아주 기초적인 것들을 가르치면 된다고 소개받고 왔어요. 가출 청소녀들과 폭력 피해 여성들, 위기 상황에 놓인 여성들이 있었어요. 저는 자격증을 취득하게 도와줄 수 있겠다고 생각해 편안하게 시작했죠.

그런데 어떤 친구들은 공부를 너무 안 하는 거예요. 쉼터 기관에서 다 지원해주는데 왜 열심히 안 하는지 모르겠더라고요. 그 친구들한테 "연필 놓은 지 얼마나 됐냐?"고 섣부른 조언을 했어요. 한 친구가 "초등학교 중퇴라 연필 놓은 지 십 년이 넘었어요. 선생님은 저 같은 인생 안 살아봤잖아요"라고 대답하더라고요. 그 말에 충격을 받았어요. '여긴 어디지? 도대체 뭐하는 친구들이지?' 그때 대학원 박사과정을 하려고 등록해놓은 상태였는데, 그 말이 너무 크게 다가와 등록을 안 했어요. 남편에게 "잘 모르겠는데 일 년만 더 이곳에서 일해보고 싶다"고 하자 후회하지 않겠냐고 걱정했죠.

2004년에 성매매방지법이 생기면서 기존의 기관들이 각각 일반지원시설, 청소년 지원시설, 성매매 피해 상담소, 외국인 여성 지원시설 등으로 다시 정리됐어요. 당시 기관에 계신 분들의 연령대가 성인이 많아서 저희는 그때 대전시에 일반지원시설로 지원했죠. 저는 성매매방지상담원 양성과정을 받고 상담원으로 근무하다 사무국 일을 했어요. 이전의 윤락행위등방지법과 달리 성매매 방지법에서는 성매매 피해 여성의 권익이 중요하다고 했어요.

사회복지 대학원에 등록해 공부하고 난 다음에는 사회복지사로서 살아야 하는지, 인권운동을 해야 하는지 잘 몰라 좌충우돌했어요. 대전의 여성단체 분들과 만나고 내가 모르는 공간의 다른 여성들과 네트워크하면서 일했어요. 대전에서는 단체들이 서로 연계해 실무자간 네트워킹이 적극적으로 이루어지고 있어요. 아웃리치도 십 년 정도 함께해 왔고 서로 필요한 부분들이 있으면 적극적으로 역할을 나누어 했어요.

처음엔 대전 지역 내 활동이 암담했어요. 대전에서 2005년도에 폭력피해 여성시설 실무자들이 연계해서 성매매 집결지 실태조사를 했어요. 대전 유천동* 집결지가 있었는데, 업소가 얼마나 있고, 일하는 여성이 몇 명인지, 어떤 형태의 성매매나 착취가 있는지 알아보았죠. 서부터미널 부근에 성매매가 이루어지는 업소가 육십구 개쯤 있었어요. 그곳은 착취 구조가 치밀했고, 성매매 여성 삼백여 명이 있었죠. 업소 구조가 단속을 피하게끔 비상구로 다 옆집과 연결되어 있었어요. 아주 조잡하다는 느낌이 드는 말도 안 되는 곳이었죠. 숙소가 한 평 남짓이었고 여성들은 집결지 안에서 매매됐어요. 2006년에 유천동 업소 안에 있던 한 성매매 여성이 업

---

* 대전 중구 유천동에는 1979년부터 성매매 업소들이 집결지를 이루었다. 2008년 대전중부경찰서가 유천동 집결지 종합정비대책을 발표하고 단속을 벌여 2008년 9월 17일 모든 업소의 영업이 중단되었다.

주에게 맞아서 사망하는 사건이 일어났어요. 그때 저희가 유천동 집결지에 가서 성매매 여성들이 머무는 방, 그녀들이 매를 맞은 곳, 현장 조사 광경을 봤어요. 내가 보는 현실과 타인들이 보는 현실이 서로 굉장히 다르다는 생각이 들었어요.

그때 관할서가 집결지를 제대로 수사하지 않았고, 집결지에서 폭력이 굉장히 난무하는데 누구도 손대지 않는 것에 대해 말해야 했어요. 그래서 저희가 중부경찰서 서장실 앞에 진을 치고 항의했죠. 경찰에게서 "이러시면 구속됩니다"라는 말을 들었을 때 '그녀들을 위해 목소리를 내는 것이 구속될 만한 사유인가?'라는 생각이 들었어요.

지역 내 일반 시민은 집결지를 어떻게 생각하는지에 대한 실태 조사도 필요해서 2007년도에 기관들이 연계해 지역 주민과 대전 각계각층 남녀 의견을 설문조사했어요. 집결지에 반대한다는 결과가 나왔죠. 일반 이십 대 여성들도 유천동에 산다는 이유로 성매매 여성처럼 여겨지고 있었거든요. 상징적인 의미에서도, 지역사회 주민의 입장에서도 유천동 집결지는 지역의 문제로 제기됐어요.

2008년에 토론회를 열고 대전 중구청, 관할 소방서, 위생과, 각계 기관들이 모여 논의했어요. 그때 중부경찰서 서장님께서 애를 많이 써주셨죠. 아웃리치 활동을 저녁에 하게 되는데, 유천동 집결지 업주들이 아주 폭력적이었거든요. 폭언을 하며 상의를 벗고 문신을 보여주면서 여성기관 실무자들에게 몸싸움을 걸었어요. 처음엔 업주들이 "우리 돈 안 받은 사람 없다, 우린 검찰, 경찰에 긴밀한 인맥 축을 가지고 있다!"라고 했죠. 그 와중에 중부경찰서 서장님이 단호하게 관할 부서 실무진들을 교체하고 강력한 의지로 유천동 집결지를 폐쇄했어요.

한 기자가 중부경찰서 서장님한테 물었죠. "성매매는 옛날부터 있어 와서 없어질 수 없을 텐데 왜 이 일을 하십니까?" 서장님이 대답했어요. "절도도 그렇죠. 그러면 절도범도 잡지 말아야 합니까?" 멸하지 않을 거라고 해서 인류가 잘못된 것과 싸우기를 포기한다면 경찰이나 검찰이 있을 필요가 없죠. 누구든 있을 필요가 없어요. 최소한의 룰을 지키자는 거죠. 일단 룰이 있어야 해요.

숫자가 아닌 사람들

저희 쉼터의 친구들은 전국에서 모였어요. 친구들하고 얘기를 하다 보면 가슴이 아파요. 다른 사람들은 가족이나 지인이 쉴 수 있는 관계가 되잖아요. 우리 친구들은 가진 자원이 오히려 자신을 넘어뜨리는 걸림돌이에요. 부모도 알코올, 가정폭력, 방임, 방치, 성폭력과 관련된 이들인 경우가 많아요. 그런 과거 경험 때문에 이제 자기 집이 돌아갈 수 없는 곳인 거예요. 친구들은 학력도 대부분 중퇴고, 고졸은 아주 드물어요. 친구들의 상처는 쉽게 낫지 않을뿐더러 푹 쉴 곳마저 없는 거예요.

한 친구는 근친강간을 당했던 얘기를 자기 친구한테 어렵게 털어놨어요. 그러고는 그 친구가 밥 한 끼 사준다고 하길래 편의점에서 만나자고 했는데, 친구가 자기를 성매매 집결지로 팔아넘긴 거예요. 집결지에 있다가 경찰 단속에 걸려서 저희 쉼터에 들어왔어요.

피어싱을 열 몇 개나 했는데 혀에까지 피어싱이 있어서 남들이 접근하기 어려운 모습이었어요. 그 친구는 쉼터에 일 년 넘게 있으면서 단 한 번도 외출하지 않았어요. 그런데 대화를 할 때면 저를 좋아한다는 느낌이 드는 거예요. "자기를 믿어주니까 좋다"고 표현했어요. 그 친구가 일 년 동안 외출하지 않은 건 쉼터가 밖의 세상보다 안전하다고 여겼기 때문이에요. 그만큼 세상이 두려웠던 거죠.

다들 어디에도 말할 수 없는 다양한 아픔을 가지고 와요. 하지만 누군가 나를 믿어주는 것, 이해해주는 것, 그 작은 눈빛 하나에 그 친구는 일 년을 외출하지 않고 버티더라고요. 머무른다는 것은 회복된다는 것이거든요. 그 친구는 고등학교를 졸업하고 대학에 진학해 지금은 소식이 끊어졌어요.

사실 쉼터는 쉼이 없고 처절하게 힘든 곳이에요. 이제까지 회피한 모든 것을 감내해야 하는 곳이거든요. 법률, 의료, 채무, 가족, 과거, 미래, 청산해야 하는 것들과 마주해야 해요. 꿈을 가지라고 하지만, 쉼터는 고군분투하는 곳이기도 하죠. 그들에게 쉼터는 자면서도 힘든 공간이에요. 외부에서 보면 그냥 자고 먹고, 낮에 일어나 어슬렁어슬렁 다니는 것처럼 보이지만 그렇지 않아요.

친구들은 이제까지 주소지 하나 제대로 없었어요. 주민등록증이 없는 친구들도 있어요. 일단 저희 기관에 오면 자기 소재를 확인해요. 과거의 나를 찾아야 하고 내 위치를 찾아야 해요. 하지만 제일 먼저는 몸이 아파 시달리죠. 정신적인 건강, 산부인과도 포함해서 의료적인 처치를 받아요. 왜 머리가 아픈지, 왜 가슴이 아픈

지, 언제부터 그랬는지 병원에서 다 토로해야 돼요.

그러고 나서 법률문제 해결을 하려고 다니죠. 법률 상담을 받고 내가 어떤 도움을 받아야 하는지, 어떻게 해야 하는지, 변호사 앞에서 다시 이야기해요. 진술서를 쓰라고 하면 주야장천 써야 해요. 나도 모르는 나, 기억이 잘 안 나는 돈의 액수까지 기억하려고 정말 무던히 애써야 하죠. 휴대폰을 뒤적이며 과거의 손님들을 일일이 생각해내야 돼요. 채권이나 파산, 회생 문제가 있으면 기관에서 대처해주는 것으로는 부족하고, 그 친구들이 스스로 해내야 하거든요. 신용회복에 해당 안 되는 금액은 돈을 직접 벌어서 갚아야 해요.

친구들로서는 생전 처음 보는 아줌마가 상담원이라면서 믿고 따라오라고 하고, 법률문제를 이야기해보라고 하고, 자기를 믿고 병원도 같이 가자는 거잖아요. 작업장에 참여해보라고 하고요. 친구들은 돈이 없어요. 그래서 일단 자활지원센터 작업장에 참여하죠. 처음 본 사람들과 하루 종일 일하며 함께 지내요. 자활작업장에서도 어쩐지 다른 이들과 친해져야 내 생활이 좀 편해질 것 같아서 아부 아닌 아부, 미소 아닌 미소를 지어야 하죠. 자기 기분이 썩 좋지 않은데도 말이에요.

쉼터에 들어오면 바로 자고 싶은데 기관에서는 영화 관람, 꽃꽂이 같은 프로그램에 참여하라고 하죠. 프로그램에 참여하고 나면 밤 아홉 시, 열 시예요. 그동안 성매매 일을 하면서 밤낮이 바뀌었는데 생활을 바꾸기가 쉽지 않아 그 시간에 잠드는 것도 익숙치 않아요. 자면서도 자기 문제로 고민하고, 자고 나면 또 다른 날이 시작돼요. 그걸 우리 친구들이 하고 있는 중이에요. 왜냐하면 남들이 다 그렇게 사니까. 나도 그렇게 살아야 한다고 하니까. 이제까지 자기가 살면서 뭔가 불리하고 원치 않는다고 생각하면 그 자리에서 떠나면 그만이었는데, 지금은 나를 찾으래요. 떠나려고 했던, 항상 회피하려고 했던 자신이 누군지도 모르는데 말이죠.

처음 기관 평가를 받을 때, 그때 전 근무한 지 일 년차였는데, 평가하는 담당자로부터 이런 질문을 받았어요. "여기는 왜 이렇게 자활이 늦죠? 이 친구들은 왜 취업이 안 돼요?" 제가 대답했어요. "저희 친구들은 십 년 이상 아팠던 친구들이에요. 그 친구들이 취업한다고 뭐가 바로 될까요? 그걸 원하시나요? 그 결과치를?" 취업률을 단순히 타기관하고 숫자로 비교하시더라고요. 놀랐고 황당했죠. 그분들이 원하는 자활의 틀이 있고, 자활 지원을 육 개월, 일 년 받으면 여성들이 빨딱 일어나서 일해야 한다고 바라보는 것 같아 가슴이 먹먹했어요.

어우러져 함께 살 수 있다

친구들의 자원은 열악해요. 워낙 열악해서 성매매에 유입이 되었는데 탈성매매를 한다고 해도 그 자원이 크게 달라질 게 없어서 재유입 가능성이 높죠. 쉼터에서 퇴소하면 경제적 자립이 굉장히 중요해요. 여성들이 경제적 자립을 하려면 주거가 먼저 안정되어야 해요. 그래서 2009년에 여성기관들이 대전시에 요구해 LH공사에서 집 몇 채를 지원받았어요. 기관에서 친구들이 일 년 정도 살

2013년 대전 시민 달빛축제 중 캠페인.

2008년 대전 유천동 성매매 집결지 인권 유린 해결을 위한 공동행동의 날.

다가 퇴소할 때 집을 지원할 수 있게요. 물론 조건이 있어요. 최소 삼 개월 이상의 시간 동안 월 십만 원 이상을 저축할 수 있는 분들, 그분들이 독립할 경우에 공동생활가정 빌라에 가게 되죠. 방이 각 각 있고 시에서 공공요금을 십만 원 지원해줘요. 그 집이 삼 년 단 위로 재계약되어 이어지고 있어요.

대전에는 실무 협의체가 있어서, 가정폭력, 성폭력, 성매매, 학 교밖청소년, 아동보호 전문기관들이 광범위하게 연대해서 활동해 요. 재작년부터는 '여성친화도시' 관련해서 활동을 하고 성별영향 분석평가, 모니터링 활동을 해요. 실무 협의체에서 지금 하고 있는 건 아동·여성 안전병원이에요. 예를 들어 피해 여성이 병원에서 번호표를 뽑고 기다리는 동안 쏟아지는 사람들의 시선은 아무 말 을 하지 않아도 그 자체로 폭력이거든요. 친구들이 편하게 접할 수 있는 의료지원이 있다면 낫지 않겠나 싶어 만들어가는 과정에 있 어요. 실무 협의체에서 운영 방법을 제안하기도 했고, 대전시에서 아동·여성 안전병원을 지정했어요.*

성별영향분석평가는 관에서 예산을 집행하거나 업무를 추진할 때 이 정책이 남성과 여성에게 어떤 영향을 미치는지 분석하고 모니터링하는 거예요. 그런 활동을 하면서 저희가 친구들의 목소리를 간간이 내요. 저희가 아니면 친구들이 밖에 나가서 다 얘기할 수 없잖아요. 굳이 자기가 성매매 피해 여성이라고 밝히지 않고 같이 어우러질 수 있는 영역을 만들어 이야기하려는 거죠.

예를 들어 친구들이 퇴소 후에 기거하는 곳이 후미진 빌라나 재개발 지역이라면 안전 시스템이 꼭 필요하거든요. 폭력 피해 여성이 아니어도 여성이라면 누구에게나 필요한 환경이에요. 또 여성에게 친화적인 도시는 여성들만 살기 좋은 곳이 아니라 남성도 살기 좋은 곳이에요. 여성친화도시로서의 지역, 그 공감대를 만들어가는 게 저희 몫인 것 같아요. 기관에 있으면서 지역에서 그 역할도 수행하는 게 맞다고 생각해요.

또, 아산시에는 장미마을 집결지**라는 곳이 있어요. 그래서 아산시에서 이 집결지를 폐쇄할 때, 장미마을에 있었던 여성의 권익을 고려해, 이 친구들을 여러 방면에서 지원할 수 있는 네트워크를

---

* 대전시는 2016년 6월 9일, 폭력 피해 아동·여성의 인권 보호와 양질의 의료 서비스 제공을 위해 '아동·여성 안전병원' 26개소와 업무 협약을 체결했다. 아동·여성 안전병원과 대전시가 상호 협력 체계를 구축해, 폭력 피해 아동과 여성에게 안전한 진료 환경을 제공하고 시민들에게 홍보함으로써 사회적 인식 개선도 함께 추진해가는 것이 목적이다.
** 아산시 장미마을은 1970년대부터 성매매 집결지로 알려졌고 현재 20여 개의 업소가 있다. 아산시는 2015년부터 민간 합동으로 장미마을에서 이루어지는 성매매를 집중 제재하고 있다.

만들자고 해요.

　2007년에 성매매방지법이 시행되던 핀란드*에 가봤어요. 열흘 동안 핀란드에 있는 사회복지기관은 거의 다 다녔어요. 놀랐던 건 시설의 모토가 '아동폭력, 성폭력, 가정폭력, 성매매'가 아니라 '통합'이었던 거죠. 그 시설에는 '가정폭력·성폭력·성매매 여성들'이 오는 게 아니라 건강한 가정을 꾸리기 어려운 사람들이 와서 어우러지는 거예요. 사회의 구성원이 어우러지는 형태는 굉장히 여러 가지가 있다는 거죠. 표면 위에 드러난 양상만 보고 이걸 어떻게 치료할 것인가 하는 게 아니라, 그 아래의 베이스를 보는 거예요. 어떻게 하면 건강한 가정을 만들 수 있고, 어떻게 하면 건강한 유아기를 보낼 수 있고, 어떻게 하면 건강한 청소년 시기를 보낼 수 있고, 어떻게 하면 여성으로서 건강하게 살 수 있을까, 어떻게 하면 다른 문화를 가지고 온 이들까지도 이 사회에서 함께 잘 살 수 있을지를 생각하는 거예요.

　그러니까 이 여성이 성매매 피해로 들어왔는지 성폭력 문제로 들어왔는지, 그곳에서 구분하지 않아요. 심지어 여러 반려동물들도 같이 와서 머무를 수 있는 공간이었어요. 성매매라는 표면의 양상을 국한해 볼 게 아니라 모두가 건강하게 살기 위해 사회의 시스템을 제대로 만드는 것이 중요하구나 하고 깨달았어요. 그래서 지역에서

---

* 핀란드는 성매매 알선 행위에 대한 처벌을 강화하고 수요 측면을 불법화했으며, 성매매와 인신 매매 상황에서 성적으로 착취당하는 여성들에 대한 지원을 강화했다.

도 여성친화도시라든가, 성별영향분석평가라든가, 이런 여성 분야의 일들에 더 참여하면서 베이스를 깔아야겠다고 생각하게 된 거죠.

컵을 깨뜨리는 소용돌이

대전에서 유천동 성매매 집결지는 폐쇄되었지만, 유성 쪽에 오피스텔들이 굉장히 많거든요. 그런 곳에서 산업형 성매매가 이루어지고 있어요. 그건 소비문화가 확산되면서 벌어지는 현상이죠. 뭐랄까, 저는 그게 사람을 존중하지 않기 때문이라고 생각해요. 사람을 존중하지 않고 차별하는 문화, 가진 자와 가지지 못한 자, 남성과 여성, 지배와 종속의 문제가 더 커지면서 성매매가 확산되는 것 같아요.

소비 성향을 가진 친구들의 문제라기보다 먼저 소비문화가 있고, 그런 문화를 가지고 머물게 만든 공간이 그쪽의 작은 숙소들, 오피스텔이 많은 곳이거든요. 야간 문화권이다 보니까 식당부터 여러 공간들이, 성매매가 가능한 업소들이 많죠. 노래방부터 시작해 여러 변종업소들이 많아요. 저는 처벌이 좀 더 강화되어야 한다고 생각해요.

지금은 성 구매한 남자들한테 벌금형도 내리지 않아요. 존스쿨 정도 교육받고 나오면 끝이에요.* 성 구매자들은 경찰서에서 모르쇠로 일관하기 일쑤예요. 변화를 위해서는 성매매 문제와 여러 여

---

* 성매매 사범의 구속 비율은 1~2퍼센트에 그치는데, 성매매 사범 검거 인원의 과반수가 성 구매자이며 이들은 존스쿨 이수 조건을 달고 기소유예 정도의 가벼운 처벌을 받고 있다. 「성매매 사범 단속 현황 정보 공개 결정서」, 경찰청, 2013.; 『성매매 방지 및 피해자 보호 등에 관한 전부개정법률안 공청회 자료집』, 국회여성가족위원회, 2013.

성폭력, 아동학대에 대해 표면에 드러나는 문제에 대처해나가면서도, 그 아래 깊숙이 있는, 사람을 존중하지 않는 문화나 산업 구조에 맞서서 운동하는 게 옳다고 생각해요.

일하면서 제일 힘든 건 스스로 성찰하는 것 같아요. 처음엔 친구들에 대해 '너희는 피해자여야만 해. 그래야만 도움을 받을 수 있어'라는 생각이 마음 안에 있었어요. 그런데 그게 아닐 수 있잖아요. 지금 내가 보기에 그 사람이 피해자가 아닌 것처럼 보이지만 사실 피해자일 수 있어요. 드러난 밖의 양상만 보는 것이 아니라 사회의 베이스를 봤을 때 그들을 저희가 지원하는 게 맞다는 생각이 들었어요. 그전에는 '피해자였어? 피해자일 거야? 피해자여야 돼?' 그런 것만 자꾸 봤지만, 그 아래의 사회구조 문제라고 하면 '내가 지원하는 게 맞구나' 하는 생각이 들었어요. 가장 중요한 건, 이 순간에 이 공간 안에서 제 신념이 친구들이 원하는 바와 맞다면 내가 여기서 근무하는 게 옳다는 거죠.

예전에는 제가 든든한 지지자, 후원자로 뒤에 남기를 바랐어요. '네가 어떤 어려움이 있을 때 가끔 외롭다고 뒤돌아보면 항상 서 있는 그런 사람이면 좋겠다'고 생각했는데 지금은 옆에 있는 사람이면 좋겠다 싶어요. 때로 잊혀져도 좋아요. 그 친구한테 무언가로 남아야겠다는 생각보다 옆에서 늘 함께해 주는 사람이면 좋겠어요. 친구가 넘어지면 물론 일으켜 세울 때도 있죠. 그런데 본인이 일어나기를 기다려주는 것도 좀 필요하더라고요. 때로는 그 친구가 넘어졌을 때 그냥 같이 누워서 하늘을 보는 것도 괜찮더라고요. 이 친구가 지금 잠깐 늦게 일어난들, 뒤를 돌아본들, 먹먹하게 하늘을 본들, 아무 생각이 없는들, 그때가 긴 인생에서 오히려 더 성장할 수 있는 시간인 것 같아요. 그럴 때 같이 그냥 누워 있어주는 사람이었으면 좋겠어요.

활동가들도 타인의 삶에 동의되지 않을 때가 있거든요. 당사자의 선택을 지지하지만 동의하지 못하는 부분들이 있어요. 하지만 그것조차 끝없이 동의를 해야 돼요. '그래, 그때는 최선의 선택이었을 거야. 그럴 수밖에 없었던 거야' 하면서 그렇게 동의해나가는 순간들이 활동가분들에게 많이 힘드실 수 있어요. 성매매 문제에 대해 '이 얘기를 누군가는 해야 돼' 하는 마음으로 모여 보면 그동안 활동해온 우리밖에 없는 거예요.

우리가 사회에 말하는 것이 작은 컵 속의 소용돌이처럼 느껴질 때가 있어요. 그럴 때 굉장히 지치고 힘들 거예요. 전 다른 활동가들한테도 힘내라고 말하고 싶어요. 소용돌이가 계속 휘몰아치면 그 컵이 어느 순간 깨질 수도 있잖아요? 성매매 문제는, 아직 우리 사회에서 인식과 시각이 동일하지 못한 쟁점이에요. 의견이 분분하죠. 같은 여성폭력 문제인데도 성매매 문제는 다른 쟁점보다 차별받는 게 많다 보니까 저희가 인식 개선을 위해 자꾸 표현하고 주장하는 수밖에 없어요.

휘청거리는 꼭짓점

이곳은 실무자로서 많은 일을 요구해요. 저는 '일 중독'이라 할

정도로 항상 일이 먼저였어요. 밤 아홉 시, 열 시 전에는 거의 집에 들어간 적이 없어요. 친구들과 법률문제를 진행하면 전국으로 출장도 많이 다녀요. 성매매 문제 쪽은 피의자 중심이어서 업주가 있는 지역의 경찰서에 고소장을 제출하게 되어 있어요. 그곳으로 갈 때 친구들의 심리는 공황인 거예요. 정말 피하고 싶은 지역에, 업주가 주소지를 두고 있는 지역의 경찰서에 가서 고소장을 내야 하니 얼마나 부담스럽겠어요? 동행할 때마다 참 안타까워요.

한 친구의 법률문제를 제가 지원했을 때, 그 악랄한 업주가 오히려 마흔 명의 성매매 피해 여성을 고소했어요. 그렇게 다시 옭아매고, 팔고 한 거죠. 제가 그 친구와 함께 업주가 있는 지역의 경찰서 수사과에 가서 진술하려는데 담당 경찰이 일요일에 오라는 거예요. 그래서 왜 평일에 진술받지 않느냐고 물으니 업주가 이 친구를 사기죄로 고소한 상태라서 그렇다더군요.

한번은 법률문제 때문에 경상도에 갔는데 경찰 세 명이 터미널까지 왔어요. 저보고 "몇 분입니까?" 물어서 "친구와 저 혼자입니다"라고 했더니 "혼자 오셨어요?" 하고 몇 번을 되물어요. 일을 다 끝내고 제가 버스를 타고 대전에 돌아가겠다고 했더니 경찰차가 고속도로 중간까지 같이 왔어요. 악랄하기로 소문난 업주라 어떤 위해를 가할지 모르는데 '무슨 배짱으로 혼자 왔냐'고 걱정했던 거예요. 그때 '아, 내 안전은 없구나' 하고 느꼈어요. 친구의 안전은 걱정하면서 제 안전은 안중에 없었던 거예요.

밤에 친구들이 쉼터에서 자해하거나 서로 싸우거나 채권자가 출동했을 경우에 기관에서 저한테 전화가 와요. 제가 기관 근처에 살거든요. 그러면 새벽 두 시든, 세 시든 전화를 받고 나가는 거예요. 가는 길이 어두워요. 한날은 친정엄마가 와서 하룻밤 주무시는데 제가 새벽 한 시에 기관에서 전화를 받고 나가니까 같이 가자고 해요. 괜찮다고 했는데 엄마가 "너를 데려다주고 내가 돌아오겠다"라면서 걱정하셨어요. 그 밤길에 데려다주시면서 "너는 누가 지켜주니?"라고 물어보시더라고요. 전 이 시간에 다니는 게 위험하다는 생각을 해본 적이 없었던 거예요. 그때야 그걸 알았어요.

핀란드에서 유치원 견학을 갔는데, 오후 네 시가 되자 퇴근한 엄마, 아빠들이 아이를 데리러 유치원에 와요. 저는 일하느라 시부모님이 아이를 맡아주고, 전 밤늦게 퇴근하느라 한 번도 아이를 데리러 유치원에 간 적이 없어요. 새벽에도 쉼터에 와야 하거나 아웃리치 활동을 가면 밤 열두 시까지 그 번쩍거리는 유흥업소 불빛 아래를 살펴보며 일했는데 말이에요. 문화적으로 다른 상황이지만 항상 후순위가 되었던 내 가족이 '더는 후순위가 되면 안 되겠구나' 하는 생각이 처음 들었어요. 번번이 어렵죠. 제 정체성, 역할, 실무자로서, 엄마로서, 며느리로서 고민을 많이 해요.

타인의 권리를 얘기하지만 기관 종사자 처우 개선에 대해서는 잘 이야기를 못 해요. 종사자들의 권익에 대해 목소리를 높이기 힘들어요. 종사자들의 복리 후생 부분이 열악한데, 그 부분을 이야기하면 왠지 실무자로서 마인드가 떨어지는 사람처럼 여겨지니까요. 친구들의 권익을 이야기하고 "너희의 목소리를 내라"라고 말하지만 정작 실무자로서는 묵묵히 있어야 할 때, 이게 저에게 매 순간 또 다른 위기예요. 서울처럼 규모가 크거나 재정 자립도가 높은 도시는 종사자 처우를 일괄적으로 정하지만 지역 상황은 그렇지 못해요. 다른 기관들은 정시 퇴근을 하고 시간 외 근로 수당을 받는다면, 저희는 그렇지 않아요. 기관 일 말고 인권 운동도 해야 하니까 근무를 마치고 나서 저녁에 아웃리치를 나가죠. 직장 생활과 저녁 활동을 하다 어느 순간 보면 개인사가 없어요. 사생활이 없어져요.

십 년 넘게 일하다 보면 입소한 친구들 말고 퇴소한 친구들 중에도 도움이 필요한 친구들이 저희한테 연락할 때가 있거든요. 사실은 공적 영역 안에서 받아들여진 친구인데 이 친구들이 퇴소하면 지극히 사적인 영역으로 변하게 돼요. 그러면 그 모든 서비스는 사적으로 해야 되는 거예요. 그 부분에도 어려움이 있어요.

못 믿어도 괜찮아, 난 널 믿어

처음 기관에 왔을 때 열세 살짜리 아이를 봤어요. 그때는 윤락행위등방지법이 시행되고 있어서 '성매매 피해 여성'이라는 개념이 없었어요. 저 친구가 무슨 "윤락"을 할 수 있을까 싶을 정도로 아주 키 작은 아이였죠. 또 한 친구는 아버지에게 근친강간을 당해 새어머니한테 얘기했더니, 새어머니가 얘가 미쳤다고 정신병원에 집어넣었대요. 병원에서 나와 집에 못 들어가고 있는데 친구의 삼촌이 데리러 왔고, 그 남자가 바로 포주였어요. 나중에 그 친구는 저희 기관에 와서 검정고시를 다 패스하고 직장을 잘 구했어요. 한

번 만나서 밥을 먹는데 "선생님, 다음에 제가 연락 안 드려도 이해하시죠?"라고 얘기하더라고요. 제 대답은 이거였어요. "아주 충분히……." 그러고는 기쁜 마음으로 헤어졌어요.

초기에 제가 와서 직업훈련검사를 할 때 초등학교 졸업만 한 친구한테 "너는 의료 계통이 맞는 거 같아"라고 말해주었더니 그 친구가 그 한마디를 믿고 공부해 간호조무사가 되었어요. 결혼도 잘했어요. 나중에 만나 "어떻게 그렇게 열심히 할 수 있었니?"라고 물었더니 "선생님이 너 할 수 있다고 말씀해주셨잖아요"라고 대답했어요. 전 그 말을 듣고 반성했어요. 그때 제가 입술로 말하기는 했는데 사실 가슴으로 믿지는 않았다는 걸 알게 되었거든요. 그 후에 다른 친구들한테는 항상 가슴으로 이야기해요. '어떤 말이든 입술로 나간 내 말에 책임을 져야겠구나' 생각하게 만든 친구였죠. 미용 기술을 배워 헤어 디자이너가 돼 결혼해 잘 사는 친구들이 있어요. SNS로 연락받는데 혹시 나로 인해 피해를 입지 않을까 싶어 아주 조심스럽게 SNS에 글을 올리고 몇 번씩 지우곤 하죠.

기억에 남는 친구가 있어요. 엄마가 성폭행을 당한 후 태어났고, 아버지는 집을 돌보지 않았고, 할머니도 집을 나가 방치된 친구였죠. 지인의 손에 팔려가 청량리 588 집결지에 있었어요. 그 친구가 이쪽 골목길에서 저쪽 골목길까지 뛰면 몇 미터고, 옆에 감시하는 사람이 몇 명이고, 뛰면 몇 분이나 걸릴지 살펴보았지만 감히 도망치지 못하겠더래요. 그런데 어느 순간 목숨을 걸고 뛰쳐나왔어요. 집에 가보니 연락이 없었던 친삼촌이 집에 와 있더래요. 삼촌이 조카 행색을 보니 발은 다 까졌지, 상처투성이니까 무슨 일인지 물었고, 이 친구가 이야기를 다 털어놓은 거죠. 그러고 나서 삼촌이 바로 경찰서 가자고 해서 친구가 따라나섰는데, 삼촌이 돈을 받고 그 집결지에 이 친구를 다시 팔았어요.

그때 이 친구가 '모두 믿으면 안 된다'고 결심한 거예요. 저희 기관에 왔고 잘 지냈어요. 취업도 잘됐어요. 그런데 어느 날 아침에 택시를 타고 기관 안까지 들어오더라고요. 신발도 신지 않은 채 술을 엄청 마셨고요. "웬일이냐?"고 물었더니 저를 갑자기 껴안고 막 울더라고요. 삼십 분 정도 울고 나서 "난 선생님이 나를 믿어주는 것도 알고, 선생님이 나한테 어떻게 했는지도 아는데, 선생님, 나는 선생님을 믿을 수 없어요"라고 얘기하더라고요. 아무리 고민해도 그게 안 된대요. "정말 죄송해요"라면서 울더라고요. 제가 "괜찮다"고 했어요. "믿지 못하는 게 당연해. 괜찮아, 못 믿어도 괜찮은 거야." 저를 안고 한참 울다가 갔어요.

저는 친구들한테 마음을 열어 보일 수 있는 사람이 되고 싶어요. 말을 건네는 것도 제 몫인 것 같아서 하고 있어요. 그렇게 마음을 건네보고 소통이 되면, 혹시라도 저를 믿을 수 있으면 조금이라도 믿음을 줘보기도 하고. 그것이 어려워도 친구들이 이후에 좀 덜 속상한 선택을 하고, 덜 후회되는 삶을 살았으면 좋겠다고 생각해요. 그게 제가 생각하는 탈성매매예요. 친구들에 대한 제 마음이에요. 전달을 별로 해본 적이 없지만…… 저희 친구들뿐 아니라 지금 성매매 현장에서 고민하는 친구들이 누군가가 그대로 믿어줄 수 있다는 것을 알게 되었으면 좋겠어요.

저희 친구들에게 가장 필요한 게 무엇인지 모르겠지만, 그것과 만나는 걸 같이 준비하고 싶어요. 과거를 정리하는 것, 나를 세우는 것, 미래를 만나는 것, 누군가와 소통하는 것, 힘이 될 수 있는 단 한 명이라도 만나는 것을 준비하는 과정이 제가 하는 일이에요.

처음엔 멋모르고 '짠하다, 그런데 이들은 누구지? 나와 참 다른데 이런 삶도 있나?' 하고 주춤거리며 머물렀던 거예요. 누군가를 도와줄 수 있다는 게 참 좋았거든요. 친구들이 자기 감정, 상황, 권리를 알지 못하고, 안다고 해도 정확하게 이해를 못해서 옆에서 얘기할 사람도 필요하다고 생각했어요. 어설프게 내가 피해자를 돕는다고 생각한 적도 있었지만 이제는 이들이 피해자이기 때문에 제가 있는 게 아니에요. 피해에 적절히 보상받아야겠지만 피해자가 아니어도 제가 함께 해야 하는 부분들이 있어요. 그건 같은 여성이기 때문이에요.

그들의 선택에 우리가 동의할 때도 있고 동의하지 않을 때도 있어요. 우리의 동의 여부는 중요하지 않아요. 그들의 삶이었기 때문에. 사람들은 그들이 자신과 다르지 않다는 것을 잘 인지하지 못하죠. 그들과 제가 다르지 않기 때문에 제가 함께하는 거예요.

저희 직원들이 대부분 십 년 이상 일한 분들인데, 저희 친구하고 동료하고 똑같이 다가와요. 그냥 동료애 같아요. 같은 여성으로서 서로 지지가 되어주는 마음이에요. 옆에서 기다려주고 일으켜주고 지지하고. 지금 무언가를 다하지 못해도 돼요. 이후에 해도 돼요. 같이 옆에서 들어주는 사람이 있다면 그걸로 만족스러울 것 같아요. 이 세상에서 다시 만나지 않을 거라고 확신하면 상대에게 다 얘기할 수 있잖아요? 저희 친구들이 그렇게 저를 생각하면 저는 그 사람이 되어주는 거고, 만약 언니가 필요하면 그 순간 언니가 되어주는 거죠. 그게 친구들을 대하는 제 마음이에요.

후기

베테랑 활동가의 녹록치 않은 삶

천현옥 씨는 2002년 직업훈련교사로 일하던 시절, 자신의 조언에 "선생님은 인생 저처럼 안 살아봤잖아요"라던 성매매 피해 여성의 말에 삶의 방향을 바꾸었다. 그후 대전 지역에서 성매매 방지 활동을 줄곧 해왔다. '사회복지사로 살아야 하는지 인권운동가로 살아야 하는지 좌충우돌하면서' 그녀는 자기가 옳다고 생각하는 일을 거침없이 해냈다. 대전의 성매매 업소 지역을 샅샅이 누비며 살펴봤고, 2006년 유천동 집결지에서 한 성매매 여성이 업주에게 맞아서 사망하는 사건이 벌어지자 제대로 수사해달라고 경찰서 서장실 앞에서 시위했다. "이러면 안 된다"는 제지의 말을 들을 때 "그녀들을 위해 목소리를 내는 것이 안 되는가?"라고 되물었다. "내가 보는 현실과 타인들이 보는 현실이 굉장히 다르다는 생각이 들었어요" 하고 그녀는 말한다. 이후 유천동 집결지는 결국 폐쇄되었다.

그녀는 인터뷰를 하는 동안 정중하면서도 솔직하게 생각을 표현했다. 때로 위기 상황이 생기면 새벽길을 나서 쉼터에 가서 일하면서 한동안 '가족보다 일이 우선인 삶'을 살아왔다. 할 일이 많았고 해야 할 이유가 있었다. "넌 누가 지켜주니?" 하는 어머니의 우연한 질문에, 일하면서 자신의 안전은 고려하지 않았다는 것을 문득 깨닫기도 했다. 그녀는 실무자의 삶에서 성매매 방지 일이 차지하는 큰 부분과, 직업과 생활을 양립하는 것의 어려움, 이 분야에서 일하는 종사자들에 대한 처우의 열악함에 대해 말했다.

성매매 피해 여성들이 쉼터에서 겪는 일상도 자세히 이야기했다. 쉼터는 편안한 곳이라기보다 자신을 찾기 위해 분투해야 하는 곳이다. 여성들은 '꿈에서도 고민하며' 자신이 누구인지, 자신의 자리를 어떻게 되찾을지 고민한다. 법적·의료적·심리적 지원을 받으며 자활을 준비해나간다. 그녀가 말했다. "우리의 동의 여부는 중요하지 않아요. 그들의 삶이었기 때문에…… 같은 여성으로서 서로 지지가 되어주는 마음이에요." 지금 천현옥 씨는 자신이 "같은 여성"으로서 그녀들 옆에 함께하고 있다고 자리매김한다.

그녀는 "컵 속의 소용돌이"라는 비유를 들었다. 반성매매 운동은 컵 속에 갇힌 고립된 소용돌이 같지만 그 소용돌이가 컵을 깨뜨리는 힘이 될 거라고 믿는다. 그리고 성매매 방지 일을 하는 동료들이 그동안 세상에서 충분히 지지받지 못했다고 말하면서 이런 메시지를 전했다. "이 활동을 하는 다른 분들에게 그냥 박수 쳐드리고 싶어요. 애쓰셨다는 말, 꼭 드리고 싶어요. 지금도 충분히 애쓰시고 있어요. 변화가 분명히 있을 거니까 힘내라는 말씀도 전하고 싶어요." 그녀뿐만 아니라 인터뷰를 하는 내내 전국의 여러 곳에서 실무자들, 활동가들이 다른 지역의 활동가들에게 인사와 격려를 전했다. 그들은 십 년, 이십 년이 넘는 세월 동안 현장을 지키고 묵묵히 걸어온 낯익은 얼굴들을 떠올리고 다 같이 앞으로도 힘을 내기를 기원했다.

천현옥 씨는 자신이 지원하는 이들이 "자신과 같은 여성"이기 때문에 함께하고 있다고 했다. 어떤 경우에도 사람은 존중받을 가치가 있는 존재이기 때문이다. 그녀는 옳다고 생각한 이 길을 걸어가며 여성을 존중하지 않는 문화에 대해 계속 문제를 제기할 것이다.

가난한 여자들과 나누는 빵

유영님

. . . .

"자활이라는 게 본인의 의지만 가지고는 안 돼요.
사회가 손을 잡아줘야 가능한 거예요.
내가 고립된 공간에서 사회로 나가겠다고 손을 내밀 때
그 손을 잡아줘야 해요.
사회가 그렇게 하지 않으면 그 사람은 나올 수가 없는 거예요."

두레방
두레방은 소외되고 억압된 삶을 살고 있는 기지촌 여성들이 함께 모여 스스로의 가치를 되찾고 건강한 삶을 살도록 돕는 것을 목적으로 1986년에 설립되었다. 두레방은 기지촌에서 발생하는 성매매 문제들, 군사주의로 인한 폐해들, 특히 기지촌 성산업에 유입된 여성들의 문제를 해결하고자 노력하고 있다.

기지촌 여성들을 위한 공간

두레방은 1986년에 만들어졌어요. 한국기독교장로회 여신도회 전국연합회 특수선교센터로서 세워졌죠. '기지촌 여성과 국제 결혼한 여성들이 함께 모여 서로 도우면서 자신들의 억눌린 삶을 해방하며, 본래의 인간다운 삶을 살아가도록 돕는 것'을 선교적 사명으로 하고 있어요. 초기에 기지촌 여성을 위한 영어 교실, 한국어 교실, 타자 교실, 공부방 같은 프로그램을 했어요. '자활'이라는 말이 나오기 전부터 여성들과 함께 빵을 만드는 사업도 했고요. 두레방은 오랫동안 기지촌 여성들을 사회에 통합시키기 위한 프로그램을 해왔고, 실제로 미군인 아버지로부터 버려진 자녀와 여성들을 위한 지원 활동을 했어요. 2000년쯤 들어서서 여성들의 치유에 중점을 둔 미술 치료 같은 프로그램도 시작했어요. 2006년부터는 국가의 지원을 받는 상담소가 됐는데 그때부터 법률지원, 의료지원을 다양하게 해왔죠.

성매매 피해자를 지원하는 현장 단체들은 알아요. 성산업이라는 게 얼마나 착취 구조가 심각한지, 그리고 그 안에서 여성들이 얼마나 비인간적으로 대접받고 몸과 정신이 황폐해지는지요. 우리가 반성하고 치유를 돕자, 그것이 두레방의 활동이에요. 성산업을 벗어나야 한다는 건 활동가들이나 피해 당사자들 모두가 당연하게 느끼는 부분이에요. 그래서 두레방 초기인 1989년에 전업 사업을 한 거예요. 빵 기계를 들여와 빵을 만들었어요. 돈이 많지 않으니까 두세 명을 고용했는데, 기지촌에서 가장 사정이 어려운 여성

들을 고용했어요. 관절염으로 움직이기 힘든 여성, 나이 들어 히빠리*를 하면서 먹고사는 여성, 술을 많이 먹어서 온 동네가 못 건드리는 여성, 그런 사람들을 채용해서 전업 사업을 시작한 거예요.

자활이라는 게 본인의 의지만 가지고는 안 돼요. 내가 고립된 공간에서 사회로 나가겠다 했을 때 사회가 손을 잡아줘야 해요. 이 사람이 손을 내밀 때 그 손을 잡아줘야 되는데, 사회가 그렇게 하지 않으면 나올 수가 없는 거예요.

여성들에게 자격증을 따게 하려고 서울에까지 차를 태워 보냈어요. 그런데 제빵 필기시험 난도가 높아서 쉽지 않더라고요. 학력도 학습도 한계가 있는 계층이어서 자격증 따는 데는 실패를 했어요. 하지만 실제 기술이 있으니까 빵집에서 조수든 어떤 방식으로든 채용을 해줘야 되잖아요. 근데 한국 사회는 성매매 피해 여성이 만든 빵을 편안하게 사 먹을 수 있는 계층이 많지 않은 거예요. 심지어 성매매 피해 여성이 교회에 들어가기만 해도 일반 사람들이 너무 싫어해요. '어딜 감히 교회에 발을 들여놔?' 이런 눈이죠. 같이 존재할 수가 없어요.

저도 많이 울었어요. 저희가 교회에 빵을 몇 백 개씩 가져갔거든요. 한 봉지에 이천 원밖에 안 했어요. 언니들이 고용됐으니 본인들이 빵을 만들고 그 빵을 팔아야 하잖아요. 중산층 교회일수록 더 안 사 먹어요. 자기가 후원금은 낼 수 있는데, 그 빵을 사서 집에 가

---

* 특정 업소에 소속되지 않은 채 미군을 상대로 성매매하는 여성을 일컫는 은어.

217
3부 누구나 다르지 않은 밥

져가 먹기는 싫은 거예요. 기지촌 성매매 여성이 만든 빵은 더럽다는 의식이 있어요. 저는 그것에 너무 충격을 받아서 혼자 울기도 했어요. 그런데 시골 교회에 가봤더니 사람들이 훨씬 소박하고 인심이 살아 있더라고요. 빵 몇 백 개를 다 사주기도 하고, 때로는 빵을 도로 들고 올 수 없으니 그냥 나눠주고 후원금을 받기도 했죠.

교단의 교회와 여신도회 들이 빵을 사줬고, 1980년대가 학생운동이 많이 활발하던 시기니까 전국총여학생회, 각 대학의 총여학생회 수십 군데가 연계하면서 빵 판매를 해줬어요. 기지촌 활동을 '기활'이라고 불렀는데, 기활을 하면서 기지촌 문제를 어떻게 바라볼 것인가 학생들에게 학습도 시키고, 일주일 동안 여기서 지내면서 언니들도 만나게 하고 이슈에 대한 공부도 함께하고 그랬어요.

초기에 했던 빵 판매 사업은 2000년 즈음부터 중단했어요. 빵 판매를 하는 동안 두세 명이 고용되어 있었는데 그분들이 은퇴할 나이가 됐거든요. 그렇게 빵 프로그램을 접었죠. 전업 사업은 실패인 건데, 그 이유에는 손잡아 주지 않은 사회의 책임도 있다고 생각해요.

바다보다 위험한 육지

그 후 두레방에서 미술치료도 했어요. 그림이라는 게 언어로 표현하기 힘든 것을 느낄 수 있게 해주더라구요. 제가 일상적으로 언니들을 매일 만나요. 번갈아가며 몇 십 명씩 오시니까 하루에 예닐곱 명이 늘 두레방을 드나드시는 건데, 듣는 얘기가 엄청 많거든요. 그런데 그렇게 몇 십 시간, 몇 백 시간 동안에도 들을 수 없는 이야기들이 그림 한 장에 표현되는 수가 있어요. '아, 이분의 내면이라는 게 이렇구나' 하고 알게 되는 거지요.

집결지에서 기지촌으로 팔려온, 스무 살 된 여성이 하나 있었어요. 그 여성은 중학생 때 전라도에 있다가 서울 길음동 집결지로 팔려왔어요. 이미 집결지에 유입된 아가씨가 자기 친구를 불러내는 방식으로 영업을 했더라고요. 업주가 시킨 거예요. 이 여성은 친구가 불러내서 집결지로 팔려왔다가 몇 번 탈출을 시도했어요. 세 번째 탈출할 때 거기서 일하던 파출부 아줌마가 도와줘서 도망을 칠 수 있었대요. 여기에 왔을 때는 주민등록도 말소되어 있었어요. 그 친구가 그림을 그렸어요. 바다와 육지에 경계선이 있고, 앞에는 파도치는 바다가 있고, 뒤에는 모래사장이 있는 육지였어요. 미술치료 선생님이 얘기하시더라고요. "이 사람 그림에서는 육지가 바다보다 더 위험해 보인다." 그 경험의 세계라는 게 그림으로 묻어나는 거잖아요. 스무 살도 안 된 여자가 겪은, 하……. 참 충격적인 일이죠.

또 한 언니는 큰 종이에 그림을 가득 차게 그렸어요. 미술치료 선생님이 "이 언니는 자기가 뭘 원하는지 모른다"라고 하시더라고요. 이게 무슨 의미인가 저도 생각을 해봤어요. 이 언니가 열일곱 살에 집에서 나왔거든요. 십여 년을 기지촌에서 성매매 여성으로 살았잖아요. '뭘 원할 수 있는 환경이 아니었겠구나' 싶더라고요. 스스로 미래를 설계하지도 못하는 거고, 뭘 원한다는 환경에서 살아본 적도 없는 거죠. 그러니까 꿈도 없이, 흘러가는 대로 하루하루 살게 된 거예요. 우리가 만나는 대상들이 그런 여성들이에요. '이

두레방에서는 정기적으로 여성들을 만나기 위해 아웃리치를 진행하고 있다.

사람들을 위해 내가 해줄 수 있는 게 뭘까' 그걸 많이 고민했죠.

기지촌 여성에 대한 낙인은 옛날에 더 심했다고 하지만 지금도 마찬가지예요. 성매매 여성을 위한 활동을 한다고 하면 사람들이 활동가들조차 성매매 여성과 비슷한 부류로 취급하는 시각이 있어요. 지금은 전보다 더 당사자 목소리를 드러낼 수 있는 조건이 됐고, 국가 지원을 받으면서 상당히 많은 현장 단체들이 생겨났기 때문에 옛날처럼 힘들지는 않죠. 하지만 여전히 이들이 한국 사회에서 소외된 계층임에는 분명해요. 어떤 방식으로 성산업에 유입됐든지, 이유가 어떻든지, 사회적 낙인은 아직 제거되려면 멀었어요. 특히 기지촌 여성은 외국 군대를 상대하는 계층이잖아요. 완전히 고립되어 있는 영역이기 때문에 겪는 차별, 사회적 소외감과 괴리감은 엄청나죠.

가족과 친구들을 만나러 집으로 갈 수 없는 외국인 성매매 피해 여성들을 위해 1년에 한번 진행되는 두레방Day. 국적에 상관없이 모여서 이야기하고, 맛있는 음식을 나누며 서로를 지지하는 시간이다.

기지촌 여성들 중에는 문맹인 사람도 많아요. 그러니 언어화할 수가 없어요. 글을 읽고 쓰지 못하는데 자기 환경에 대해 언어화가 되겠어요? 못하거든요. 자기를 변화시킬 수 있는 조건을 가진 사람들이 아니고 표현할 길도 없는 사람들이에요. 그런 사람들을 상대로 종교에서 손가락질해, 사회에서 손가락질해, 국가에서 손가락질해, 심지어는 "니들이 좋아서 했던 거 아니야?"라고 말하기까지 하는데, 그런 식으로 표현하면 안 되는 거예요. 그건 사실 배부른 사람들이나 할 수 있는 이야기예요. 오늘 밤 당장 잘 곳이 없고, 먹을 것이 없는 사람에게 그걸 놓고 따지는 건 굉장히 잔인하고 비현실적인 발상이죠. 다른 사람 인생을 쳐다보면서 '자기가 좋아서 들어왔나, 불가피하게 들어왔나' 생각한다는 거잖아요. 그게 바로 대상화하는 거죠. 대부분 그야말로 벼랑 끝에 선 사람들이 선택하는 곳이 성산업이에요. 성산업에서 벗어나도 갈 곳이 없는 사람들이 성산업에 유입되곤 해요. 안 그런 사람은 자기 에너지가 있는 사람들이니까 빨리 벗어나죠.

제가 본 기지촌 여성들은 가족 관계 문제가 많은 사람들이 대부분이었어요. 부모가 상식적이지 않은 경우도 많아요. 비상식적인 상황이라 따지는 것조차 힘든 때도 있고요. 이곳에 와서 성매매를 하는 걸 뻔히 알면서 "돈 내놔라, 병원에 가서 치료해야 한다"고 가족이 다그쳐요. 가족한테서 그런 말 듣고 언니들이 "빨리 돈 벌어서 엄마, 아버지 병원비 내야 한다"고 해요. 기지촌에 온 필리핀 여성도 그래요. 한국에 온 지 일주일밖에 안 됐는데 "생활비를 보내라"고 가족이 재촉하면 눈물이 철철 나는 거죠. 나 하나 희생해서 가족이라도 먹고살게 해야 한다고 생각하는 사람한테 '자발'인지 그 여부를 따질 수 있나요? 관점을 좀 달리해서 봐야 해요. 암만 취약한 여성이라도 심각한 비인권적 환경에 하룻밤이라도 노출되면 안 되는 거거든요. 손님들이 말 그대로 진상이잖아요. "손님 중 열의 아홉은 진상이다." 그 말이 얼마나 많은 것을 함축하고 있는지 여성들은 알죠.

기지촌에 유입된 외국인 여성

1990년대 후반부터 기지촌 여성들이 한국인 여성에서 외국인 여성들로 많이 바뀌었어요. 클럽 내에서 성매매를 하는 여성들이 외국인 여성들로 바뀐 거죠. 그래서 지원을 하는 대상도 많이 바뀌었어요. 외국인 여성 70퍼센트, 한국인 여성 30퍼센트, 그 정도 비율이에요. 여기가 사랑방처럼 기지촌 여성들이 오고가고 하니까 상담은 일상적으로 할 수 있고, 외국인 여성을 위한 프로그램으로 한글 교실, 음악 교실, 요가 교실, 공예 프로그램 같은 것도 해요.

외국인 여성들은 주로 E-6-2 비자*로 오거든요. 필리핀 여성들이 1994년부터 한국에 입국하기 시작했어요. 해마다 삼사천 명씩 E-6-2 비자로 입국하는데 E-6-2 비자는 체류 기간이 육 개월씩이고 이 년 정도 체류가 가능해요. 초기에 기지촌으로 들어왔던 여성들은 이 비자를 받고, 미군을 대상으로 하는 전용 클럽으로만 갔어요. 이들은 한국에 입국해서 기지촌 지역 외국인 전용클럽에서 미군을 상대로 주스를 팔거나 성매매를 하는 성적 서비스를 행하게 됐죠. 외국인 여성들은 공연인 자격으로 고용주인 외국인 공연기획사와 계약을 맺고 국내에 입국했다가, 전혀 예상하지 못한 환경에 처하는 거예요. 기지촌 성매매 구조에 편입되면 고용주

---

* 수익이 따르는 예술 활동 또는 수익을 목적으로 하는 흥행 활동을 위해 외국인이 국내에 체류할 경우 E-6(예술·흥행) 비자가 발급되며, 한국에 입국하고 나서 외국인 등록 절차를 밟은 뒤 근로 계약 기간에 따라 적정 체류 기간이 부여된다. E-6-2(호텔·유흥) 비자는, 수익이 따르는 예술 활동 및 전문 방송 연기를 하거나 전문 연예 활동에 종사하는 경우인 E-6-1(예술·연예)에 해당하지 않으며, 관광진흥법에 의한 호텔업 시설 혹은 유흥업소 등에서 공연 또는 연예 활동에 종사하는 경우에 발급된다. E-6-2 자격을 가지고 유흥업소에서 공연하는 다수 종사자가 접객원으로 일하면서 성매매를 강요당하는 등 인권 침해 및 불법 체류자로 전락하는 문제가 지속적으로 발생함에 따라 2016년 9월 1일부터는 공연 추천 및 사증 발급 심사, 공연기획사 및 업소에 대한 관리를 강화하였다. 「제44차 성매매 방지 대책 추진 점검단 회의록」, 여성가족부, 2016 참고.

와 클럽주의 지시에 따를 수밖에 없게 돼요. 초기에 기지촌에 들어온 외국인 여성들은 100퍼센트 필리핀 여성이었고, 몇 년 지나서 러시아권 여성들도 들어오기 시작했죠.

2000년 전후해서 많을 때는 E-6-2 비자로 거의 팔천 명씩 들어왔어요. 러시아 여성들도 한국에 들어와서 한국 여성들처럼 굉장히 착취를 심하게 당했어요. 그 사실을 알고 어쨌든 러시아 쪽은 2003년에 E-6 비자 발급을 중단했어요. 하지만 그 이후로 아직까지도 연간 삼사천 명이 E-6 비자로 들어오고, 이 중 천여 명이 필리핀 여성이에요.[*]

이 시스템에 대해 저희가 계속 문제 제기를 했어요. 두레방에서 굉장히 많은 노력을 했죠. 국제이주기구(International Organization for Migration, IOM), 아시아재단, 여성가족부, 법무부, 민간단체, 성매매방지단체 등 다양한 단체들하고 여러 활동을 했어요. 하지만 아직도 비자 시스템을 악용한 착취 구조가 남아 있어요. 조금 달라진 부분은, 옛날에는 대놓고 외국인 여성에게 성매매를 시켰다면 지금은 문제 제기를 많이 당하고 업주들이 처벌받을 위험이 있으니까 좀 더 감춰진 형태로 한다는 거죠. 성 착취, 임금 착취는 여전히 일어나요.

그리고 기지촌에만 있던 외국인 여성이 전 영역으로 확대되었어요. 다른 성산업 업소나 군사도시, 항구도시로 E-6-2 비자 여성

[*] 법무부 출입국·외국인정책본부에서 발행하는 연도별 출입국 통계연보에 따르면 E-6(예술·흥행) 비자로 매년 4천 명 이상이 입국하고 있으며, 그중 30퍼센트 이상이 필리핀 국적자이다. 2015년의 경우 E-6 비자로 총 4,596명이 입국하였으며 그중 필리핀 국적자는 1,269명이다.

이 유입되면서 문제가 좀 더 복잡하고 힘들어졌죠. 두레방은 2003년도부터 인권실태조사를 했고 2006년에는 문화체육관광부 프로젝트로 실태조사를 했어요. 2년 전에는 국가인권위원회 프로젝트도 있었고요. 지금은 외국인 인신매매 피해자를 지원하는 여성인권단체들이 모여서 'E-6-2 비자 정책대안 네트워크'라는 민간 연대체를 만들어서 활동을 해요.

아직도 E-6-2 비자로 들어온 뒤 클럽에서 성 착취나 임금 착취를 못 견뎌서 탈출한 여성들 혹은 불법 체류 상태로 남아 있는 여성들이 제법 많아요. 필리핀이 주로 송출국인데 본국에서 여성들을 위한 일자리를 만들어내는 게 최선책이죠. 1970년대부터 필리핀이 택한 국가 정책이 해외이주노동정책이에요. 이주 정책 중에서도 여성의 해외 이주, 이주 노동의 여성화가 2000년대 이후부터 50퍼센트를 넘어선 나라예요. 필리핀 여성들이 거의 이백 개 가까운 나라에 보내져요. 해외로 나간 필리핀 이주 여성이 주로 담당하는 건 유흥업소 일이라든지 돌봄 노동이에요. 상황이 이렇게 되면서, 필리핀 칸룽안 이주노동자 센터 활동가의 말에 따르면 "한 달에 몇 십 명씩 죽어 돌아온다든지 너무 험악한 일이 많다"고 해요. 필리핀 본국에서 생산적인 일자리를 많이 만들어내야 하는 게 맞아요.

벼랑 끝에 있는 여자들

의정부 두레방 동네에 노령 기지촌 여성이 삼사십 명 계세요. 동두천에도 필리핀 여성들이 제법 많거든요. 클럽 안에 있는 여성도 많지만 클럽 밖에 있는 여성도 많아요. 클럽에서 탈출했거나 본국으로 안 가고 생활하는 여성들이 주로 우리가 지원하는 이들인데, 동두천에 조그만 공간을 작년에 만들었어요. 그 여성들을 위한 프로그램을 그곳에서 하죠. 평택에는 전국에서 유일한 외국인지원시설 쉼터가 있고 활동가 세 사람이 상담부터 전부 지원해요. 전국적으로 분포된 외국인 성매매 피해 여성을 지원하려면 한 개의 시설로는 부족하죠. 외국인 성매매 피해 여성을 전문적으로 지원하는 상담 창구와 중재 기구가 더 필요해요. 또한 불법적인 일을 하는 업주와 매니저가 제대로 처벌되지 않은 채 여전히 새로운 여성을 수입할 수 있어서 문제예요. 여성들이 처하게 되는 어려움은 적절한 정책적 배려가 만들어지고 강력한 처벌 시스템이 갖춰져 집행된다면 해결할 수 있어요.[*] 저희는 일이 많죠. 의정부 일, 동두천 일, 온갖 연대 활동, 여성 지원들, 성 착취 피해 여성이 늘 들어오니까 일은 바빠요.

업주들의 협박은 성산업 관련한 지원 활동 현장 어디서든 겪는 일이죠. 소송을 하면 특히 더 그래요. 여성이 업소에서 짐을 못 챙긴 채 탈출하잖아요? 그럼 활동가들이 그 짐을 찾아줘야 해요. 업주에게 연락해서 짐 찾아가겠다고 하면 업주들이 동두천에서 쫓아와서 위험하기도 하죠. 한번은 업주한테서 여성의 짐을 찾아오는 길에 승용차 네 대가 저희 차에 따라붙어서 112에 신고한 적도

---

[*] 유영님, 「외국인 성매매 피해 여성이 겪는 어려움과 정책 대안」, 『여성과 인권』 제4호, pp. 49~60 참조.

두레방에서 운영했던 빵 판매 사업.

있어요. 저는 활동가를 혼자 보내지 않아요. 혼자서는 위험할 경우가 많거든요. 소송이 걸려 있는 경우에는 업주가 사무실로 전화도 하고 찾아오기도 하죠. 찾아와서 회유하기도 하고 협박도 하고 싸우기도 해요. 하지만 저희한테 함부로 하지는 못해요.

임신한 몸으로 쉼터에 와 출산하는 여성이 있을 때도 있어요. 동두천에는 애기 키우는 여성들이 끊임없이 있었어요. 자녀 문제가 있으니 후원금을 모아서 따로 지원하죠. 여성이 애기를 키워야 하니 다른 일을 못하잖아요. 그런 점을 고려한 실질적 지원이 필요해요.

동두천에 만든 그 방에서 저희가 지원 활동을 하니까 늘 여성들이 찾아와요. 한두 번 만나고 끝나는 게 아니라 심도 있게 지원하기 위해 만든 거여서 그렇게 연결된 여성들이 와요. 법률지원과 의료지원을 하고 프로그램 할 수 있게 하고 옷가지라도 나눠주고 공동 식사도 해요. 의정부 두레방에서 하는 것처럼 동두천 방에서 하는 거예요. 한국 기지촌 여성이 살아왔던 환경은 외국인 여성들의 삶의 자리에 그대로 녹아들어 있어요. 기지촌에서 성매매가 중심이 되고 한국 기지촌 여성들이 수십 년간 겪은 착취 구조 속에 외국인 여성들도 놓이게 되는 거죠. 맥락이 같은 문제예요.

외국인 여성들이 가장 원하는 게 일자리지만 E-6 비자로는 괜찮은 일자리를 구하기 어려워요. 기껏해야 지원되는 것이 G-1(기타) 비자*인데, 이건 소송할 때나 체류 이유가 있을 때 법무부에서 바꿔주는 임시 체류 자격 비자예요.

외국인 여성들이 암만 착취당해도 가족들이 다 있고, 돈을 벌어서 본국에 보내야 하기 때문에 대부분의 여성은 어떻게든 한국에 남아서 일하고 싶어 해요. 기지촌 성산업을 외국인 여성들이 채운 건데, 아시아에서 성산업에 유입되는 여성들은 '나'를 위해서 오는 게 아니라 대개 가족의 생계를 위해서 와요. 제삼세계의 경우 성매매 여성 외에 나머지 가족들은 생계를 유지할 수 있는 직장이 없어요. 필리핀은 가난한 국가이고 이십 대, 삼십 대 여성들이 대부분 생계를 책임지는 가장이거든요. 하지만 비자 문자가 잘 해결되지 않아 한국에 불법으로 체류하게 되는 경우가 많죠. 한국 시스템에서 성매매 피해를 입었다는 사실을 본인이 입증해야 되잖아

---

* 기타(G-1)비자는 외교(A-1)부터 결혼이민(F-6)까지, 관광취업(H-1), 방문취업(H-2)의 체류 자격에 해당하지 않는 사람으로, 법무부 장관이 인정하는 자(산업재해, 질병 및 사고로 인해 치료 중인 자, 소송, 체불 임금, 난민, 인도적 체류 허가자, 외국인 환자, 성매매 피해 외국인 여성 등 인도적 고려가 필요한 자 중)에게 발급되는 비자로, 1회 부여시 체류 상한 기한은 1년이다.

요. 소송해도 기각되는 경우가 많고요. 힘든 과정이죠. 성매매 피해를 입증하는 게 쉽지 않아요.

강자가 약자를 지배하지 않는 세상

여성들이 성매매에서 벗어나서 가장 자기다운 본성을 회복하도록 치유하고 건강한 삶을 살아갈 수 있도록 돕는 게 활동 미션이에요. 두레방에 오랫동안 드나드신 기지촌 여성들은 당당하세요. 관계 맺기도 당당하고 자기표현을 엄청 잘하세요. 두레방에서 쏟아부은 그 사람에 대한 사랑이 치유를 만든 거예요. 들어간 애정은 반드시 남아요. 실제로 두레방에 오래 있던 분들은 성매매에서 90퍼센트 거의 다 벗어났어요.

건강하게 산다는 게 뭔지 직접 보여줘야겠더라고요. 인간관계가 망가진 사람들 틈바구니에서 살았던 사람들이에요. 가족, 남편, 자식, 포주 집단이 그렇죠. '이 사람들은 인간답게 산다는 걸 볼 기회가 없었겠구나, 그걸 느끼게 해줘야겠다'고 생각했어요. 어떻게 살아야 인간답게 사는 건지 보여줄 수밖에 없는 거죠. 건강한 아름다움으로 살아가는 사람의 모습이 어떤 건지 알려주려면요.

처음에 언니들이 말할 때 90퍼센트가 욕이었어요. 저는 욕을 할 줄도 모르고, 언어 체계가 달라 어떻게 접근할까 생각하다 욕을 한마디도 안 했어요. 그냥 욕을 안 했는데 어느 날부터 두레방에 오면 거의 욕을 안 하시더라고요. 욕하지 말라고 한 적이 없어도 이제 기본적으로 욕을 안 해요. 두레방 밖에서도 사람들과 관계를 맺어야 하니까, 좋은 인간관계를 만들어내는 데 바탕이 되는 사회성을 이런 식으로 자연스럽게 훈련하는 거죠.

이야기를 쭉 듣다 보면 그 사람이 갖고 있는 파워랄까, 에너지가 있어요. 그건 사람마다 달라요. 가족 원망만 하고 받은 게 없다고 하는 사람에게 우리가 찾아내 알려주기도 해요. "언니는 성격이 강직한데 그건 가족들로부터 받은 것 같다." 이렇게 이야기해주면 가족과 화해하는 데도 도움이 돼요. 찾아보면 누구에게나 있어요. 자기가 가진 강점을 찾아보는 것은 그분들에게도 처음일 거예요. 그래서 "언니는 예술 감각이 있다"는 식으로 북돋아주면 처음엔 자기를 비하하는 훈련만 돼 있어서 긍정을 안 하다가 나중에는 인정하죠.

저는 언니들이 하는 온갖 이야기를 다 들어줘요. 어떨 때는 한 사람이 네댓 시간까지 이야기하니까 그야말로 기운이 쭉 빠지죠. 집에 가면 손 하나 까딱할 기운도 안 날 정도예요. 언니들이 몇 시간 동안 털어놓는 경험이라는 것이 너무나 상상을 초월하는 경험들이거든요. 일반 사람들이 겪는 상식적인 경험이 아닌 것을 일상으로 겪는 사람들이잖아요. 그러니까 들어주는 걸 '받아낸다'고 표현하는 게 맞는 거 같아요. 에너지가 엄청나게 소모되죠.

그렇게 이야기를 들어주다가 본인이 어떤 선택을 할 수 있는지 제가 한두 가지 짚어줘요. "잘했어, 잘했어. 아휴, 그런 경험을 하면서 언니, 얼마나 고생이 많았을까." 같이 공감해주고 나서는 그 상태로 놔두는 거는 아니니까, 한두 가지를 짚어내요. 이 언니가 가장 첫 단계에서 그다음 단계로 나갈 수 있도록, 적합한 멘트를 딱 하나 하는 거죠. 해주고 싶은 말이 수십 개지만 그 모든 것을 본인이 감당할 수 있는 것도 아니고, 실천할 수 있는 것도 아니잖아요.

처음엔 저도 엄격한 기독교 가정에서 컸기 때문에 그 사람 인생을 내가 어떻게든 해줘야 한다고 생각하면서 남의 짐을 다 들어주려고 했거든요. 그게 잘못됐다는 생각을 하고 내가 해줄 수 있는 건 작은 부분이라는 현실적인 판단을 하게 됐어요. 딴 사람의 인생은 내가 어떻게 못해요. 내가 어떻게 해주는 게 아니라 그들에게 스스로 생존할, 일어설 수 있는 힘이 안에 내재되어 있는 거예요. 그게 작동이 되어야만 하는 거죠. 나중에 이런 이야기를 실천하고 있는 여성들을 볼 때면 엄청 기뻐요. 이렇게 하고 있다고 제게 자랑할 때 저도 자랑스럽달까, 나 스스로에게도 힘이 되죠. 필리핀 여성도 마찬가지예요. 필리핀 여성이 남자에게 기대는 모습을 보면 다양한 방법으로 북돋워줘요. "너 스스로 인생을 살아갈 수 있다"고요. 이 말 뒤에 숨은 보이지 않는 메시지는 '스스로 생존할 수 있다'는 거예요.

사람은 사실 다 똑같아요. 지식인은 자기표현을 좀 더 세련된 방식으로 하는 거고, 여기 언니들은 좀 더 본성에 가까운 방식으로 하는 거고. 어떨 때는 '이분들 표현 방식이 더 정직하다, 솔직하다' 하고 느낄 때도 많아요. 사람의 본성은 똑같아요. 길들여진다는 표현이 무서운 건데, 누구라도 성산업에 길들여질 수 있어요. 조건이 다른 삶을 살아서 결과가 다를 뿐이지, 만약 그렇지 않았다면 이 사람도 자신을 펼쳐내며 살 수 있었을 거예요. 그래서 '이 사람들이 이런 면이 나와 다르다'고 표현하는 것은 적합하지 않아요. 본

모습을 본인도 모르고 활동가도 몰라서 찾아가는 데 더 시간이 걸리긴 하지만요. 시간이 걸리는 작업이지만 사람은 누구나 존중받고 사랑받을 권리가 있어요. 교육받을 권리가 똑같이 주어진다면 사람은 모두 건강한 방식으로 살아갈 수 있어요.

남성이 여성을 착취하고, 성산업에서 직접적으로 업주가 여성을 착취하고, 그런데 그렇게 생존할 수밖에 없는 여성들이 어느 사회에나 있는 거거든요. 어느 성공적인 사회에도 낙오자는 있을 수밖에 없어요. 또 이렇게 다양한 방식의 낙오자가 생기는 것을 이용하는 집단이 있는 거고요. 인권을 착취하고, 임금을 착취하고, 신체를 착취하는 대표적인 형태가 성매매인 거죠.

강자가 약자를 지배하는 시스템, 원리는 똑같은 시스템인 거죠. 국가로 말하자면 강국이 약국을 지배하는 군사주의로 나타나는 거고, 또 가정으로 말하자면 아버지가 엄마나 가족 구성원을 지배하는 가부장제로 나타나는 거고, 직장으로 말하자면 상사나 오너가 자기 회사원을 소유물로 생각하는 거예요. 성매매는 이 모든 것이 집약된 거예요.

모두가 잘 살게 되는 사회를 만들어내는 것이, 모두가 똑같이 잘 사는 사회를 만들어가는 것이 사실 여성 인권이 회복되는 원칙적인 길이에요. 이것이 말처럼 쉬운 게 아니지만 가장 기본적인 대전제이기 때문에 우리가 노력을 해야죠. 사회가 혼란하면 기본으로 돌아가라는 말도 있잖아요. 누가 누구를 희생시켜 잘 사는 게 아니라 모두 같이 공평하게 잘 사는 사회가 되는 게 제 꿈이에요.

후기

그 뜨거운 날의 의자들

의정부역에 내려서 미군 기지 '캠프 스탠리' 인근에 있는 두레방(My Sister's Place)을 찾아가려고 버스를 기다렸다. 의정부역 광장 옆에는 '평화의 소녀상'이 있었다. 비문에는 "군사도시 의정부를 평화와 통일의 미래 도시로 만들기 위해 사십삼만 의정부 시민의 마음을 모아 평화의 소녀상을 건립합니다"라는 글귀가 새겨져 있었다. 그 앞에 도착한 버스를 타고 '고산동, 뺏벌'로 향했다. 뺏벌은 본래 배 밭을 지칭했는데, 나중에는 한번 발을 들이면 나올 수 없는 기지촌 공간을 두고 '뺏벌'이라 불렸다니 힘겨운 삶이 스민 이름이다.

철조망이 달린 높은 담장으로 둘러쳐진 부대 앞을 군복 입은 미군이 지나가고 있었다. 낯선 풍경이었다. 내가 풍경을 보는 것이 아니라 내가 보여지는 것 같았다. 상가든 건물이든 입을 굳게 다물고 있는 듯한 길목에서 곧 두레방 건물을 찾았다. 건물 벽에는 머리를 땋고 한복을 입은 여자들이 웃으며 함께 허리를 붙잡고 있는 그림이 그려져 있었다. 이곳은 예전에 기지촌의 보건진료소였던 장소다. 두레방은 기지촌 성매매를 사회적으로 알린 곳이며, 성매매 피해여성들의 인권 회복을 위해 삼십여 년을 활동해온 곳이다. 오늘 인터뷰할 유영님 씨는 1997년부터 두레방의 원장을 맡고 있다.

두레방 안으로 들어가니 좁은 공간이 여러 칸의 방으로 나뉘어 있었다. 이곳 두레방 사무국에서는 홍보 활동과 연대 활동, 기지촌의 과거 청산, 이주 여성의 노동권 보장 프로젝트 등의 사업을 진행한다. 상담소에서는 기지촌에 거주하는 한국 여성, E-6 비자로 클럽에서 일하는 이주 여성 들을 대상으로 법률지원과 의료지원, 노동·인권 침해 관련 상담을 한다. 평택의 쉼터에서는 업주나 기획사 측의 성매매 요구나 폭행, 노동법 위반 등으로부터 이주 여성들을 보호하고 숙식, 의료지원 및 법률지원, 귀국지원을 제공한다.

1989년에 시작한 두레방의 '빵 사업'은 성매매 여성 전업 프로그램으로 대안적인 모델을 제시했다는 평가를 받고 있다. 나도 "두레방서 성매매 여성 자립 위한 빵집 마련—두레방 쉼터 다섯 평 남짓 부엌에서 통밀을 반죽해 오븐에 집어넣고 빵이 부풀어 오르기를 기다리는 모습에서 성매매 여성의 아픔과 희망이 엇갈리는 것을 볼 수 있었다"라는 기사를 읽은 적이 있다.[*]

테이블에 마주앉은 유영님 원장은 확고한 어조로 기지촌과 군사주의, 여성 인권의 문제를 이야기해주었다. 고립되고 폐쇄된 기지촌 공간에 가난하고 자원 없는 여성들이 어떻게 유입되고 조장되어 왔는지 전체적인 관점에서 말했다. 강자가 약자를 지배할 때 어떤 입장에 서서 세상을 바꿔나가야 하는지 말하는 목소리는 신

---

[*] "기지촌 여성 빵 구우며 새 삶 가꿔", 『한겨레』 1990년 3월 2일.

넘에 차 있었다. 새롭게 기지촌을 채운 외국인 여성의 문제가 지금 노령화된 한국 기지촌 여성의 인권 문제와 이어져 있으며, 역사적으로 여성이 처한 상황과도 맞닿아 있음을 강조했다. 또한 약자의 인권은 어떤 경우에도 결코 희생되어서는 안 되는데도 여성을 수단으로 삼아 거래하고, 이익을 취하고, 이를 묵인하고 방조한 상황이 오랫동안 이어졌음을 지적하며 이런 면을 바꾸어내야 한다고 질타했다. 두레방은 성 착취 목적의 인신매매 근절, 군사주의, 성매매를 근절하려는 목표를 가지고 있다.

두레방은 해외의 성매매 피해자를 지원하기 위해 2008년 필리핀에 '두레방—시나그카바바이안 센터'를 건립했다. 이곳에서는 마닐라 퀘존시티 지역의 길거리 성매매 여성과 자녀 들을 위해 의료와 음식, 공부방 프로그램을 제공하고 여러 자활지원을 한다. 또한 2012년에는 인도네시아 반둥 지역에 두레방을 건립해 성매매 여성과 성폭력, 가정폭력에 노출돼 있는 여성들을 지원하는 중이다. 이는 해외 성매매 피해자를 지원하고 세계화된 성매매 문제에 대응하기 위해 내딛은 첫걸음이었다. 내가 앉은 자리의 맞은편 책장에는 올해 두레방이 수상한 "나비평화상" 기념패가 놓여 있었다. 유영님 원장은 인터뷰 끝에 힘주어 말했다. "모두가 잘 살게 되는 사회를 만들어내는 것이 사실 여성 인권이 회복되는 원칙적인 길이에요." 그녀는 사회적 약자가 희생되지 않고 인권을 존중받기 바란다. 또한 희생된 이들이 자기 잘못 때문에 피해를 입었다고 자책하지 않고, 자신을 그렇게 만든 더 큰 문제 앞에 서서 권리를 주장하고, 이를 인정받아 뒤늦게나마 진정으로 치유될 수 있기를 바란다. 성매매 피해 여성들이 사회적인 낙인을 개인적인 낙인으로 여기지 않고 진정으로 치유되기 위해 필요한 조치가 이루어질 수 있도록 이 사회가 변하기를 바라는 것이다.

인터뷰를 마칠 즈음, 나이 든 기지촌 여성 몇 분이 유영님 원장과 이야기를 나누기 위해 찾아왔다. 날마다 찾아오는 이들과 대화하면서 그녀는 기지촌 여성들에게 일상적으로 힘을 주고 새로운 언어로 말할 수 있게 돕는다. 사람에게 쏟아부은 사랑은 반드시 남아서 변화를 만들어낸다고 했다. 두레방을 나와 길을 걷다 문득 뒤돌아보니 유영님 원장과 늙은 기지촌 여성들이 그곳 입구에 놓인 간이 의자에 마주 앉아 두런두런 이야기를 나누고 있었다. 해가 뜨거운 날이었다. 얼마나 오랫동안 그렇게 앉아 이야기를 하고 또 했을까. 아무도 듣지 않고 보지 않았던 일상을 말하고, 들어주고, 나누고, 견디고, 함께하며 목소리를 키워가는 일을 해나간 그녀들이, 지금도 그 자리에 있다.

4부

잡은 손이 길을 내고

세상에서 가장 정갈한
언니의 방

변정희

::::

"그 방은 굉장히 두꺼운 커튼이 있었고, 빛이 잘 안 들었고,
언니가 큰 침대 위에서 이불을 덮고 아파하면서 누워 있었어요.
그곳은 손님을 받는 곳인 동시에 언니가 깔끔하게 해놓고
살아가는 곳이었어요.
최초로 제가 들어갈 수 있었던 언니의 방 안에
아픈 언니와 제가, 그 깨끗하고 정갈한 곳에 함께 있었죠."

(사)여성인권지원센터 살림

2002년에 설립된 살림은 성매매를 경험한 여성과 함께하는 기관이다. 우리 사회에
만연한 성산업은 여성에 대한 차별이자 폭력의 결과이다. 따라서 살림은 여성 인권을
향상시키기 위한 다양한 활동을 하며 진정한 평화, 공존, 연대가 이루어지는 사회를
위해 오늘도 분주하게 움직이고 있다.

백 년의 지도 속에 그대로 남아 있는 자리

전 부산 토박이예요. 처음에 성매매 문제는 그냥, 제가 몰랐던 문제였어요. 스무 살 때까지 '성매매'라는 단어를 생각해본 적도 없거든요. 유일한 경험이라고는 대학생 때 지나가면서 전봇대에 "숙식 제공, 월 ○○원 보장" 이런 거 본 게 다예요. 대학교에 들어가 여성주의 활동을 하기 전까지 저는 그런 이야기들과 세계에서 아예 분리되어 있었던 거예요.

대학생 때 교지 편집실 일을 했고 총여학생회의 페미니스트 웹진 만드는 일을 했어요. 그러면서 여성 문제, 성매매 문제에 관심이 이어진 거예요. 몰랐던 세계나 몰랐던 사실들에 대해 더 많이 얘기하고 자기 문제로 생각하는 과정들이 필요하다고 생각했어요. 대학교를 졸업하고 2005년에 이곳 "살림"에서 일을 시작했어요.

부산의 성매매 집결지인 "완월동"*은 일제 창기령 선포 이후에 맨 처음 생긴 미도리마치 유곽이 전신이에요. 지금 충무동 새벽시장과 완월동 사이에 있는 길이 원래 부산의 첫 번째 신작로인 천마로였어요. 신작로 바깥은 바다였거든요. 바닷길 자체가 한국 사회에서 근대의 상징이잖아요. 그런데 그 입구에 성매매 집결지가

---

* 부산 완월동은 한국 최초의 유곽인 아미산하 유곽이 이전해 만들어졌다. 일본인들은 완월동에 업소들을 모아놓고 "미도리마치"라고 불렀다. 1948년 공창제 폐지령에 따라 사창으로 전환되었고, 이후 국내 최대 규모의 집결지가 되었다. 주로 외국인 관광객을 상대했으며 1970년대부터 대규모 여관촌으로 증축되었다. 완월동은 1982년에 충무동으로 개칭하였고, 지금은 성매매 집결지를 뜻하는 단어로 쓰인다.

있었던 거죠. 원래 완월동 집결지는 도심에 있다가 말이 많아서 외곽으로 옮겼는데 한국전쟁을 거치면서 사람들이 주변에 많이 살게 된 거예요. 사람들을 피해 집결지가 외곽에 있었는데 그 주변에 사람들이 살게 된 특수한 경우죠.

근대 백 년의 지도를 겹쳐보면 완월동 거리는 그대로 남아 있어요. 일부에는 일제강점기 적산가옥도 있고요. 지금도 "부산 완월동"은 정말 규모가 크거든요. 완전 빌딩 숲이에요. 1970년대부터 오륙 층, 칠팔 층 여관 건물이 들어섰고, 1980년대 부산 서구의 여성 인구가 오천 명이 조금 넘었는데 이천여 명이 완월동에서 살았다고 할 정도로 규모도 어마어마했어요. 1990년대 초반의 신문 기사만 보더라도, 그때는 "공창"이라는 말이 없어졌을 땐데, 부산 완월동과 초량 텍사스 쪽은 그 단어를 신문에서 쓰더라고요. 그 정도로 공인된 지역이라는 인식이 퍼져 있어요.

그뿐 아니라 부산은 군사시설이 도심 곳곳에 있어서 성매매 집결지도 도심 곳곳에 있어요. 집결지나 산업형 성매매 업소들 바로 옆에 주택가가 있어요. 그러니까 성매매가 굉장히 일상적인 느낌으로 받아들여지는 거죠. 업주들이 지역의 유지고 세력을 가지고 있기 때문에 건드릴 수 없다는 인식이 강했어요. 초량 같은 지역에는 외국인 성매매 여성도 많아요. 해운대 쪽은 해외 성매매 쪽과 관련되어 있어요. 해운대에 룸살롱이 많은데, 사채업자들이 룸살롱 업주와 연결고리를 많이 가지면서 여성들이 빚을 많이 지게 되면 호주나 일본이나 미국으로 보내는 거죠. 사채업자 한 명이 업소에 출퇴근을 하면서 여성 수천 명의 채무를 관리하는 거예요. 해운대나 수영을 거점으로 위락시설이 많이 발달해 있고 대형화된 유흥업소도 많고 성매매까지 이루어지는 대형 나이트클럽이 많아요. 저희 단체는 부산이라는 지역의 성산업 특성상 집결지 문제, 외국인 성매매 문제, 해외 성매매 문제에도 관여하면서 다양한 활동을 하고 있어요.

여자, '감히' 성매매 업소의 문지방을 넘다

살림이 부산에서 2002년도에 문을 열었는데 쪽방 사무실을 얻어 정경숙 소장님을 비롯한 활동가 세 명이 일주일에 한 번 아웃리치를 나가면서 활동을 시작했대요. 그때 완월동에는 상담 전화번호도 못 들고 가는 분위기였다고 하더라구요. 언니들이 성병 검진하러 가는 날, 검진소에 활동가들이 가서 "선불금 무효"라는 전단지를 나눠줬다가 업주들 수십 명이 상담소에 쳐들어온 적도 있었다고 해요. 그런 일이 몇 번 있었대요.

2004년에 성매매방지법이 시행됐죠. 그전에도 탈업소하는 언니들이 있었는데 성매매방지법이 시행되면서 더 많은 언니들이 탈업소를 했어요. 살림 활동가들이 언니들 시위할 때 옆에서 밤이 돼도 계속 지키고 있었어요. 그 당시 언니들이 자치 조직을 만들어 저희 단체에도 와서 대책을 요구하기도 하고, 그렇게 서로 신뢰를 쌓아갔어요. 당시 현장 여성들의 요구를 계기로 부산 지역의 집결지 자활지원사업이 시범으로 시작되었어요. 그때 삼백오십 명의 여성이 완월동에 있었는데 저희 단체가 삼백삼십 명을 상담했어요. 그곳에 있는 대부분의 여성을 상담한 거죠.

당시 자활지원사업에 생계비 지원이 있었는데 제일 언니들한 테 힘이 됐던 게 이거였대요. 처음에는 육십만 원, 그다음은 사십 만 원 정도 지급했는데 그게 있으니 언니들이 '죽지 않겠구나' 생 각했대요. 생계비 지원이 하나의 징검다리 역할을 한 거죠. 언니들 과 만날 수 있는 계기가 생기잖아요. 언니들은 그 당시에 빚이 쌓 여 돈 없이 생활하던 때였으니까요.

아마 업주들은 언니들이 그렇게까지 저희와 교감을 주고받거 나 진짜 탈업소를 할 거라고 생각하지 못했을 수도 있어요. '법이 시행됐지만 몇 년만 버티면 잠잠해질 거다' 하면서 여러 가지 이유 로 자신만만했겠죠. 그런데 언니들이 진짜 많이 나왔어요. 제가 느 끼기에는 생계비 지원 같은 실질적인 정책이 있었기 때문에 더 가 능했던 것 같아요. 집결지 자활지원사업 삼 년이 종료된 다음에는 언니들의 생계를 위해 사회적 일자리 사업을 시작했어요. 예비 사 회적 일자리를 삼 년 정도 했을 때 언니들이 정말 힘들었을 텐데 도 삼십만 원 받고 계속 참여했어요.

그 이후 2007년에 살림에 자활지원센터가 세워졌거든요. 자활 지원센터까지 다닌 언니들은 "다시 업소로 돌아가는 것은 상상도 못 하겠다"고 얘기하세요. 그래서 저희는 그런 확신이 생겼죠. 언 니들이 오래 지원을 받고, 자원들이 조금 더 생기면 다시 성매매로 돌아가지 않을 거라고요. 파급 효과가 있었다고 생각해요.

어쨌든 집결지 자활지원사업을 통해 정말 상담을 많이 했어요.

언니들하고 만날 수 있는 큰 계기가 됐죠. 사업이 종료되고 사회적 분위기도 바뀌면서 지금은 완월동에 못 들어간 지도 오래됐고 언니들과의 연결고리도 단절되고 있어요. 예전에 상담한 언니들은 연락이 되는 경우들도 많은데 지금 있는 언니들은 우리 활동을 왜곡되게 알고 있는 경우가 많아요. 그래도 저희는 계속 활동을 해나갔죠.

2007년에 전국의 반성매매 단체들이 모여 전국의 집결지를 공동 고발했어요. 건물주와 토지 소유주를 다 고발했는데 대부분 기각됐어요. 그리고 재작년인 2014년에 다시 2차로 집결지 공동 고발을 한 거예요. 성매매 집결지에서 기존에 처벌받은 업주를 근거로 업소 토지 소유주와 건물주 들을 고발했고 건물주가 벌금형을 받았어요. 계속해서 그런 식으로 싸움들을 이어 하고 있어요.

저는 2004년에 성매매방지법이 시행되고 집결지 자활지원사업이 시작될 때 일을 시작했어요. 그때는 성매매 집결지에서 약간 해방 공간 같은 느낌을 받았어요. 법이 시행된 초창기에는 활동가들이 직접 그 공간에 가서 언니들과 같이 커피도 마시고, 손님을 받는 언니 방에 가서 이야기를 나눌 수도 있고, 같이 담배도 피울 수 있었거든요. 업주들이 보일러를 안 틀어주면 언니들이 덜덜 떨면서 그 안에서 라면을 끓여 먹는데, 그럴 때 상담원들이 옆에 있었어요. 아침에 언니들이 성병 검진하러 병원에 가면 저희도 가서 정보를 나눠주기도 하고요. 새로운 정보나 소식을 많이 줄 수 있는 것도 언니들하고 일상적으로 자유롭게 이야기해야 가능한 일이죠.

기본적으로 업소 자체는 다른 여자가 문지방을 밟으면 안 되는 금기의 공간이었어요. 그런데 그것을 넘어서 갈 수 있었던 시간이 었죠. 모든 업소가 그랬던 건 아니었지만, 그 경험들 자체가 저한 테 인상적으로 남아 있어요.

그 후부터는 업주들이 활동가들 진입을 막기 시작해서 그 순간 은 굉장히 짧은 시간으로 끝났어요. 2005년에 살림에서 예술가들 백여 명과 함께 언니들을 위한 문화 행사*를 크게 열려고 했을 때 업 주들이 반대하고 일어나서 아침 일곱 시부터 밤 늦게까지 대치한 적도 있었어요. 업주들이 물리적인 폭력을 행사하고 눈앞에서 똥물 도 오가고, 활동가들이 욕도 엄청나게 많이 듣고 결국 당일 행사가 무산되었죠.

지워지는 언니들의 방

사람들이 저희보고 '힘들지 않냐?'고 물어요. 왜냐하면 여성들 의 경험을 듣는 것 자체가 전이가 많이 되고 고통스러운 일이니까 요. 당연히 활동가들도 그런 트라우마가 있죠. 하지만 정말 힘을 받는 건 여성들의 이야기를 듣고 그들의 삶에서 어떤 에너지를 발 견해가면서 교감할 때예요. 그때 굉장히 보람이 느껴져요. 여성의 삶에 있어서 일말의 진실들이 보일 때가 있잖아요. 제가 미처 몰랐 던 것들을 계속 언니들이 보여주니까요. 언니들이 삶을 통해서, 이

---

* 이 문화 행사의 명칭은 "언니야, 놀자"였다. 2005년 여성가족부 공동협력사업으로 선정되어 전시와 공연을 기획하고 많은 예술가들도 여기에 참여했으나 업주와 상인 들의 반대로 무산되 었다. 만약 예정대로 열렸다면 완월동 최초의 여성을 위한 문화 행사가 되었을 것이다.

야기를 통해서 보여주거든요. 그런 부분들이 저는 정말 힘이 되는 것 같아요.

활동하면서 기억에 오래 남는 경험이 있어요. 처음 상담하면서 만난 언니예요. 그 언니는 원래 시골에서 살다가, 남편이 죽고 나서 애 둘을 키우려고 완월동 집결지에 오게 됐어요. 언니가 사실 한글을 모른다고 저한테 최초로 고백을 했어요. 그래서 제가 언니 방에 교재를 들고 찾아가서 한글을 가르쳐드리려고 했어요. 언니는 완월동 안에서 계속 일을 하려고 했지만 골반염 때문에 누워 있기 일쑤였어요. "일도 그만둬야 하는데……." 처음엔 그 말이 없었는데 그런 얘기를 점점 하셨어요.

언니 방이 굉장히 기억에 오래 남아 있어요. 언니가 십 년 가까이 업소 생활을 했으니까 그 방은 어쨌든 언니가 잘 갖추어놓은 곳이었어요. 정말 깨끗하고 정갈하고. 굉장히 두꺼운 커튼이 있었고, 빛이 잘 안 들었고, 한낮에도 불을 켜놓고 있어야만 했고. 언니가 큰 침대 위에 이불을 덮고 골반염 때문에 아파하면서 누워 있는데 그 옆을 지키고 있는 제 모습이 많이 떠오르죠. 그때 언니가 담배를 피웠는데 담배 연기 없애는 것도 탁 켜놓았어요. 사실 그 방에서 언니들이 손님을 받는 거거든요. 그런데 손님을 받는 곳인 동시에 언니들이 너무나 깔끔하게 해놓고 있으니까 언니가 살아온, 살아가는 모습 또한 느껴져서 남다른 느낌이 들었던 것 같아요.

그때 그런 생각을 했어요. 성매매를 한 경험이 있는 여성들은 많은데 그 얘기를 들어본 적은 한 번도 없는 거예요. 엄마 친구가 성매

매를 했다거나, 심지어 우리 엄마가 성매매를 했을 수도 있다든지, 누군가가 성매매를 했다는 그런 경험들은 한 번도 전승되지 않은 상태로, 여성들은 자기를 숨긴 채 사회에서 살아가고 있다는 생각이 들었어요. 그래서 더욱, 최초로 제가 들어갈 수 있었던 언니의 방 안에서 아픈 언니와 저, 그 정갈한 공간의 느낌이 마음에 크게 남아 있어요.

언니들의 방 자체가 저한테 주는 인상은 여전히 커요. 언니 짐을 찾으러 어떤 방에 갔는데 불을 켜니 불빛이 빨간 거예요. 그것도 기분이 이상한 거죠. 일상을 영위하는 공간이 빨간색이라니? 저도 한 명의 여성, 동시대뿐만 아니라 계속해서 이어진 어떤 여성들 속에서 존재하는데, 언니의 방은 이어진 여성들의 잘린, 혹은 배제된, 소외된 모습을 더 생생하게 볼 수 있었던 곳이죠.

사실 언니들은 죽기도 해요. 상담을 통해 알게 된 언니들이 일년에 한 번씩 죽었던 것 같아요. 살해당하든가, 자살하든가 여러 이유로 죽어가요. 한 언니는 오십 대에 죽었거든요. 그 언니는 고아였어요. 부모가 죽고 나서 형제들은 다 뿔뿔이 흩어졌어요. 그 언니는 기초생활수급자로 살았어요. 언니가 간경변이 심했는데 생일날에 쥐포가 먹고 싶다는 거예요. 언니가 중환자실에 있어서, 제가 쥐포랑 귤을 사다가 귤에 촛불을 꽂고 "생일 축하합니다" 노래를 불렀어요.

이것도 강렬한 인상을 받은 경험인데, 언니가 중환자실에서 검사를 위해 환자복을 벗어야 되는데 무의식 상태, 혼수상태에서도 격렬하게 저항하는 거예요. 옷을 벗지 않으려고요. 그 언니가 병원에서 죽고 나서 시체를 인수할 사람이 없어서 제가 시체 인수증에 사인을 했거든요. 그러고 나서 언니의 짐 때문에 언니 방에 갔어요. 거기서 사진을 봤어요. 바닷가에서 누군가와 찍은 사진 속의 앳된 얼굴, 순박한 얼굴이더라고요. 지금 언니는 간경변으로 오십대 중반에 얼굴이 시커멓게 돼 돌아가셨는데 말이에요. 그렇게 한 여성의 삶이 저한테 무겁게 다가올 때가 있어요. 정말 엄청난 슬픔을 안길 때도 있고, 무기력함을 느끼게 할 때도 있고요. 저는 언니들의 이야기를 듣는 게 중요하다고 생각해요. 굉장히 슬플 때도 많지만, 그것이 다시 힘이 될 때도 있어요.

다시 생각해, 다시 이야기할 수 있게

저희가 '완월동을 다시 생각하는' 프로젝트를 진행하면서 사람들한테 이런 질문을 했어요. "내 마을에서 살아간다고 생각할 때는 마을에 대해 고민을 하잖아요. 그럼 완월동은 누가 고민을 합니까?" 업주들이 고민을 할까요? 언니들이 고민을 할까요? 아니잖아요. 언니들은 그럴만한 자원도 없는 상황이에요. 그랬을 때 그것은 결국 우리 문제라고 생각했어요. 예술가들이나 시민들이 공유하면서 자기 언어로 완월동 문제에 접근하고 이야기할 수 있도록 장을 만드는 작업들을 하자고 한 거예요. 전시도 하고 토크 콘서트나 공연도 하면서요. 완월동뿐만 아니라 성매매 문제 자체에 대해 이런 식으로 접근하는 작업들을 저희는 계속했어요. 물론 이것이 정책에 바로 영향을 미치지는 못하지만 그런 게 모두 기록이고, 남을

2015년, 〈여성, 인권 공간 – 완월동을 다시 생각하다〉 공개 집담회. 전주 선미촌 사례와 완월동의 창조적 재생방안에 관한 부산발전연구원의 발표로 성매매 집결지 문제에 대한 공론화 장을 마련하였다.

수 있다고 생각하거든요. 예술은 힘이 세잖아요. 성명서를 발표한다든지 정책장이나 담론장에서 치밀한 언어로 싸우는 것도 필요하죠. 그런데 각자가 가진 우리의 언어들로 이 문제들을 소화하는 과정을 거치면 더 열린 방식으로 이야기할 수 있다고 생각해요.

완월동은 삶의 공간이면서 언니들한테 억압의 공간인 동시에 굉장히 복잡한 상처들을 가지고 있는 공간이에요. 그냥 건설공사로 한번에 밀어버리면 되는 문제가 아니에요. 그렇게 되기를 원하지 않아요. 집결지는 역사적인, 공간적인 특성을 가지고 있어요. 억압이나 수탈을 명백하게 보여주는 공간이죠. 그 거리를 예술가들과 사람들과 많이 걸으면서 얘기해요. 그 공간의 의미, 역사적인 의미를 좀 더 생각해서 여성 인권의 공간으로 재탄생해야 된다고

2015년, 부산 사상 인디스테이션에서 열린 〈완생 프로젝트〉, '완월동, 기록하다' 종합전시회 및 오픈 마이크 행사 포스터. 찾아가는 간담회를 통해 성매매 집결지 완월동의 존재를 알게 되고 고민한 여러 예술가·활동가들이 함께 했다.

주장하죠. 역사들을 잊지 않으면서 여성의 문제에 대해 이야기할 수 있는 공간으로 남아야 된다고 봐요.

어떤 책에서 "길을 잃어버리고 싶은 사람들을 위한 나침반"이라는 글귀를 본 적이 있어요. 좀 헤매는 방식으로 시작해 길을 찾아갈 수도 있어요. 긴 호흡을 가지고, 끈을 놓지 말고, 계속 가면 길이 생겨나요. '여성 인권 공간으로 완월동을 다시 생각한다'고 하면 계속해서 '다시' 생각하는 거죠. 기존의 집결지를 다시 생각하고, 경험들을 다시 생각하고. 정책이 시작되기 전에 이런 작업들과 협력들, 기록 작업을 통해 시민사회네트워크를 구성하고 관官 중심이 아니라 민民에서 얘기를 많이 할 수 있는 계기들을 만들어가야 해요.

또 자신이 그곳에 살고 있지 않아도 사람들이 그곳을 내 문제로 생각하게 만드는 거죠. 2006년에 시에서 서구 재개발로 민자 유치를 하려고 했는데 나서는 기업이 없어서 실패했어요. 앞으로 정책의 변화가 있을 때 기억이나 기록 작업 들을 보존할 수 있는 공간이 반드시 필요하고, 그 주변을 통해 삶을 영위할 수밖에 없는 언니들에게 또 하나의 곁이 되어주는 부분들이 필요하다고 생각하죠.

언니들과 같이 글쓰기*를 하면서도 느끼는 건데, 여성의 경험이 대부분 단절되어 있잖아요. 과거의 나를 부정하는 방식으로 현재를 살아가는데, 책 작업을 기획했던 활동가도 말했지만 기록이라는 작업을 통해서 기억들이나 경험들을 복원하고 과거의 나와 지금의 나를 연결짓는 과정이 중요하다고 생각해요.

소리 없이 일어나는 뚜렷한 고통

그동안 상담을 하면서 십여 년 사이 달라진 분위기를 느껴요. 특히 성매매 같은 경우는 경찰들의 수사 방식이 과거의 윤락행위등방지법도 그렇고, 그 이전에 일제강점기 때부터 풍기문란이라든지 풍속에 대한 죄로써 성매매를 다뤄온 정서와 사고 체계가 아직 남아 있다는 생각이 들어요. 임의적이고 자의적으로 법을 해석하기 쉬운데, 명확한 기준이 없기 때문에 성매매 여성이 성매매를 자

---

* 살림에서 성매매 업소를 탈출한 여성들을 위해 진행한 글쓰기 치료 프로그램의 결과물은 2006년 삼인출판사에서 『너희는 봄을 사지만 우리는 겨울을 판다』라는 제목으로 출간되었다.

발적으로 했는지 비자발적으로 했는지 수사기관이 법상으로 판단을 한다는 거죠. 많은 법학자들이 "지금 있는 법만 가지고 넓게 해석해도 처벌받을 여성이 없다"고 할 정도로 법이 가지고 있는 '위계'에 대한 해석의 폭이 넓은데 말이에요.

2004년에 성매매방지법이 시행될 때만 하더라도, 저희가 사건 지원을 갔을 때 성매매 여성들이 전혀 처벌의 대상이 되지 않았어요. 참고인이거나 피해자일 뿐이었는데 지금은 고소장을 접수해도 여성을 입건하려고 하고 피의자로 조사하려고 해요. 여성들도 처벌받을까 봐 두려워하고요. 우리가 최선을 다해 싸우겠지만 여성들에 대한 처벌을 감수하고 형사고소를 해야 하는 상황이 너무 갑갑해요. 성매매를 두고 '자발'과 '비자발'로 여성을 이분법적으로 나누는 것도 안 깨지고요. 여성이 성매매를 하는 맥락이 전혀 고려되지 않으니 뭔가 현실과 계속 역행한다는 생각을 많이 하죠.

성매매 장소를 제공한 건물주라든지 성산업을 유지하는 큰 고리들을 처벌하는 방식은 긍정적이라고 봐요. 성매매 알선으로 모은 재산을 몰수한다든지 하는 대처는 좋다고 보는데 여성을 자발과 비자발로 구분하는 게 너무 안 고쳐지는 거예요. 그런데 이 여성들의 삶을 들여다봤을 때, '원한다'는 말이나 '선택'이라는 말 자체가 얼마나 큰 한계를 가진 말이에요? 그런데도 오로지 그 개인이 가진 '선택'과 '원함', 그것만이 고려가 되는 것 자체가 너무 갑갑한 거죠. 할 수 있는 게 없는 상황에서 선택이라는 것은 무의미해요.

수사 단속하는 방식도 굉장히 심각해요. 통영의 여성이 자살한 사건* 있잖아요. 그것도 모텔로 여성을 불러가지고 검거하려고 한 거예요. 최근에 상담한 언니 얘기도 들었는데, 밖에서 구매자를 만나서 그 구매자 차를 타고 모텔로 같이 들어갔어요. 그러고는 언니가 화장실에서 옷을 다 벗었는데 구매자가 자기는 경찰이라고 한 거예요. 그러니까 경찰이 직접 운전해서 모텔까지 여성을 데리고 가서, 거기서 여성을 검거한 거죠. 이런 식으로 수사를 하고 있는 거예요. 이 모든 것이 언니들한테 얼마나 굴욕적이고 모멸적인지 생각해보면 분노가 치밀어 오르죠.

언니들이 공통적으로 호소하는 경험이 있어요. 모텔로 갈 때, 그 낯선 장소에서 낯선 누군가를 만나는 게 얼마나 큰 공포인지에 대해서예요. 그 공포가 현실로 일어나는 일도 많으니까요. 성매매는 그것을 둘러싼 온갖 착취가 없어도 그 자체로 여성한테 해악이에요. 저는 현장에서 성매매 경험이 이 여성들한테 주는 심리적 타격이나 영향들이 얼마나 큰지를 느껴요. 그런데 성매매 여성들 스스로 그걸 자각하기는 어렵죠. 그렇다면 그런 것을 연결 짓고, 해석하고, 이야기할 몫은 우리에게 있는 거잖아요. 우리가 그 얘기를 해야 하는데 수사관들은 여성이 "원한다"고 말해요. 이른바 '성노동'을 지지하는 사람들도 유사한 맥락들을 가지고 있어요. "그 사람이 원하니까, 성노동이 좋다는 여성이 있으니까 얘기를 들어라"고 해요. 그건 진짜 '듣기'가

---

* 2014년 11월, 티켓다방 단속 과정에서 경찰이 손님으로 위장해 성매매 여성을 현행범으로 체포하려 하자 여성이 모텔에서 투신해 사망했다. 2016년 9월, 법원은 이 사건에 국가도 일부 책임이 있다는 판결을 내렸다.

아니라고 생각해요. 이런 전반적인 분위기는 모든 걸 개인의 탓으로 돌리는 자유주의 때문에 생기는 문제예요. 돈이라는 것 하나에 성폭력과 성매매가 결정되죠. 언니들은 그렇게 느낀단 말이에요.

성매매를 수요의 문제로 초점을 옮기려는 노력들을 현장에서 많이 하고 있어요. 그래서 스웨덴의 노르딕 모델*을 많이 얘기해요. 1980년대 스웨덴에서 진상조사위가 꾸려져서 성매매 여성들을 인터뷰하고 만났을 때도, 제가 아까 이야기한 그런 점을 발견한 거예요. 낯선 구매자를 만나는 과정에서 여성이 당하는 심리적 타격들이 사실은 가정폭력이나 성폭력과 굉장히 유사하다는 것을 발견한 거죠. 반면 구매자는 너무나 무지하게 성 구매를 하는 거예요. 구매자가 성을 사는 동안에 심리적으로 타격을 받는다는 것은 발견되지 않았다는 거죠. 그게 문제라는 거예요. 구매자는 이 여성이 어떤 맥락에서 성매매를 하고 있는지 헤아리지 못하잖아요. 그래서 오히려 수요를 불법화해야 된다는 거죠. 사는 행위가 얼마만큼의 해악을 낳는지를 모르니까, 성을 사는 사람들의 문제로 이 문제가 계속 얘기되어야 해요.

스웨덴 같은 경우 법을 시행한 이후에 성 구매자에게 최대 삼 개월 징역을 내렸다가 그 후에는 일 년 징역으로 법을 바꿔 강화

---

* 노르딕 모델은 스웨덴을 중심으로 해서 노르웨이, 아이슬란드 같은 노르딕 국가들이 채택한 성매매 관련 법과 제도, 정책을 뜻한다. 스웨덴은 1999년 성 구매자만을 처벌하는 법과 제도를 세웠고 정책의 중점을 성매매 수요 차단에 두었다. 이 정책이 주변 국가들에 확대되면서 "노르딕 모델"이라는 이름이 붙었다.

시켰어요. 한국에서는 시기상조라는 말들을 하는데, 그건 진짜 생각을 전환해야 하는 문제인 것 같아요. 성매매 사건에서 여성들에게만 이중적인 기준을 적용해 처벌하냐 보호하냐의 문제로 해석하는 것을 바꾸는 역할이 수사기관의 몫이라면, 구매자들은 정말 아무런 의식 없이 범죄를 낳는다는 사실을 인식해야 한다는 거죠.

다르지 않은 여성들, 다르지 않은 올가미들

2012년에 삼 개월 동안 호주에 가서 현장을 볼 기회가 있었어요. 그때 아웃리치로 업소의 여성들을 만나기도 했어요. 거기는 업소에 들어가 여성들과 삼십 분 이상 얘기를 해도 무방하더라고요. 아웃리치를 통해 많은 여성들이 단체의 상담을 받았어요. '아, 계속 아웃리치를 하고 정보를 제공하는 방식이 여성들에게 좋은 계기가 될 수 있겠구나' 하는 생각이 들었죠. 또 한 국가의 정책적 선택이 어떤 변화나 효과를 낳는지 직접 볼 수 있었다는 점에서 의미가 있었어요.

한국은 성산업 규모가 크고 일상적으로 성 구매를 할 수 있는 나라예요. 마음만 먹으면 성을 살 수 있는 나라죠. 그렇게 된 역사적인 맥락들이 있어요. 호주는 성매매가 합법화되고 나서 규모가 커졌다고 하지만 업소가 띄엄띄엄 드물게 있어요. 노동자들이 두 시 반이나 세 시에 퇴근하는데, 정말 공장지대에 업소 하나가 있는 식이거든요. 성매매가 합법화되어 있으니 퇴근하면서 줄을 지어 성 구매를 하는 거죠. 그게 성 구매가 합법화된 업소, 나라의 풍경이에요.

호주의 성노동자 그룹은 굉장히 파워가 세요. 그런데 성노동을 지지하는 그룹은 어떤 여성이 업소가 힘들다고 하면 조건이 좋은 업소를 소개시켜주는 방식으로 성 판매를 유지하게 하는 거죠. '성 노동'이 나쁘다고 생각을 안 하니까, 마치 도덕적인 잣대를 들이대지 않는 것만으로도 할 일을 다했다는 듯이요. 합법화된 업소라 할지라도 모든 형태의 성매매를 허용하는 건 아니거든요. 거리 성매매가 불법이고, 성매매 업소로 허가받으려면 일정 규격을 갖추어야 하고, 병원이나 교회 근처에서는 영업하면 안 되고, 세금 내야 하고, 여성들이 여덟 시간 이상 일하면 안 되고. 그러나 대부분 합법적인 업소에서도 불법적인 영업을 하고, 합법화된 형태의 업소보다 불법화된 형태의 성매매가 네 배 이상 많다는 문제들이 있는 거예요. 인신매매 사건도 합법화된 업소에서 일어나고요. 이런 것들을 보며 한국과 정책적 비교를 많이 할 수 있었어요. '아, 성산업 크기를 줄이는 게 무엇보다 중요하겠구나', 그리고 성산업의 합법화를 이야기하기 전에 한국은 이 지경에서 성매매가 합법화되면 정말 더 난리 나겠다는 생각도 들었죠. 호주에 있는 한국인 성매매 여성을 보면, 성매매 업소든, 주변의 상가든, 어떤 지역이든, 공동체든, 암묵적으로 성산업을 유지해나갈 때 희생당하는 사람이 있는데 그 안에서 방법을 제시하지 못하더라고요. 그럴 때 외부 개입이 필요하다는 생각이 들었어요. 사실 취약한 상태에 있는 여성들이 성산업에 들어가기 쉽잖아요. 한국에 있는 외국인 여성이나, 외국에 있는 한국인 여성, 또는 이중삼중으로 취약한 상태에 있는 여성들, 비자라든지 모든 면에서 취약한 여성들이 성매매 업소에서 일해요. 그런 점이 정말 문제예요. 이건 여성의 취약성을 계속해서 이용하는 상황이라고 봐요.

저희는 부산에서 외국인 여성들을 만나고 지원하고 있는데, 이들은 한국에서도 미등록 상태니까 결국 귀국하지 못하고 점점 더 계속해서 취약한 상태가 돼버려요. 부산의 초량 텍사스만 해도 러시아, 필리핀 여성들이 이백육십 명 정도가 있어요. 저희가 삼 주에 한 번씩 아웃리치를 나가는데 원래 필리핀 여성들, 나이 많은 러시아 여성들이 많았거든요. 그런데 최근에는 젊은 러시아 여성들도 굉장히 많이 늘어났어요. 제가 느끼는 게, 한번 이런 루트가 형성되면 여러 나라의 여성 문제로 쉽게 확산된다는 거예요.

브로커들이 여성들을 공급하는 방식은 놀랍도록 서로 닮아 있어요. 예를 들면 이런 식인 거죠. 필리핀 여성들이 'E-6 비자'라고 예술·흥행 비자를 발급받아서 오는데 오디션도 봐야 하고, 비디오도 찍어야 하고, 비행기 값도 있어야 해요. 그 명목으로 여성들에게 두 달치 월급을 안 주고 묶어둬요. 한국에 오게 되면 그런 방식으로 착취하는데 태국 여성들의 경우는 더욱 심해요. 왜냐하면 E-6 비자로 오는 게 아니라 단기방문 비자로 오거든요. "타이 마사지"라는 데 여성을 보내서 마사지복을 구입하게 하고 비행기 값으로 한국 돈 삼백오십만 원을 빚지게 하면서 시작하게 하죠. 그럼 "손님 사십 명을 받는 분량이다. 그만큼 네가 공짜로 해줘야 한다"는 식으로 착취하는 거예요. 하는 게 다 똑같아요. 그러니 이런 루트가 한번 형성되는 게 진짜 무시무시하다는 생각이 들어요. 제가 호주 멜버른에 가서 만난 여성들 중에 탈북 여성들도 많았어요. 탈북 여성들이 멜버른까지 가 있는 거예요. 또 하나의 루트가 만들어져 있고 브로커가 있으니까 계속 그런 방식으로 공급되는 거죠. 이런 걸 '여성의 선택'이라고 부르기는 어려워요.

삶, 그리고 이야기는 힘이 세다

이 활동이 좋은 만큼 현실적으로 힘든 게 많죠. 저도 젊은 편에 속하는 활동가인데 좀 더 운동이든 활동이든 지속적으로 길게 할 수 있는 조건들을 고민해요. 안정을 모색할 수 없는 상황 속에서 늘 부대낌을 겪는 것 같아요. 이 일 자체가 좀 힘든 것도 있고, 생계 유지를 위한 활동과 자아 실현을 위한 활동이 함께 이루어지다 보니까 너무 헌신적이어야 할 때가 있는 거예요. 주말이나 쉬는 시간도 없고.

상담소는 늘 긴급 상황에 대응해야 하니까 생활 자체가 활동에 매몰돼 있는 부분이 힘들죠. 월급도 적고 장시간 노동에 스트레스를 받으니 서로 날이 선 모습을 보여줄 때도 있고요. 또 성매매 활동은 외부에서의 지지 같은 게 별로 없잖아요. 협력해서 여성들을 지원해야 될, 파트너십을 맺어야 할 기관들이 철저하게 여성들이나 성매매 현장에 대한 이해가 없고, 여러 면에서 저희와 너무 다를 때가 많아요. 그런 부분에서 굉장히 힘이 빠지죠.

하지만 이보다 더 가치 있는 일은 없을 거 같아요. 제가 여성으로서, 여성임을 끊임없이 자각하며 살아가고 있으니까요. 결국 저의 문제는 성매매 문제와 밀접하게 연결되어 있다고 생각하거든요.

어떤 현장이든 여성의 문제, 저의 문제와 연관성이 있어요. 성매매 문제는 한국 사회의 총체적인 문제들이 들어가 있는 영역이에요.

아직 나아졌다고 할 만한 것들이 성매매 영역에서는 별로 없다고 생각해요. 정말 제도가 아주 조금 나아진 것 말고는 없잖아요. 아직 해야 할 일들이 굉장히 많고, 그런 면에서 아주 가치 있는 활동이라고 생각해요. 해외에서 만난 한 연극 활동가가 "답이 없는 질문을 할 때 공동의 책임감을 느낀다"고 얘기했는데 그 말이 계속 인상적으로 남아 있어요. 여성문제가 다 그랬지만, 성매매도 답이 없는 문제였거나 이름 붙여지지 않은 문제였죠. 그런 부분들을 이야기하기 위해 예술도 필요하고 다양한 다른 말 걸기나 다른 방식들도 필요해요. 활동가로서 그런 것들을 많이 고민하고 기획하죠. 성매매 현장에서 일을 한다고 해서 상담만 하는 게 아니라 굉장히 다양한 활동들을 많이 하고 네트워크 하니까, 그런 부분들이 삶에 활력을 주기도 하는 것 같아요. 저는 "지성의 비관, 의지의 낙관"이라는 말을 좋아해요. 암울하고 비관적이지만 의지의 낙관을 믿는 편이에요. 여성혐오가 판을 쳐서 암울해도, 힘들면 힘들수록 그것이 다시 낙관할 수 있는 근거가 된다고 믿어요.

저는 말이 가진 힘이 세다고 여겨요. 활동의 원동력을 주는 건 결국 언니들의 이야기와 역동성이에요. 저도 내면에 내밀하게 가지고 있는 언니들의 이야기가 있잖아요. 그것이 저만의 이야기가 아니라 그 여성들이 가지고 있는 삶 자체인 것 같다는 생각도 들어요. 많은 것이 연결되어 있어요. 성매매 문제도, 저 자신과 사람들도요. 이런 활동들 자체가 제가 사람들을, 그들의 별들을 엮어가고 잇는 방식이에요. 앞으로도 그런 작업을 해보고 싶어요.

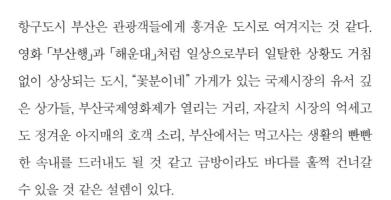

후기

늘 '언니'와 함께하는 사람

항구도시 부산은 관광객들에게 흥겨운 도시로 여겨지는 것 같다. 영화 「부산행」과 「해운대」처럼 일상으로부터 일탈한 상황도 거침없이 상상되는 도시, "꽃분이네" 가게가 있는 국제시장의 유서 깊은 상가들, 부산국제영화제가 열리는 거리, 자갈치 시장의 억세고도 정겨운 아지매의 호객 소리, 부산에서는 먹고사는 생활의 빤빤한 속내를 드러내도 될 것 같고 금방이라도 바다를 훌쩍 건너갈 수 있을 것 같은 설렘이 있다.

약속 시간보다 일찍 부산에 도착해 남포동 쪽으로 걸어갈 때 유흥업소들이 곳곳에 눈에 띄었다. 거의 벌거벗은 여자들의 대형 사진이 붙어 있는 고층 노래주점이 잇따라 있는가 하면, 초량의 거리에서는 줄지은 가게 앞에 서서 호객하는 러시아 여성들을 볼 수 있었다. 이것들이 한꺼번에 뭉뚱그려져 "관광 자원"이라 불리는 것이 곤혹스러웠다.

부산 토박이인 변정희 씨를 살림 사무실에서 만났다. 첫눈에도 '부산 사람' 같았다. 활달한 사투리와 솔직한 감정 표현, 커다란 웃음소리. 한편 그녀는 틀에 박힌 '부산 사람'은 아니었는데, 외지인들이 '부산'에 대해 가지고 있는 고정관념의 이면을 직시했기 때문이다. 그녀는 여성 인권의 관점으로 이 도시를 다시 설명해주었다. 문학적인 감성을 가지고 있는 그녀였기에, 성매매 현장의 아픔을 굳지 않는 마음의 맨살로 느끼고 견뎌내었을 것 같았다. 성매매 피해 여성들은 때로 자활하고 생존했지만, 때로는 죽어 세상을 떠나기도 했다. 성매매 방지 활동은 주변의 지지를 별로 받지 못하는 일이라고 했다. 아웃리치를 가서 업주들의 포악한 욕을 먹고 구조 활동을 하며 어떤 시간을 보냈을까? "업주들이 욕을 하면 농담하며 넘겼지만 사실 그 모든 것 하나하나가 상처였다는 것을 알게 됐다"고 변정희 씨는 다큐멘터리 「언니」(살림, 2007)에서 말했다. 변정희 씨의 쾌활한 목소리가 담긴 녹음을 다시 들으며 나는 활동가들의 가슴속에 남아 있는 상처를 느낄 수 있었다.

「언니」에는 얼굴을 밝히지 않은 성매매 여성들의 증언도 나온다. "손님 중 열의 아홉은 진상이다"라는 말이 나온다. 성매매는 성관계가 아니라 남성이 돈을 주고 여성을 지배하는 권력관계이기 때문이다. 변정희 씨는 "그 방"을 주목하라고 한다. 언니들이 낯선 공간에 낯선 남성과 단 둘이 놓일 때 느끼는 공포를. 성매매는 그 자체로 여성에게 해악이라는 점도 짚는다. 성매매에 대해 겉으로 이러쿵저러쿵하는 사람들도 단 둘이 놓인 방 안에서 여성이 겪는 고통을 모르므로, 성매매 여성들이 겪는 진짜 현실을 알지 못한다.

변정희 씨는 호주에 가서 한국 여성과 탈북 여성들이 성매매 현장에 유입되는 것을 목격했다. 우리나라에서는 필리핀, 러시아 성매매 여성들의 수가 늘어나는 현장과 맞닥뜨렸다. 여성의 몸을 갈취해 얻는 돈을 경제적 자원으로 삼고, 이윤 추구를 목적으로 기업화되는 성매매 업소들, 세계 곳곳에 팔려가는 여성들, 모두 동일한 루트와 각본으로 움직이고 있었다.

때로 지치지만 나아가야 할 일들이 산적해 있다. 활동가로서 존중과 이해를 받기보다 사회의 몰이해를 받는 점도 지치는 데 한몫한다. 그러나 언니들의 삶에서 나온 이야기들과, 여성이 처한 진짜 현실에 대한 참여가 "이보다 더 가치 있는 일은 없다"라고 말하게 한다.

이전에 변정희 씨가 죽은 성매매 여성을 그리워하며 쓴 글을 본 적이 있다. "언니, 안녕. 친구가 수녀원에 가자고 말했는데, 가봤더니 그곳이 완월동이었다고⋯⋯. 그로부터 수십 년이 지났어. 언니의 몸은 하얗게 타서 사라졌겠지. 그러는 동안에 언니의 기억은 누가 이야기하고 있을까? 아니, 어떻게 이야기하는 게 좋을까? 어떻게 잊어야 할지보다, 어떻게 기억해야 할지를 이야기해서 미안해. 언니, 안녕."

벤치를 기다리는
오랜 자리

우정희

:
:
:
:
:

"사람들한테 집결지는 그냥 지나치는 곳이에요.

눈은 떠 있어도 바로 안 보는 곳이에요. 직면하지 않잖아요.

그래서 사람들과 그곳을 걷기 시작했어요.

한번 보라고, 이곳이 어떤 곳인지 보라고, 이야기해보자고.

걸으면서 하나둘씩 알게 된 거죠.

이곳에는 가로등이 없고 벤치가 하나도 없다는 것을."

(사)전북여성인권지원센터
전북여성인권지원센터는 2000년 군산 대명동, 2002년 군산 개복동에서 일어난 화재 참사 대책위 활동을 시작으로 2003년에 상담소를 개소하였다. 그 뒤 2004년에 안전한 주거 지원과 치유를 위한 민들레 쉼터, 2006년에 자활지원센터를 개소하면서 성매매 경험 여성을 위한 통합 지원 시스템을 갖추었다. 전북여성인권시원센터는 여성주의적 가치를 가지고 성매매 경험 여성들과 소통·연대하며 성매매 없는 평화롭고 행복한 사회를 지향한다.

여성들의 죽음이 보여준 현실

2000년과 2002년에 군산 대명동과 개복동에서 화재 사건*이 있었어요. 성매매를 강요당한 여성들이 감금된 채 화재로 불타서 사망한 사건이었죠. 문을 열고 나오면 살 수 있었는데 문이 바깥으로 잠긴 탓에 여성들이 탈출구로 나올 수 없어서 계단에서 질식해 죽었거든요. 그때 이 사건에 대한 집회와 추모제에 참여하면서 그동안 전혀 모르던 새로운 세상을 보게 됐어요. 이런 여성의 현실이 바로 가까이 있었다는 걸 알게 되고, 성산업의 현실을 보게 된 거죠. 떠올려보면 분노가 치밀었어요. 그걸 계기로 2002년부터 활동하기 시작했죠.

당시에 여성가족부 프로젝트로 먼저 전북 지역 성매매 실태조사를 했어요. 사람들이 잘 모르니 성산업이 어디에 얼마만큼 있는지 확인을 해서 알리는 작업이 필요했거든요. 저는 활동가들과 지역의 열네 개 시군을 돌아다니며 집결지, 티켓다방, 유흥주점의 위치와 규모를 확인하는 작업을 했어요. 그때 저도 처음으로 성매매 업소의 종류들을 본 거예요. 직접 가서 눈으로 확인하고 업소 수와 여성의 수를 계산했어요. 실제 영업 형태를 알아야 해서 남성 활동가들을 조직해서 저녁 시간에 일일이 들러 "여기에 몇 명 정도 있냐?" 물어보면서 산업형 집결지가 몰려 있는 현장에 방문했어요.

---

* 2000년 군산 대명동의 한 성매매 업소 2층에서 발생한 화재로 5명의 감금된 성매매 여성이 사망했다. 이어 1년 4개월 뒤 개복동의 성매매 업소에서 화재가 발생해 14명의 여성이 사망했다. 이에 대한 문제제기와 사회적 관심은 성매매방지법 제정의 계기가 되었다.

놀라웠어요. 충격적인 장면이었어요. 그전에는 새벽까지 네온사인이 휘황찬란한 곳에 있어본 적이 없거든요. 조사원이 묻는 말에 업소에서는 "성매매 다 된다, 언제든지 오라"고 하는 거예요. 성구매 현황을 목도하니까 '현실이 이렇구나' 하는 걸 알게 되면서 당혹스러웠어요. 내가 몰랐던 곳에서 이런 일이 벌어지고 있었던 거죠. 꿈에도 그 광경이 나왔어요. 처음엔 그 충격이 제 안에서 해소가 안 돼 꿈을 정말 많이 꿨어요. 지금도 한 번씩 꾸긴 하지만요.

그때 육 개월 동안 조사해 실태조사 보고회를 열었어요. 전체적인 성산업 규모를 눈으로 확인할 수 있는 자리였죠. 2002년도에 전북 성산업에 종사하는 여성 수가 만팔천여 명이었어요. 당시 전북 지역 이십 대 여성의 13퍼센트에 해당하는 규모였어요. 여성 열 명 중에 한 명 정도가 성산업에 고용되어 있다는 것을 확인했어요. 특히 전주, 군산, 익산의 성산업 규모가 상당히 크게 나왔어요. 업소 수도 어마어마한 규모였어요. 집결지, 유흥업소, 단란주점, 다방, 숙박업 등 한 동네에만도 관련 업소가 수백 개가 넘었어요. 성산업의 규모가 거대할뿐더러 일상에 침투한 상황인 거죠.

당시에는 여성을 지원하는 시스템이 없었어요. 이전에 윤락행위 등방지법에 따라 선도보호시설의 개념은 있었지만 지금처럼 성매매 피해 상담소는 없었거든요. 그래서 그 실태조사 작업을 통해 여성을 위한 지원 시스템이 필요하다는 제안이 나왔어요. 저희가 이 문제를 가지고 지속적으로 활동해야겠다는 생각으로 2003년에 현장상담 센터를 설치 신고하고 저는 그때부터 계속 활동하고 있어요.

성매매 문제는 누구나의 문제

그때 상담소에 상담이 엄청 많이 들어왔어요. 지금은 성매매 피해 상담소가 전국에 서른 개 가까이 있지만 그때는 상담소가 많지 않았을 때였거든요. 전국에서 걸려오는 상담과 구조 요청 전화가 많았어요. 성매매방지법이 시행되기 전이어서 저희가 현장상담센터를 설치하고 활동하니까 여기저기서 도움을 요청한 거죠. 초반에는 전국을 돌아다녔어요. 순천에 긴급 구조를 가서 한 업소에서 열여섯 명의 여성을 구조한 일이 인상적으로 남아요. 그때는 현장상담센터에 긴급 구조 차량도 없어서 자원 활동가 차량을 섭외해서 갔어요. 사전에 정보가 노출될까 봐 지역 경찰도 현장에서 섭외하고요.

상담 후에도 여성들이 안전하게 있을 기관이 필요하니 이듬해 전북여성인권지원센터에 쉼터를 만들었어요. 또 쉼터에 있는 여성들의 생계유지 방법을 찾기 위해 자활지원센터를 2006년에 개소했죠. 탈업 후 성매매 여성에게 필요한 삶을 위한 시스템을 만드는데 노력한 시기였어요.

힘들었지만 없던 것을 새롭게 만드는 과정이 굉장히 즐거웠어요. 당장 언니들이 자활을 위해 할 일이 없으니 상담소에서 단기 인턴십 같은 형태로 일하며 급여를 받기도 하고, 저희가 외부 자원을 발굴해 알아보기도 했어요. 여성들을 후원하기 위한 사업도 했어요. 전북 지역의 사람들을 만나 사업에 동참해달라고 홍보하고 언니들이 쓴 시 같은 작품들을 모아 전시회도 했어요.

보통 사람들은 "그 여성은 왜 성매매에 유입됐나?" 이런 질문을 많이 하잖아요. 이런 질문을 받을 때 저는 '도대체 왜 여성들의 사정만 궁금해할까?' 싶어요. 여성들보다 훨씬 더 많은 알선업자와 성 구매자가 있는데 왜 구매자는 궁금해하지 않을까 하는 거죠. 사실 좀 화도 나고요. 성산업은 구조적인 문제인데 여성 개인의 문제라고 보니까요.

상담소에서 2008년에 성 구매자를 한 번 조사한 적이 있어요. 선미촌의 네 개 업소를 대상으로 열한 시부터 새벽 두 시까지 세 시간을 살펴보니 성 구매자가 백십팔 명이더라고요. 얼마나 더 많은 남성들이 그 시간에 성 구매를 하러 갔을까요? 성산업 문제를 해결하려면 성 구매 수요를 차단해야 해요. 성매매 여성에 대한 얘기보다는 초점을 남자에게 맞춰 성 구매에 대한 얘기로 전환해야죠.

사람들이 성매매 여성에게 관심의 초점을 맞추는 것은 그게 편하기 때문이라고 생각해요. '문제 있는 여성은 따로 있으니까'라고 여기면 사람들은 부채감이나 방관자적인 태도에 면죄부를 받는 거잖아요. 그 문제의 초점이 자신이 된다면 스스로 성찰해야 되는데, 그건 싫어하는 거죠. 사람들이 자신은 괜찮은데 특정 사람들만 문제가 있다고 여기니까, 여성들만 자꾸 문제시해요. 그래서 "여성들이 성매매를 자발적으로 선택했다, 돈을 쉽게 벌 거다" 같은 얘기들이 만들어진다고 생각해요.

하지만 여성들이 성매매를 할 수밖에 없는 구조가 있는 거예요. 자발적으로 선택했다고 해도, 자발적으로 선택하도록 하게 만드는 많은 요소들이 있어요. 한 명의 여성을 찾는 남성들이 수십 명, 수백 명 될 텐데 왜 한 명을 문제시하는 걸까요? 수십 명, 수백 명의 남성들이 성매매 업소에 안 찾아가면 되는데 말이에요. 이렇게 더 많은 요인을 드러내야 하는데 사람들이 성매매 문제라고 하면 업주나 알선업자나 성 구매자의 문제는 안 궁금해하는 거죠.

성매매 알선업자들은 많은 수요를 만들어내며 업소 형태도 바꿔가고, 구매자가 다양한 선택을 할 수 있게 됐다고 선전해요. 이런 현실에 초점을 두어 문화적으로, 다른 방식으로 캠페인을 해야 해요. 언론 기사도 더 극단적인 형태의 피해 사건 보도만 추구해요. 초점을 성산업의 구조적인 문제에 맞춰야 하죠. 성매매 알선업자들이 얼마나 많은 조직을 가지고 있고, 우리나라에 성매매를 할 수 있는 업소가 얼마나 많은지, 성산업이 얼마나 음성적인 지하경제 형태로 탈세·탈법을 저지르는지 부각하면 좋겠어요.

사람들이 성매매 문제를 자신의 문제로 받아들일 수 있는 캠페인을 하면 어떨까 생각해요. 스웨덴은 성 구매 차단을 위해 남성들이 성 구매를 하지 않겠다는 캠페인을 해요. 우리나라에서 남성이 성 구매를 많이 하는 게 현실이니 '성매매를 하면 안 된다, 범죄다' 하고 성 구매를 하지 않는 방식으로 문화를 바꾸어 나가야죠. 성산업은 구매 수요와 관련해 축소하는 방향으로 가야 해요.

특별하지 않은 용감한 여성들

상담소에서 그동안 해온 상담은…… 어떻게 표현하면 좋을까요? 아주 매력적이거든요. 상담을 하면서 듣게 되는 이야기는 그 여성들의 생존의 경험이고 역사인 거잖아요. 힘들었던 피해 이야기인데도 친구들의 특별한 경험을 제가 온전하게 듣는 거니까 많이 배우죠. 여성들의 얘기를 듣다 보면 제 안의 좁은 사고가 많이 깨지는 게 있어요. 제 안에도 낙인 같은 것들이 있잖아요. 공부하고 책을 읽는다 해도 이런 고정관념이 잘 안 없어지는데 여성들의 이야기를 직접 듣게 되면 자연스럽게 깨달으며 함께 성장하는 느낌을 받죠.

또 사건을 해결해가는 과정에서 둘이 같이 떨고, 같이 이겨내거든요. 해결 과정에서 사건에 대해 남들이 함부로 말하는 걸 들으면 부들부들 떨면서 같이 겪어나가니까 특별한 경험을 온전히 함께하는 거예요. 그래서 힘들지만 힘을 받는 시간이 되기도 해요.

한편으론, 그동안 만나온 여성들을 떠올리면 생을 마감한 여성들이 먼저 떠올라요. 사고로 돌아가시기도 하고 우울로 생의 마감을 선택하기도 해요. 갑작스레 전화를 받고 장례식장에 가는 일들이 있어요. 바로 며칠 전에도 통화가 된 친구가 죽음이라는 선택을 하게 되는 경우도 있고요. 그런 친구의 장례식을 다녀오면 장례식장이 있었던 병원을 지나갈 때마다 기억이 떠오르죠. 마지막 입관식 할 때의 모습이 눈앞에 떠오르기도 하고……. 장례식장에 일 년에 한 번은 꼭 가는 것 같아요. 많은 얼굴들이 기억에 남아 있어요.

헤어지게 되면 상실감이 많이 들죠. 제가 다 감당할 수 없는 건데도 상실감에 사로잡히면 그동안 활동하면서 힘들었던 것이 그 순간 한꺼번에 밀려와요. 슬픈 감정에 한참 빠져 있다가 다시 정신 차리고 일하기도 하고. 안타까움이나 부채감이 커요. 그 친구가 세상을 떠나기 전에 한 번이라도 전화를 더 할걸……. 그 가족들도 죽은 친구가 창피하다고 장례 절차를 간소하게 할 때가 있거든요. 장례식도 제대로 안 하고 화장을 하루만에 해버리면, 가까운 가족에게도, 지인들에게도 마지막 인사를 받지 못하고 떠나게 되는 거예요.

물론 상담하고 기쁠 때도 많죠. 업주 고소나 고발이 잘됐을 때도 기쁘고. 갑자기 추심장이 날아왔다고 걱정하는 여성을 법적 지원했는데 결과가 잘 나왔을 때, 둘 다 후련하고 좋죠. 법원이나 경찰서에 갈 때 이동 시간이 오래 걸리니 차에서 서로 얘기를 많이 해요. 인생을 주고받는 대화를 하는 그동안에도 많은 교감이 이루어지는 느낌을 받아요. 후련하게 이야기가 되는 순간이 있어요. 힘들게 싸워가지만 함께하는 우리가 서로 통한다는 느낌을 주고받았을 때 몹시 기쁘죠.

그리고 여성들이 변하는 모습을 봐요. 한 친구는 처음에 같이 경찰 조사를 받을 때 너무 힘들어했어요. 그 친구가 "조사받으러 못 가겠다, 무섭다"고 해서 법률지원 과정이 지난했어요. 업주들이 되레 이 친구를 고소하고 사기죄로 엮었거든요. 성매매 피해 여성을 지원해야 하니까 저희도 가만히 안 있죠. 우리는 폭행으로 고소하고 그랬어요. 한 명을 지원하는데 업주와 열한 건의 고소·고발을 주고받은 적도 있을 정도예요. 그런 과정을 힘들게 겪어낸 그 친구가 나중에 토론회 같은 데서 자기 입장과 의견을 솔직하고 당당하게 말하는 걸 봐요. 이처럼 지원을 받으며 여성들이 훌쩍 성장하는 모습을 보곤 해요. 이 친구만 성장하는 것이 아니라 상담원인 저도 좀 더 여유로워지면서 성장해요. '우리가 함께 가는구나' 싶어요.

초반에 상담소 공간에서 만나면 친구들이 많이 울기도 하고 저도 화나고 답답했어요. 그랬던 친구들이 일련의 과정을 거치면 기억에 대해 다르게 떠올리고 다르게 해석해요. 그 친구들이 가지고 있는 힘이죠. 워낙 힘 있는 친구들이니까 성매매 공간을 이겨내고, 버텨냈죠. 그런데 사실 성매매 업소에 있으면 자기 힘을 잘 자각하지 못하잖아요. 밖에 나와 지원을 받으며 이야기하는 과정에서 자각하는 거죠. 자기 안에 생존할 수 있고 버틸 수 있는 힘이 있다는 걸 깨닫게 돼요.

상담원이 온전하게 들어주는 것만으로도 이 친구한테 굉장히 지지가 될 거예요. 여성들은 성매매 경험을 이야기하는 게 쉽지 않잖아요. 그들이 온전하게 자기 경험을 허심탄회하게 얘기할 수 있는 곳이 상담 공간이에요. 상담원의 도덕적 잣대는 내려놔야죠. 만약 상담원이 자기 얘기에 공감을 못하고 불편해한다면 상대가 느낌으로 바로 알거든요. 하지만 상담원이 자기 말을 이해하는 것 같다는 느낌을 받으면 훨씬 잘 얘기하죠. 상담에서 여성들이 한 번 얘기하고 나면 후련하잖아요. 얘기하고, 또다시 얘기했을 때 여성들이 스스로 더 당당해지는 게 있죠.

상담원이라고 해도, 기술적인 방법을 너무 의식할 필요는 없어요. 내담자가 스스로 자기 얘기를 할 수 있게 하면 지지가 가능하다고 생각해요. 상담에서도 여성을 존중하는 여성주의 의식과 가치가 필요해요. 앞에 있는 상담원 덕분에 이 여성이 어떤 이야기든 제한 없이 편하게 이야기할 수 있게 하는 거죠. 상담소는 성매매 경험 여성에 대한 법률지원, 의료지원 같은 목적을 가지기도 하지만 또한, 누군가는 이 상담 공간을 만나 비로소 자신의 이야기를 다할 수 있었으면 해요. 그동안 어느 누구에게도 이야기하지 못한 걸 다 표현했으면 좋겠다는 거죠. 상담소 안에서 안심하고 여성들이 무엇이든 언어화하고 드러낼 수 있기를 바라는 거예요.

한 여성의 이야기 안에는 희로애락이 다 담겨 있어요. 사람의 시간이 슬프고 힘든 것만은 아니니까요. 언니들의 이야기를 듣다 보면 '힘 있는 사람이니까 견디고 버티고 살아남았다. 나 같으면 못할 것 같은데' 하는 생각이 들기도 해요. 그동안 저희는 굉장히 많은 이야기들을 들었죠. 한 언니가 탈출할 때 "잠깐 목욕 간다"고 둘러대고 목욕 가운에 비상금을 챙겨 아슬아슬하게 택시를 잡았다던 이야기, 집결지에 처음 가서 성매매를 해야 하는 게 너무 힘들어 소주를 한 병씩 먹었다는 이야기, 구매자에게서 팁을 받으면 업주에게 빼앗기지 않으려고 옷 속에 기워넣어 숨겼다는 이야기 ……. 허심탄회한 이야기 속에 여성의 삶이 있어요.

상담소에 왔을 때는 일단 해결할 과제가 긴박해 경황이 없지만 문제가 해결되면 자기 본연의 모습을 보이게 돼요. 나중에 결혼해 출산해서 아이를 데리고 오기도 하고요. 활발하게 시집 얘기하고 남편 얘기하고……. 때로 혼자 아이를 키우는 여성도 있지만 힘들어도 자기 자식이 방긋방긋 웃으면 어느새 자기도 웃는, 평범한 사람들이에요. 특별한 경험을 하지만 그 특별한 경험이 그 후 여성들의 일상을 해치지 않아요. 우리와 다르지 않은 사람들이에요.

십오 년, 여성의 힘을 믿고 머문 자리

사람들은 성매매 경험에 대한 낙인을 참 쉽게 생각해요. 당사자가 아니니 낙인을 찍는 말과 행동을 지나치듯이 쉽게 하는 거예요. 하지만 자신이 성매매 경험자라면 그런 낙인에 오랫동안 이어지는 아픔을 갖게 돼요. 우리 사회가 낙인을 주는 방식으로 구성되어 있어서 그 안에 있는 사람들이 사회적 낙인을 체감하는 거예요. 문화가 바뀌지 않으면 해결이 안 되는 것 같아요. 사실 개인이 벗어나려 해도 그 문화 안에 있으면 해소가 되지 않아요. 억울하죠. 인생 일부의 경험이고 과거의 경험인데, 왜 사람들은 성매매 경험이 그 여성의 일생을 지배한다고 생각하는지……. 현장에서 노력하고 있지만, 사회적 인식의 전환을 위한 작업은 힘들죠. 여성이 처한 열악한 환경이 있는데 사람들은 모든 걸 개인의 문제로 보니까요. 사실 낙인은 여성들한테 폭력적인 거예요. 성 구매에 대한 낙인은 해프닝으로 끝나는데 성매매 경험 여성에 대한 낙인은 그렇지 않죠. 여성한테는 그게 삶이 흐트러질 정도의 고통이 되니까 더 큰 폭력이 되는 거예요.

성매매방지법이 제정되고 한동안은 수사기관에서 성매매 피해에 대한 인식을 하고 여성의 이야기를 들어줬어요. 그런데 2009

년에 성매매 전담 수사기관인 여경 기동 수사대가 해체됐어요. 전담 수사기관이 없으니 이제 저희는 성매매 문제를 고소할 때 경제팀이나 형사계로 가요. 성매매 피해에 대한 사회적 인식이 부족하니 경찰서에서도 성매매 여성에게 문제가 있다고 생각하죠. 이제 경찰서에 가면 언쟁을 하게 돼요. "성매매 피해 여성은 피해자인데 왜 경찰서에서 피의자로 보냐!"라고 문제 제기하게 되고요. 업주들이 사기죄로 여성을 고소하면 성매매 피해 여성을 되려 사기죄를 지은 범죄자라고, 수사기관에서 몰아가는 경우도 있어요. 또 여성이 고소를 하게 되면 여성에게 입증 책임을 과도하게 부여하면서 책임성 추궁을 하죠.

성매매방지법을 집행하는 기관의 인식과 태도가 개선돼야 해요. 업주도 강하게 처벌해야 하고요. 그런데 지금은 오히려 성매매 경험 여성에 대한 인식은 안 좋아지고 업주나 알선업자에 대한 처벌은 약한 편이에요. 저는 여성들이 처벌을 안 받았으면 좋겠어요. 그래야 더 온전하게 자기 경험을 이야기할 수 있을 것 같아요. 지금은 일부 여성들도 처벌의 대상이 되니까 여전히 자신이 공감받지 못한다는 느낌을 받게 되죠. 그건 바뀌었으면 좋겠어요.

왜 제가 계속 활동하고 있냐고요? 저는 사람들과 뭔가 새롭게 만들고 알려내는 작업이 재미있었어요. 매번 변화를 찾아 새로운 일을 계획하고 진행하면서 일 년, 일 년이 지났어요. 일이 힘드니까 활동가들과 여성주의 세미나를 함께하면서 기운을 북돋죠. 사실 저도 소진된다는 생각을 많이 해요. 힘들고 지치는 시간이 올

때 동료활동가들과 같이 얘기하면서 풀어나가요. 반성매매 활동을
한 지 십오년 차가 되니 저 스스로 축하하는 감정들, 위로하고 지지
하는 감정이 많이 들어요. 이 공간이 매력적인 공간이에요. 다른 곳
에 있었다면 못 느꼈을 역동성이 있어요. 함께하는 사람에 대한 믿
음, 내가 만난 여성들, 동료들에 대한 믿음도 제가 이 공간을 매력
적으로 여기고 함께 활동할 수 있게 하는 동기가 되는 것 같아요.

집결지가 사라져야 하는 이유

전주 선미촌*은 전북여성인권지원센터에서 처음부터 활동한
곳이에요. 아직도 팔십 명에서 백여 명 정도의 여성이 선미촌에 있
어요. 2002년부터 저희가 굉장히 많은 여성들을 만나왔고** 집결지
문제를 드러내는 작업을 했어요. 2004년에 성매매방지법이 제정
되어 저희도 선미촌 여성을 대상으로 2005년부터 2009년까지 집
결지 자활지원사업을 했어요. 상담을 하고 집결지 여성들이 다른
일을 하고 싶다고 하면 생계비를 지원하면서 의료·법률 지원과
직업훈련을 받을 수 있게 했어요. 그래서 많은 여성들이 업소에서
나왔죠.

---

* 1930년대 전주부 소세이초에 있던 유곽이 한국전쟁 후 서노송동 선미촌과 전동, 다가동의 선
화촌으로 이어졌다. 1960년대 선미촌의 외관은 전주 기차역 뒤편에 늘어선 여관의 모습이었고,
1990년대에는 유리방 집결지로 변화했다.
** 2002~2015년 동안 상담한 선미촌 여성들은 모두 2만 7,723명이다. 전북여성인권지원센터,
『선미촌 다시, 봄』, 2016, p.180.

그런데 여성들이 그곳에서 나와도 집결지가 유지되면 또 다른 여성이 그곳에 오고, 업주는 그 여성들을 착취해 부당 이득을 계속 얻잖아요. 집결지의 문제를 드러내 가시화해야 했죠. 그래서 전주 지역에서 집담회, 토론회, 시민의식조사를 했어요. 2007년에 시민 의식을 조사하면서 집결지의 존재에 대한 의견을 모아보니 전주 시민의 83퍼센트가 "집결지가 없어져야 한다"고 답했어요. 또 "여 성에 대한 지원과 국가의 지원이 꼭 필요하다"고 답했죠.

현재 집결지 거래 규모는 전체 성산업에서 8퍼센트 정도의 규 모고 나머지 대부분의 규모를 차지하는 것은 산업형 업소들이에 요.* 업소 형태를 바꾸어 법망을 피해가는 성매매 업소들이 훨씬 많아요. 자유업종으로 마사지 업소나 키스방 같은 것을 하고, 오피 스텔 성매매같이 위장해 영업하기 때문에 산업형 성산업이 더 큰 규모를 차지하죠. 하지만 우리가 집결지에 주목하는 이유는 그 공 간의 상징성 때문이에요. 일반적으로 '성매매 여성' 하면 홑복을 입고 유리문 안에 있는 여성이 머릿속에 떠오르잖아요? 그게 집결 지의 풍경이죠. 집결지는 전체 성산업 규모에서 적은 비중을 차지 하지만 이미지가 전환되는 게 필요해요. 그걸 시작으로 사람들의 의식이 달라지는 거죠.

2008년 성매매 집결지 문제 해결을 위한 3차 집담회에서 선미 촌 업소 부분을 매입하자는 아이디어가 나왔어요. 지방자치체 예

---

* 김기태·하어영, 『은밀한 호황』, 이후, 2012, pp. 59~60.

여전히 존재하는 집결지, 선미촌 현장 방문 상담.

지나치지 않고, 직면하고, 기억하고, 기록하기 위한 걸음, '선미촌을 걷다.' 무너진 공폐가에서.

산까지 잡았는데 시의회에서 부결됐죠. 집결지 폐쇄 정책은 국가 정책이에요. 하지만 집결지가 그대로 유지되고 경찰 단속도 간헐적일 뿐이어서 저희는 계속 집결지 문제를 드러내고 현실적으로 해결할 방안을 찾아갔어요. 국가 지원 아래에서 집결지 자활지원 사업을 하고 집결지 여성의 현실에 대한 자료까지 얻었지만 실질적으로 집결지 폐쇄로 이어지는 것은 쉽지 않았어요.

저희는 십여 년 정도 동안 계속 선미촌 문제를 지역사회의 주요 의제로 설정하기 위한 활동을 해왔어요. 2014년 지방선거 때 시장 후보들에게 선미촌에 대한 정책 질의서를 보내고 답변을 받아 언론에 공개했어요. 모든 후보의 선거캠프를 방문해 선미촌 정비에 대한 의지를 촉구했고요. 한 후보는 정책 설명회를 통해 선미촌 해체와 주거 환경 개선 방안을 발표하기도 하고, 지방선거에서 선미촌 문제가 이슈가 되고 기사화되자 선미촌 문제가 본격적으로 공론화되었죠. 2013년에 선미촌 민관 거버넌스를 준비하고 그 다음 해 선미촌정비 민관협의회가 발족했어요. 현재는 선미촌을 도시 재생적인 면에서 어떻게 바꿀 것인가에 대해 정책적인 회의나 워크숍을 통해 고민하고 작업 중이에요. 저는 그동안 성매매 경험 여성들을 많이 봐왔고 선미촌 집결지에 있는 여성들을 만나왔기 때문에 굉장히 복합적인 감정이 들어요. 어떨 땐 먹먹하기도 하고요. 이제 시작이에요.

선미촌에 대해 여러 민관이 협력해서 새로운 모델을 창조하는 과정에 있어요.* 이 꿈이 실현되기를 바라요. 전주시장의 의지가 있으니까 가능한 부분이에요. 일단 민간 개발의 형태가 아니어서 다행스럽게 되었어요. 민간 개발이라면 업주들이 또 개발 차익을 얻잖아요. 전주 선미촌은 무등록 상태로 불법 영업을 지속했고 개발채산성이 없어 민간 개발에 해당이 안 돼요.

그동안 노력해온 결과니 이런 결정이 반갑고 잘됐으면 하죠. 협력 과정에서 성매매에 대한 인식을 확인하는 절차도 잘 밟아나가야 해요. 전체적인 도시 재생 과정에서 여성의 문제 해결을 간과하면 안 되는 거죠. 그래서 그곳에 있는 여성들을 위한 자활지원조

---

* 선미촌 일대는 2016년부터 2022년까지 68억 원을 들여 성매매 업소를 점진적으로 폐쇄하는 도시재생사업의 무대가 된다. 재생 사업은 토지 매입으로 성매매 업소의 자진 폐쇄를 유도한 뒤 예술촌, 문화공간, 나눔장터 등으로 전환한다는 내용을 담고 있다.

례*를 만들고 있어요. 집결지 여성들이 그 공간에서 밀려났다는 느낌을 갖지 않게 하는 절차가 필요해요. 선미촌 여성들을 위한 여성 자활지원조례안이 만들어지고 생계비와 주거비 지원 정책도 수립되어야 해요.

그 벤치에 우리 모두 둘러앉는 꿈

선미촌이 더는 성매매 집결지가 아닌 곳이 된다는 데 공감대가 더 확장되면 좋겠어요. 저희가 작년부터 선미촌 걷기를 본격적으로 시작했어요. 지역 사람들, 대학생들, 문화예술인들, 다양한 사람들과 낮에 선미촌을 걸어요.

집결지라는 곳은 그냥 지나치는 곳이잖아요. 지나치고 바로 안 보는 공간이죠. 눈은 뜨고 있어도 제대로 보이지 않는 곳이 집결지예요. 아주 특수한 공간인데, 집결지를 처음 보는 사람도 스쳐보고 제대로 직면하지 않잖아요. 그래서 선미촌을 한번 보라고, 실지로 걸어보고 그곳이 어떤 곳인지 제대로 봤으면 좋겠다고, 걷고 나서 이야기해보자는 거죠. 시민들과 걷고 나면 성매매 문제, 집결지 문제에 대한 이야기도 나오고 낙인의 문제나 풀지 못한 개인적 이야기도 다 나와요. 선미촌을 안 보고 이야기하는 것과 보고 이야기하는 것은 정말 달라요. 선미촌의 변화를 촉진하거나 공감을 일으키기 위해 꼭 필요한 작업이에요.

---

* 강원도 춘천시에 있던 난초촌의 경우 자활지원조례를 제정해 특별 생계비와 직업훈련비 등을 지원했다.

사람들은 걸으면서 역동하는 현실을 보게 돼요. 거리의 풍경 곳곳에서 집결지가 구성된 역사가 같이 보이니까요. 다각적인 차원에서 서로 다른 공간으로 보이니 사람들이 새로워하고 변화에 대해 얘기해요. 걷는 것은 다양한 생각을 모아내고 과정을 만들어가는 행위예요. 걸으면서 바라는 것에 대해 공감대를 넓혀가는 거예요.

올해 전주시에서 선미촌에 있는 공폐가들을 매입했어요. 길 바깥쪽은 집결지 유리방들이 있는데 길의 안쪽에는 폐가들이 남아 있었어요. 예전에 여인숙이었던 집의 담벼락이 비가 와서 무너졌어요. 그 담이 무너지니까 옛 업소로 쓰이던 좁은 방들이 여러 개 드러났죠. 선미촌은 1960년대부터 여인숙들이 모여 집결지가 됐다가 1990년대 중반부터 유리방으로 바뀌었는데, 이전에 성매매 장소로 쓰이던 여인숙들이 폐가로 버려진 채 공존하고 있는 거예

나는 여기가 공원이나 생겼으면 좋겠어
지금은 손님을 기다리며 앉아 있는
의자이지만 그때에는
친구와 산책하며 걷다
잠시 쉬는 의자면 좋겠어
(선미촌여성 인터뷰 중)

요. 그 조그만 방들을 보면 '이런 방도 보존해서 기록으로 남겼으면 좋겠다' 싶어요. 기억의 공간이 남는 게 필요해요.

작년에 선미촌정비 민관협의회에서 일본 요코하마 고카네쵸에 다녀왔어요. 그곳도 집결지였는데 지역 주민들이 안전한 마을이 필요하다고 주장해서 경찰이 육 개월을 단속해 집결지를 폐쇄시켰어요. 2010년에 NPO(Non Profit Organization)인 고카네쵸 에어리어 매니지먼트 센터가 발족되어 운영되고 있는데, 남아 있는 업소들을 마을 관리 센터에서 아티스트를 위한 공간으로 사용하고, 해외 예술가들을 초청해 고카네쵸 바잘*도 해요. 그런데 그곳 중 하나를 전에 있던 성매매 업소로 재현했어요. 이것처럼 도시를 재생하는 과정에서 없어지게 된 선미촌을, 한 공간에는 그대로 보존했으면 좋겠다고 생각해요. 왜냐하면 성매매 업소나 집결지는 사라져야 하지만 삭제된 기억, 도려낸 기억이어서는 안 되거든요. 변화 과정에서 예전 모습을 남겨두는 것이 필요해요. 몇 십 년간 그 공간이 존재했고, 집결지를 방치한 것도 사실이고, 그곳에 살던 여성들도 있었으니까요. 이 또한 여성의 현실이었고, 그 현실을 바꾸기 위한 활동이 있었으며 변화가 꼭 필요했다는 사실을 사람들이 알았으면 좋겠어요. 기억하고 기록하는 것이 필요해요.

---

* 2008년 요코하마시가 3년 계약으로 임대한 20여 개의 빈 업소를 무대 삼아 아트 이벤트를 시험적으로 실시하였다. 5개국 29개 팀의 아티스트와 숍이 참가하여 전시와 워크숍을 하였고, 2개월 동안 10만여 명이 고카네쵸를 방문했다. 이를 계기로 NPO 고카네쵸 에어리어 매니지먼트가 발족되어 운영되고 있다.

선미촌에서 나온 한 언니가 이야기했어요. 선미촌이 변화한다면 공원이 됐으면 좋겠다고요. 자기는 지금 그곳에 잘 못 가잖아요. 그 거리를 편안하게 걷지도 못하고요. 만약 앞으로 공원이 되면 그곳에도 벤치가 있을 거고, 예전에 홀복 입고 손님을 기다리던 자리에 친구랑 같이 가서 벤치에 앉아 쉴 수도 있으니까, 그렇게 가보고 싶다고 얘기를 해줬거든요. 선미촌은 지나는 공간이지 머무는 공간이 아니었어요. 유리문 안에 수많은 의자가 있었지만 유리문 밖에는 단 하나의 의자도 없었어요. 선미촌을 걷다가 잠시라도 쉬기 위해 머물 수 있는 의자가 없었어요. 선미촌 거리에 누구나 앉을 수 있는 의자가 생기면 좋겠다고 생각해요. 그리고 선미촌 여성들이 어떤 변화를 바라는지 함께 이야기하고 싶어요.

저희는 마을 주민도 인터뷰하고, 오래된 선미촌의 예전 모습도 기록하고, 주민들이 기억하는 선미촌의 모습과, 선미촌을 경험한 여성의 인터뷰도 기록해봤어요. 앞으로 변했으면 하는 모습도 그려봤어요. 이곳은 변하고 있어요. 앞으로 어떤 변화가 필요한지 걷는 사람들의 이야기도 담아서, 보지 않았던 곳에서 다시 보는 곳으로 만들어가고 싶어요.

저는 여성들을 위한 공간들이 더 많아졌으면 좋겠어요. 선미촌의 모습도 예전에는 그 여성들을 위한 공간이 아니었잖아요. "열린터"라고 선미촌 여성들을 위한 상담 공간이 있었는데, 올 4월에 선미촌 진입로 쪽으로 더 가까이 이전했어요. "여성 인권 플랫폼-여행길"이라고 이름 붙여 봤거든요. 이제 선미촌 안에는 전주시에서 매입한 공간이 두 곳이 되었어요. 두 곳 모두 선미촌 한가운데 있어요. 그럼 진입로 쪽의 여행길과 한가운데에 있는 두 장소는 선미촌이 여성과 인권, 그리고 문화와 예술의 공간으로 재구성되는 변화의 거점이 될 수 있겠죠.

여성이 행복한 길이 됐으면 좋겠다는 생각을 해요. 아, 이런 꿈을 같이 품고 진짜 행복한 길이 됐으면 좋겠어요. 보이지 않던 이곳의 여성들, 숨죽여 그곳에 살던 사람들에게도 모두 행복을 위한 길이 되었으면 좋겠다고 생각하죠.

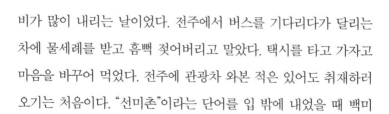

후기

끊임없이 길을 만드는 여성

비가 많이 내리는 날이었다. 전주에서 버스를 기다리다가 달리는 차에 물세례를 받고 흠뻑 젖어버리고 말았다. 택시를 타고 가자고 마음을 바꾸어 먹었다. 전주에 관광차 와본 적은 있어도 취재하러 오기는 처음이다. "선미촌"이라는 단어를 입 밖에 내었을 때 백미

러로 나를 흘끔거리는 기사의 눈빛이 미묘하게 변했다. 집결지 이름을 알고, 그걸 대놓고 말하는 여자가 어떤 여자인지 가늠하려는 눈빛이었다. 뜸을 들였다가 "숙소에 가시게요?" 하고 물어왔다. 그 순간 나는 '그런 여자'와 '그렇지 않은 여자'의 경계가 일상에 얼마나 촘촘히 쳐져 있고 한쪽으로 분류되는 순간 어떤 시선과 의구심을 받는지 느꼈다. 짧은 일별은 불편했다. 창밖을 내다보며 우리 사회에서 내가 얼마나 한쪽으로 몰리지 않으려고 기를 쓰고 살았고, 그렇게 살라고 훈육받았는지 떠올렸다. 다른 한쪽에 얼마나 무지했고 단절되어 살았는지도 생각하지 않을 수 없었다.

우정희 씨는 또렷하게 말하고 강단 있게 행동하는 활동가였다. 십오 년의 상담 활동을 이야기하기에는 인터뷰 시간이 길지 않았다. 그녀는 제대로 이야기해주려고 애썼다. 한국 반성매매 운동사에서 전북 지역은 상징적인 역할을 하는 곳이다. 2000년 군산 대명동과 2002년 군산 개복동의 성매매 업소에서 화재가 발생해, 감금되어 있던 여성들이 도합 열아홉 명 사망했다. 그때 죽은 한 여성의 일기장에는 "나! 나 좀 도와주세요. 제대로 인간답게, 사람 사는 것처럼 살고 싶어요"라고 쓰여 있었다. 이 일을 계기로 성매매 반대 여론이 일었고 이어 성매매방지법이 제정되었다. 그녀들의 억울한 죽음이 공론화된 것은 동시대 여성들이 그 일을 간과하지 않고 세상에 알려내었기 때문이다. 군산의 화재 참사를 계기로 우정희 씨 또한 반성매매 활동을 시작하게 되었다.

보이는 쇠창살은 떼어졌지만 성매매 업소에서 심리적 감시ㆍ

감독은 지속되고 있다고 우정희 씨는 지적한다. 성매매 업소에서 여성들이 무력감과 압박감을 느끼고, 죽음도 여전히 이어졌다. 그 죽음을 목격하고, 그 죽음이 성매매 구조에서 비롯한 일이라고 얘기하는 것이 현장 단체의 중요한 역할이라고 우정희 씨는 말한다. 또한 성매매 업소 집결지에 대한 쟁점이 성매매 경험 여성에서 업주와 구매자로 확대되어야 한다고 지적한다.

현장상담센터의 활동을 통해 그녀는 많은 여성들을 만나고 지원해왔다. 그들은 단순한 내담자가 아니었다. 현장의 여성들은 동시대의 동료이자 자기 안에 힘을 가지고 있는 강인한 여성들이었다. 우정희 씨는 현장상담센터가 여성들의 삶이 오롯이 표현되고 이해받는 공간이 되기를 바란다. 그녀들의 이야기가 우리의 편협한 세상을 넓혀주기를 바란다. 지역에서 한 여러 활동들은 오래된 집결지를 새로운 공간으로 만들어낼 기회를 앞두게 했다.

『선미촌 다시, 봄』이라는 소책자에는 한 공간이 지역의 주민과 여성들, 시민들의 정서와 삶에 어떤 영향을 미쳤는지 기록되어 있었다. 한 공간이 준 상처와 침묵, 무력감과 고립감이 서술되어 있었다. 성매매 문제가 모두의 문제가 된다는 것, 공간을 바꾸어내는 것이 필요하다는 것을 기록들은 말해주고 있었다. 전주의 집결지는 '시간이 흐르지 않는 공간'처럼 여겨졌으며 1950년대부터 현재까지 외관과 영업 형태는 변했지만 여전히 업소 안 여성과 그곳을 둘러싼 마을 주민들의 삶은 위축되고 고립되었다.

이곳에서 계속 살아가기 원하는 사람들은 함께 집결지의 문제점에 의견을 나누고 골목의 풍경을 바꾸려고 한다. 새롭게 마을과 공간을 구성하려고 한다. '여성 인권 플랫폼'을 그리는 우정희 씨도 마음이 바쁘다. 그리고 아직 조심스럽고 신중하다. 오래 그리던 꿈이 이제 막 실현되려는 참이기 때문이다. 나는 그녀의 이야기가 독자에게 가닿아서, 그들의 가슴속에 있는 오래된 희망을 함께 실현할 수 있기를 바란다. 다른 시간들이 시간이 흐르지 않던 곳에 켜켜이 깃들기 바란다.

당신이 모르는 제주

송영심

:

"성매매 문제는 성매매에 유입된 여성들뿐 아니라
이 사회에 살고 있는 여성들의 문제예요.
강남역 앞에 쓰인 것처럼 나는 다행스럽게 살아남은 거죠.
나는 너무나도 다행스럽게 성매매를 안 하는 거죠.
그 여성이 나일 수 있는 거예요."

(사)제주여성인권연대 부설 제주현장상담센터 해냄

기관의 이름인 해냄은 "성매매 피해 여성들이 탈성매매를 하고, 자신의 꿈을 찾아가기
위해 많은 것을 해내다"라는 뜻이다. 2004년 8월에 개소한 이후 성매매 피해 여성의 사회
복귀와 인권 신장을 위해 상담 · 법률 · 의료 지원은 물론 제주 지역의 쉼터, 자활지원센터
및 전국 유관 기관과의 네트워크를 통해 여성들에게 필요한 자원을 연계하고 있다.

도망갈 수 없는 섬

제주도가 관광지고 아주 자유로운 곳이고 언제든 오갈 수 있는 곳처럼 느껴지지만 그렇지 않아요. 누군가의 감시를 받으며 갚아나가야 할 빚이 있는 성매매 피해 여성의 입장에서 보면 제주도는 고립된 공간이에요. 성매매 피해 여성들이 선불금 때문에 이동할 수 없는 곳이죠.

일단 제주도에 들어오면 나갈 수 있는 통로가 딱 두 개잖아요. 배를 타거나 비행기를 타거나. 도와 도를 넘는 방법이 육지와 다르게 절차가 있잖아요. 제주도에 한 번 들어오면 성매매 피해 여성이 도망가고 싶다고 해도 도망갈 수 없는 거죠. 배를 탈 때 업주들이 고용한 사람에게 잡힐 수 있고, 실제로도 그런 상담 사례가 있어요.

제주도라는 곳이 나가고 싶어도 나갈 수 없고 도망가고 싶어도 도망갈 수 없는 고립된 공간이 되는 거죠. 제주도는 협소하기 때문에 업주와 관련자들이 가까이 있어요. 제주도가 좁으니까 "두세 명만 거쳐도 아는 사람을 만난다"는 말이 있거든요. 성매매 피해 여성이 달아났다 하면 관련 업종에 있는 사람들이 그 여성들을 찾아내기란 육지보다 아주 쉽죠.

한편 제주도는 육지의 성매매 피해 여성들이 피난처로 삼는 곳이기도 해요. 육지에 있는 성매매 관련 사건에서 업주가 "네 가족에게 알려버리겠다, 죽여버리겠다" 하면서 협박하기도 해요. 그때 성매매 피해 여성들이 생각하기에 업주에게서 제일 먼 곳이 제주도거든요. 업주가 찾아오려면 시간과 돈이 필요하니까, 그나마 안전한 곳이라는 생각으로 제주도를 선택해요. 쉼터에 와서 아픈 몸을 추스르며 자활작업장에 참여하기도 하죠. 제주도는 성매매 피해 여성들에게 고립되고 고통스러운 곳이자, 업주에게서 벗어날 수 있는 곳으로 여겨지는 이중적인 곳이에요.

제주 지역은 유흥업소 수가 서울이나 경남처럼 많지 않지만, 인구 대비로 봤을 때는 가장 높아요.* 제주도 인구수가 전국의 1퍼센트인데 유흥업소나 성매매 가능 업소를 봤을 때 인구 대비 업소 수가 가장 높은 곳이죠. 유흥업소가 많다는 것은 업소를 이용하는 관광객 같은 사람들이 많다는 거예요.

사실 제주도민은 이곳에서 두 발을 뻗고 계속 살아나가야 할 사람이죠. 관광버스는 왔다 가버리면 되지만, 이곳에 사는 주민들은 바로 집 앞에서 유흥업소를 봐야 하고 그곳에서 일어나는 사건을 봐야 하는 입장이에요. 그래서 유흥업소들을 줄이는 작업이 필요해요. 하지만 많은 사람들이 사실 그런 데 신경을 안 쓰죠. 지역 주민은 "그 사람들도 먹고살아야 한다, 우린 거기에 안 가니 문제없다"고 말해요. 제주도에 성매매 관련 업소가 많아서 저희는 축소하고 싶은 욕구가 있는데 제주 어른들은 반응이 없는 편이에요.

올해 저희 사업에 '아동·청소년의 이동경로에 따른 성매매 실태조사 및 인식조사'가 있어요. 학교 앞 환경위생 정화구역 200미

---

* "제주 지역의 유흥·단란주점 수가 인구 대비 전국 최다인 것으로 나타났다. 인구 대비 도내 유흥·단란주점 수는 인구 1만 명당 26.2곳으로 세종시를 제외한 전국 16개 시도 가운데 가장 많았다", 『제민일보』, 2014년 8월 26일.

터 안은 유흥업소 금지 구역이에요. 학생들의 건강권과 학습권에 영향을 미칠 수 있으니 설치를 못 하게 되어 있는데 실제로 보니 유흥업소 허가를 다 해주고 있더라고요. 학생들은 "업소들이 있는 게 무섭다", "없어졌으면 좋겠다"고 대답했어요. 제주도 청소년 같은 경우 성매매 정보에 노출될 확률이 높은 거죠.

제주도는 점점 더 성매매에 따른 모든 문제가 들어올 것이라고 생각해요. 제주도에 큰 군부대가 없었는데 강정에 해군기지가 생기니 기지촌 문제도 생길 수 있고요. 성매매 업소 관련자들도 더 많이 건너오겠죠. 벌써 강정 지역 주변에 "육지에 있는 유흥주점 사람들이 땅을 샀다"는 소문들이 들려요. 앞으로 제주도는 성매매 문제의 축소판이 되지 않을까, 이주 여성 성매매 문제라든지, 군대 문화로 인한 문제라든지 다양한 문제가 발생되고 앞으로 더 심해질 거예요. 우리가 미리 대책을 만들어야 하지 않겠냐 해서 지금부터 여러 행동을 하고 있는 거예요.

제주도를 위하는 진정한 방법

중국에서는 브로커가 한국에서 일하려는 중국 여성들을 모집해요. 제주도에는 무비자로 들어올 수 있거든요. 제주국제자유도시특별법에 따라 중국 여성들이 무비자로 많이 들어와요. 그 여성들이 제주도에 들어와 체류 기간이 끝나도 브로커가 같은 아파트에 대여섯 명씩 함께 생활하게 하거든요. 알선책이 중국인 성매매 여성들의 여권을 가지고 숙소에 함께 생활하며 성매매를 알선하죠. 그중 한 여성이 성매매를 하고 싶지 않다고 도망 나온 적이 있어요. 그러자 브로커가 "너 도망가면 죽인다", "바다에 빠뜨려버리겠다"고 협박했다더군요. 경찰에 신고된 사건이었어요.*

저희가 해당 수사기관에 전화해 "우리는 성매매 피해 여성을 지원하는 일을 하고, 그 여성이 외국인이지만 돕고 싶다"고 했는데 "이 여성은 불법체류자다"라고 하면서 "바로 출입국 사무소로 넘길 거다"라는 대답을 들었어요. 지원받아야 할 여성을 못 만나게 하니 저희는 성명서를 내고, 기사화하고, 경찰청과 제주도청 두 군데에서 일인 시위를 했죠. 저희 주장은 '외국인 여성들은 타국에 와서 언어 문제나 문화적 차이 때문에 힘들어 고립된 상태고, 그렇기 때문에 자기가 원하는 걸 선택하는 게 쉽지 않다. 성매매 피해 여성들의 안전과 인권이 보호되어야 한다. 이들은 브로커에 의해 여기 왔고 경비를 갚아가는 과정이 있었으니 성 착취 목적의 인신매매 피해자이자 성매매 피해 여성이므로 보호 조치를 해야 한다. 또한 외국인 대상 업소에 대해서 성매매 예방 교육이 필요하다'는 거죠.

외국인 여성 성매매 문제는 최근 제주 지역에서 계속 발생하고 있어요. 최근에도 유흥주점에 일하던 미등록 중국 여성이 피살된 채 발견되는 사례가 있었어요. 제주에 무비자로 들어오는 외국인

---

* 2016년 7월 12일 제주지방경찰청은 성매매 알선 등 행위에 관한 법률 위반으로 중국인 알선 업자를 검거했다. 그는 중국인 관광객들을 상대로 한 유흥업소에 수수료를 받고 중국인 여성들을 알선해왔다.

은 계속 많아질 거예요. 지금 제주도에 오천 명이 넘는 미등록 체류자가 있다고 하는데, 그중에서도 외국인 여성은 열악한 상황에 놓인 사람들이 많고 성매매로 유입되기 쉽기 때문에 보호 조치가 필요해요. 부산이나 인천은 그런 사례가 많아요. 경찰이 판단해서 수사하는 기간에 강제 출국 면제 대상임을 출입국 사무소에 알리거나, 지원 단체에서 기타(G-1) 비자를 지원하여 체류할 수 있도록 하거든요. 그러면 그 비자를 가지고 소송이 끝날 때까지 안전하게 있을 수 있잖아요. 저희는 앞으로도 제주도에서 외국인 여성이 성매매로 피해를 입는 사례가 계속 발생할 거라고 생각하거든요. 그래서 지금부터 대응하고 있어요. 일단 그 상황에 놓인 외국인 여성이 범죄자가 아니라 보호받을 자격이 있는 사람이라는 것부터 알려줘야죠.

제주도는 중국 같은 여러 나라에서 비자 없이 올 수 있는 도시*예요. 이렇게 제주도에 들어와 제주를 통해 육지로 들어갈 수 있거든요. 그 과정에서 사건·사고가 많이 발생할 수 있어요. 그래서 더 제주 지역은 범죄에 노출되어 있는 거예요.

제주도에는 워낙 유흥업소가 많아요. 1970~1980년대에 제주

---

* 제주 방문 외국인 관광객은 2011년 104만 명에서 2015년 262만 명으로 급증했다. 이 기간 무비자 입국자는 2011년 15만 명에서 2015년 63만 명으로 증가했다. 불법체류자도 2011년 282명에서 2015년 4353명으로, 외국인 범죄도 2011년 121명에서 2015년 393명으로 늘었다. 관광객 증가세와 무비자 입국자, 불법체류자, 외국인 범죄 증가세가 흐름을 같이하고 있다. 중국인은 2015년 기준으로 제주 방문 전체 외국인 관광객의 85퍼센트, 무비자 입국자의 99퍼센트, 외국인 범죄자의 66퍼센트를 차지한다. "제주무사증제도 존폐 논란", 『경향신문』, 2016년 9월 19일.

2004년 성매매방지법의 올바른
시행을 위한 제주연대 발족식.

도 기생관광*이 많았잖아요. 지역 시민단체들이 기생관광에 대한 실태조사를 하고 토론회도 했어요. 2004년 성매매방지법이 제정될 때도 "제주도는 성매매가 가능한 특정 지역으로 지정해줘야 한다"고 지역의 유력 인사가 발언한 일이 있었어요. 그때 스물네 개 시민단체가 성매매방지법이 뿌리내릴 수 있게 시위하고 기자회견도 했어요. 지역 주민과 시민단체들이 함께 노력한 거죠.

이게 내 일이야, 해내고 말겠다

저는 제주 여성이고, 평범한 사람이에요. 성매매 방지 활동에 접어든 계기는 여성으로 자란 경험 때문이었어요. 어렸을 때 부모님이 아들과 딸을 구분하는 걸 경험하고 '이게 개인적인 불만일까? 나만 예민한 건가?' 고민하다가 제주 지역에 있는 한 여성단체에 가서 나랑 똑같이 고민하는 여성들을 만났어요. 회원으로 활동

---

* 이른바 기생관광은 1970년대 초에 시작한 일본인 남성의 관광 행태로 정부는 국제관광협회에 요정과를 설치해 이를 정책적으로 지원했으며 제주도에서 1990년대 초까지 성행했다. 『유곽의 역사』, 홍성철, 페이퍼로드, 2007. pp. 244~246

하면서 '이게 나만 느끼는 게 아니라 가부장적 문화 때문에 여성이 억압받는 거구나. 내가 문제 있는 거 아니구나' 하고 알게 되었죠. 정말 좋았어요.

사람들은 제주도 여자가 강인하다고 해요. 하지만 제주도 여자가 강인하니까 남자는 손을 뗄 수 있는 부분도 있고, 남자가 손을 떼니까 여자가 강인해질 수밖에 없는 것도 있죠. 남자는 바닷일하고 과수원 일을 하지만 여자들은 바닷일하고, 밭일하고, 아이 키우고, 집안일 챙기면서 계속 움직여야 해요. 과거에는 여성의 수가 적었어요. 남자가 바다에서 사망하거나 4·3 사건에서 사망하거나 해서, 남성이 더 적으니 여성이 노력할 수밖에 없는 사회적·역사적 원인이 있는 거죠.

강인하지만 그 여성 또한 가부장적 사회의 일원이기 때문에 자기를 주장하기보다 남편이나 아들한테 권한을 넘기는 이중적인 면도 있어요. 자신의 이득을 보장받기보다 가부장제 아래에서 남성들한테 그 역할을 주는 거죠. 하지만 요즘 젊은 세대는 달라요. 과거에는 섬이라는 공간에 고립돼 있었지만, 지금은 제주도 사람들도 여러 가지 다양한 활동을 하고 새로운 생각들을 하며 과거처럼 살지는 않죠. 제 또래도 마찬가지고요.

저는 결혼하고 오 년 동안 아이들만 키웠어요. 시댁에 살았는데 제주도 풍습이 시부모와 자식 가족이 한 집에서도 딱 나눠 살거든요. 솥단지가 분리되어 있어요. 또 제주도는 여자가 아이 키우는 게 일이 아니라 당연히 해야 하는 거고, 여자도 나가 돈을 벌어야 일한다고 여겨요. 제가 단체에서 일하게 됐을 때 다행히 시부모님이 잘해주셨죠. 쉼터의 긴급 출동이면 새벽 두 시에도 집에서 나가 종일 있다 오는데 시어머니가 애를 봐주셔서 활동할 수 있었어요. 활동가들이 일과 가정생활을 함께하기 어려운 점이 있지만 저는 시어른이 있어서 좀 덜했죠.

2006년에 활동을 시작했는데 처음엔 낯선 환경이었어요. 솔직히 막상 현장에 가니 사실 무서웠어요. 법률지원을 하려고 상담일지를 펼쳤는데 신문 사회면 기사에 나오는 내용이 있었어요. "이십대 아이들이 십 대 아이들을 아파트에 감금시키고 성매매를 시키고 성폭행했다", "장애인에게도 폭력을 행사했다"고요. 이런 상황에 있는 여성들에게 내가 도움을 줄 수 있을지 자신이 없었어요. 되려 내가 나가떨어질 것 같아 처음엔 눈물을 머금었어요. 하지만 주변에서 "일을 오래 해봐야 제대로 알 수 있다"고 조언을 줘서 다시 마음을 잡고 시작했죠. 사실 일을 해야 하는 상황이었고 일하고 싶은 욕구가 강했기 때문에 할 수 있었어요. 하루 여덟 시간 근무가 원칙이었지만 실제로는 야근도 하고, 당직도 하고, 일이 많았죠.

당연하다고 생각한 일이 바로 피해였어

일을 한 지 십 년이 되었어요. 그동안 견딜 수 있었던 건 친구들을 지원하는 과정에서 제가 성장한다는 걸 느꼈기 때문이에요. 사건 지원 과정에서 친구가 성장하는 지점을 보며 '이건 정말 희열을 느낄 수 있는 일이다!' 싶었어요. 친구가 변화되는 지점을 만나는 그 힘이 지금까지 나를 끌고 온 것 같아요. 그 과정에서 저도 물론 실수를 할 수 있고 친구에게 피해가 갈까 봐 힘들기도 하지만, 이건 한 사람의 인생을 변화시킬 수 있는 일이에요. 친구뿐만 아니라 나도 변화시킬 수 있는 일이라서 의미가 있었어요. 여성들을 지원하며 여성들이 원하는 것을 하고자 하려면 제가 많은 것을 알고 선택의 폭을 넓혀줘야 하기 때문에 공부도 정말 많이 해야 돼요.

성매매 현장을 보면 불법이 횡행하잖아요. 한 친구가 상담소에 왔는데 부모에게 막 짜증을 내면서 "왜 날 여기에 데려와? 선불 빚만 갚아주면 다 끝날 건데 왜 귀찮게 데려와!"라고 화를 냈어요. 이 친구는 자기 빚만 누가 갚아주면 상담이 필요 없다는 거예요. 성매매 현장에서 일어나는 벌금, 빚, 이자 따위의 책임질 것들을 업소 동료와 자기가 똑같이 겪으니 이상한 일이 아니라고 여기는 거죠. 벌금은 내야 하고, 벌금을 늦게 내면 이자가 붙고, 때로는 손님한테 맞고, 손님이 술값을 안 내면 대신 내야 한다고 알고 있는 거예요.

그게 당연하지 않음을 설명하는 게 우리 역할이었어요. "손님 술값을 대신 낼 때 느낌이 어땠어?"라고 물으면서 친구가 느낀 감정을 쪼개어 표현할 수 있게 해요. 그때 넌 어땠는지, 구매자한테 어떤 말을 해주고 싶었는지, 그 말을 못 해서 억울하지 않았는지, 그리고 나중에는 그런 게 당연한 일이 아니라고 말해주죠.

"그 공간은 너를 억압하기 위해 그런 일을 시켰고, 너랑 똑같은 여성들도 그렇게 했지만 밖에서 볼 때 그건 인권 침해야. 일반 직장에서 아프면 휴가를 내 쉴 수 있는데 월급을 깎지는 않거든. 그건 불법이야." 하나하나 말해주니까 그 친구가 이해를 한 거예요. 당연하지 않다는 걸 알고 나서야 친구가 변했어요. 사실 아주 똑똑한 친구여서 재판에서도 상대측 변호사에게 지지 않고 말했어요. '내가 당한 피해는 당연한 것이 아니고, 나는 보호받을 자격이 있는 사람이며 발언할 자격이 있다'는 것을 인지한 거죠.

그런 친구들을 보면서 저도 성장했죠. 친구들이 당연하다고 느끼는 일을 당연하지 않다고 재해석해줄 사람이 우리라고 알게 된 거예요. 사실 대단한 친구들이에요. 그 과정에서 저도 이제 글로만 단어를 이해하는 것이 아니라 몸 전체로 어떤 말을 느끼고 표현하게 돼요. 흔히 쓰는 말도 전에는 생명이 없는 말처럼 썼다면, 시간이 흐르면서 점점 생명이 있는 말처럼 쓰고 있다고 느껴요.

언니들을 만나려고 아웃리치도 가요. 아웃리치를 가면 업주들은 "필요 없다"면서 우리 뒤에 대고 "저년들, 다시 들어오지 못하게 해야 해!"라고 욕하죠. 최근에 신제주에 아웃리치 가서 저는 업주를 맡고 활동가들은 언니들한테 가 있었어요. 제가 업주에게 "언니들이 업소에서 성추행이나 성폭력을 당할 수 있지 않나? 상담소에서 도움을 받을 수 있다"고 말하니 "아니, 업소에 만지러 오는데 못 만지면 되냐?"면서 제 가슴을 확 만지더라고요. 그런 일이 몇 번 있었어요. 상담원들이 언니들하고 상담하고 있어서 "이건 성추행입니다. 하시면 안 됩니다"라고 말하는 선으로 끝냈죠. 술 마시고 있던 남자가 업주랑 이야기하면서 "뭐야!" 하고 뛰어들어 우리를 밀치며 나가라고 할 때도 있고, 소금 뿌리고 딴 데 가라고 소리치기도 해요.

그렇지만 아웃리치를 통해 만나는 언니들이 있어서 포기하지 않아요. 열 번 아웃리치 나가서 한 명과 연결되면 잘한 거거든요. 우리가 한 지역에 아웃리치 들어갔다 오면 몇 달 지나서 언니의 연락이 오기도 해요. 업주들이 저희와 언니들을 못 만나게 하고 욕도 하지만 아웃리치에서 만난 언니들에게서 연락이 오니까 저희가 계속 나가는 거예요.

다행스럽게 살아남은 여성으로서의 생각

상담소에서 법률지원을 하다 보면 업주들이 머리를 많이 쓰고 있다는 생각이 들어요. 과거에는 업주가 여성에게 바로 돈을 주거나 해서 성매매 목적의 선불금이라는 게 명확했는데 요즘은 그렇게 안 하잖아요. 업주가 아는 사람한테 돈을 줘서 그 사람이 사채를 하고, 여성들이 그 돈을 빌리고 갚는 식으로 하거나 제삼자를 내세워요. 성매매도 과거에는 2차 형식으로 진행했다면 이제는 룸에서 하거나 유사 성교 행위로 하는데 그것도 성매매잖아요. 여성들로 하여금 '이건 성매매가 아니야, 피해가 아니야' 이렇게 생각하게 만드는 구조가 있더라고요. 저희가 상담에서 얘기하다가 그 사실을 알게 되면 "그것도 성매매야. 너는 보호받을 수 있어"라고 알려주죠.

법에서 빠져나가려고 업주들이 너무나도 머리를 쓰는 상황이고, 그런 사례들이 늘어나서 지원하기가 예전보다 힘들죠. 사건을

2014년, 성매매문제해결을위한전국연대와 함께 성매매 장소 제공자 건물주 처벌 공동고발 기자회견을 하는 모습.

접수할 때 저희가 경찰에게도 의견서를 내서 이것이 성매매임을 확인시켜요. 그런 사례들을 잘 지원하고 좋은 결과들이 있으면 앞으로 더 많은 이들을 지원할 수 있을 것 같아요.

2014년에 저희가 성매매문제해결을위한전국연대와 함께 성매매 알선 건물주 공동고발을 했는데, 최근에 그곳들 중 한 군데가 몰수보전 결정이 나서* 이제 선고를 기다리고 있어요.

처음에는 성매매 피해 여성들만 지원하면 되겠다고 했는데 활

---

* 2016년 6월 9일 제주지방검찰청은 제주시내에서 유흥업소를 운영하며 성매매를 알선한 업주의 관련 건물과 토지를 몰수보전하기로 결정했다. 성매매 알선 등 행위의 처벌에 관한 법률에 따르면 성매매 영업 사실을 알고도 건물을 제공하는 행위에 대해 3년 이하의 징역 또는 3천만 원 이하의 벌금을 처벌로 내릴 수 있으며, 건물의 임대차 등으로 인한 수익은 범죄 수익 은닉의 규제 및 처벌 등에 관한 법률에 의해 몰수·추징될 수 있다.

동하다 보니 알게 되는 것들이 있어요. 성을 사거나 성폭력을 휘두르는 가해자는 자기가 성폭력을 가해도 되는 사람과 그렇지 않은 사람, 성을 살 수 있는 사람과 없는 사람을 구분하지 않아요. 자기 욕구에 따라 누구라도 피해자로 만들 수 있죠. 얼마 전 강남역 사건*처럼 그 가해자가 선택하면 누구든 그렇게 되는 거예요. 그 여성이 나일 수도 있는 거죠. 그렇기 때문에 요번에 제주 지역에서도 강남역 사건과 관련해 일인 시위를 했어요. 남자들이 여성을 돈 주고 사거나 힘으로 폭력을 가하는 상황에 내가 놓이지 말라는 법은 없는 거예요.

성매매를 하는 여성들이 정말 원해서 성매매를 했겠어요? 선택 사항이 없으니까 한 거죠. 보통 사람들도 일을 할 수 없는 상황이 됐을 때 사회에 기댈 만한 안전장치가 하나도 없다면 어떤 선택을 할지 모르는 거죠. 아이는 키워야 하는데 가족도 지지망이 안 되고 돈을 벌 수도 없다면, 그 사람이 나락으로 떨어지는 순간 어떤 선택을 할지 아무도 모르는 거예요. 여성의 몸이 사회에서 상품화되었기 때문에 여성이 성매매 쪽으로 갈 확률은 남자보다 높죠. 그렇게 보면 성매매라는 게 성매매에 유입된 여성들뿐 아니라 이 사회에 살고 있는 여성들의 문제일 수 있어요. 강남역 십 번 출구 앞에 쓰인 것처럼 "나는 너무나도 다행스럽게 살아남은" 거죠. 나

---

* 2016년 5월 17일 강남역 대로변의 화장실에서 이십 대 여성이 남성에게 선택적으로 살해당한 사건이다. 그후 강남역 10번 출구와 SNS 등을 통해 피해자를 추모하는 운동이 퍼져나갔다.

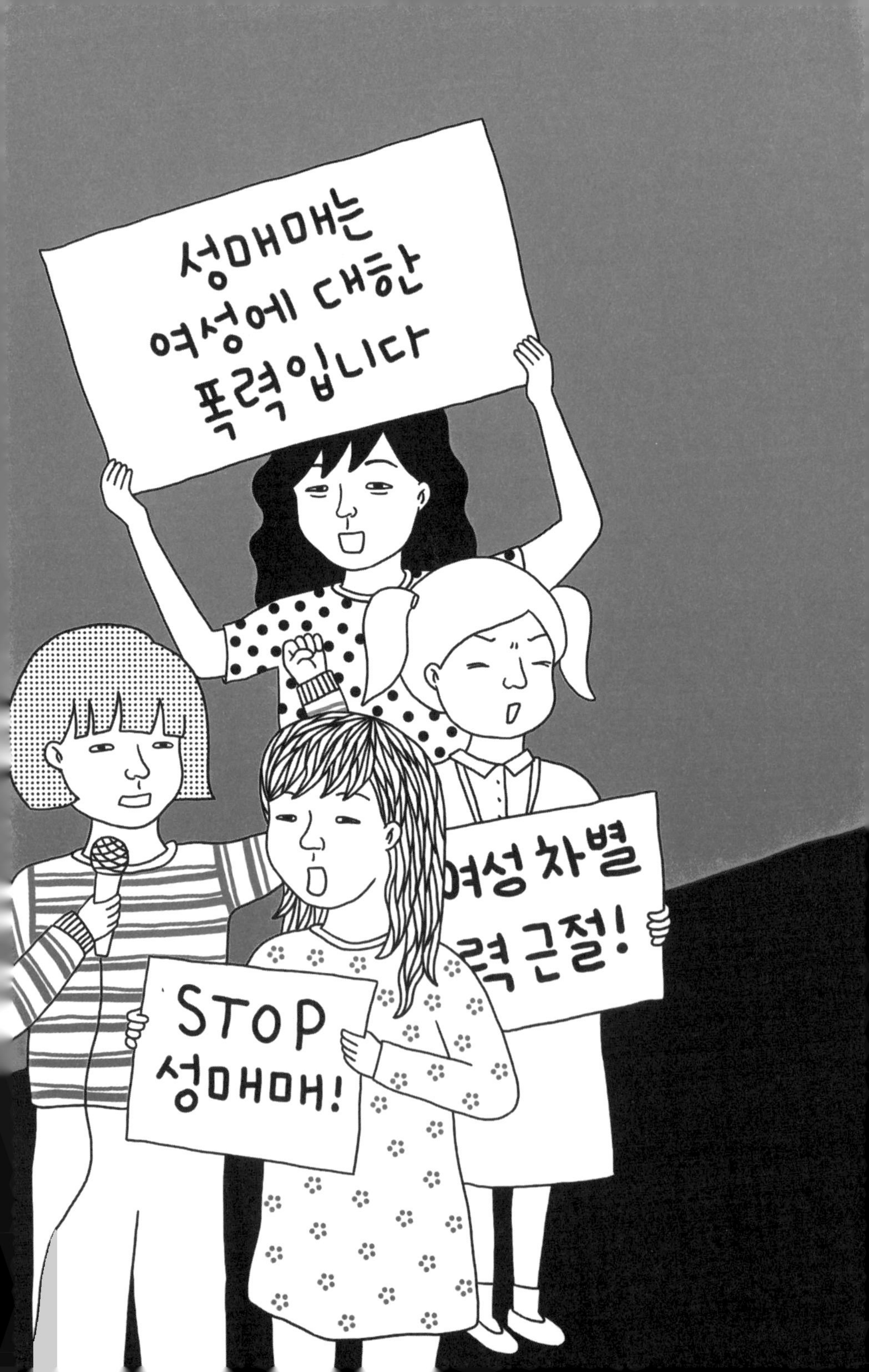
성매매는
여성에 대한
폭력입니다
여성 차별
력 근절!
STOP
성매매!

는 '너무나도 다행스럽게' 성매매를 안 하는 거죠. 유입되지 않은 거예요.

만남을 견뎌내고 협력해서 살아낸다

사람들의 무관심이 성매매를 유지시키는 것 같아요. 성매매 방지 포스터를 하나 봤어요. 지상과 지하로 나뉘어 지하에서 포주가 구매자로부터 돈을 받고, 구매자는 그 유리방 안의 여성을 바라보고 있더라고요. 지상 위로 여성이 도망치려고 손을 흔드는데 누구도 그 손을 쳐다보지 않는 장면이었어요. 처음에 저도 성매매 방지 활동을 시작할 때 그 밑의 풍경만 보였던 거예요. 그 밑의 문제도 심각하지만 더 중요한 것은 지상에 있는 사람들의 무관심이에요. 무관심하지 않으면 이 문제는 결국 해결될 거예요. 지상으로 올라가려고 손을 흔드는 여성한테 '어, 거기에 여성이 있구나' 하고 손을 잡아주면 해결될 텐데, 어느 누구도 그 여성을 쳐다보지 않아요. 사람들의 무관심으로 성매매 피해 여성들이 열악한 환경에 놓일 수밖에 없고, 업주들은 그걸 이용해 자기가 하고 싶은 대로 해요.

저도 이 일을 안 했으면 한 발짝 물러서서 바라봤을 거예요. 흔히 말하는 "자발"과 "비자발"로 여성들을 구분하면서 "강요에 의한 성매매 여성은 보호해줘야 돼"라고 말하는 한편 자발로 분류된 여성에 대해서는 "글쎄"라고 말할지도 몰라요. 하지만 이 일을 하면서 성매매 현장이 어떤 구조로 작동하는지 깨달았기 때문에 그렇게 바라보면 안 된다고 절감해요.

사람들을 향해 성매매 문제를 계속 알리고 만나가는 작업을 해야 해요. 청소년 이동 쉼터에 가서 청소년들 대상으로 성매매 예방 교육을 해요. 지금 당장 내 말을 다 듣지 않아도 언젠가 필요할 때 도움을 요청할 수 있고, 문제를 조금 다르게 보는 데 도움이 되지 않을까 싶어서 열심히 만나가고 있어요.

가만히 있으면 감수성은 녹슬고 퇴보해요. 감수성을 높이기 위한 것이 아니라 그 선을 유지하려고만 해도 계속 훈련해야 돼요. 다른 여성들을 끊임없이 만나야 하고, 내가 실수한 건 없는지, 누군가의 인권을 침해한 건 없는지 생각하며 발버둥을 쳐야 그 선을 유지하는 거예요. 제가 성매매 피해 여성을 지원하고 제주 지역에서 여성 인권을 위해 앞장서는 단체에서 일하지만, 저 스스로도 가부장적인 사회 안에 있는 사람이라는 것을 알아요. 매번 그걸 느끼고, 갈등 속에서 고민하고, 점검해요. 혹시 내가 가부장적인 태도를 취하거나 그런 말을 하지 않았나 고민해요. 그러면서 좀 더 평등한 사회를 꿈꾸고 활동하죠.

힘들 때도 있었지만 이 일을 그만두면 제가 저 자신을 용서하지 못하겠더라고요. '이걸 못 견뎌내나? 해보자' 하는 거예요. 상담소 일이 힘들지만 피해 사건을 지원하면서 친구들이 변하는 걸 바로바로 보게 돼요. 또 주변 사람들의 인정, 가족의 인정, 지원한 친구들의 인정도 힘이 되죠. 한번은 쉼터에서 약물 중독에 취해 일상생활을 못하는 친구를 위해 제가 약을 조절하는 역할을 한 적이 있어요. 친구가 약을 달라고 떼썼지만 저는 그걸 견뎌냈죠. 친구가 한 달을 잘 참고 나서 "한 달 만에 머리가 맑아졌어요"라고 말했어요. 저도 힘들었지만 이런 결과를 보면서 '내가 제대로 있었구나' 하는 것을 알게 되죠. 친구들의 반응, 주변의 반응, 그 힘이 지금까지 저를 견디게 한 힘이에요.

이따금 사람들은 저한테 "만만한 사람"이라는 표현을 써요. 만만하다는 것은 사람들과 협력할 수 있다는 뜻이고 그렇게 같이 생존할 수 있다는 의미기도 해요. 어쩌면 그게 다른 사람과 협력할 수 있는 능력일 수도 있잖아요? 양파는 껍질을 벗기면 알맹이가 작아지지만 반대로 사람은 껍질을 벗길수록 점점 커지는 것 같아요. 협력하고 성장한다는 것은 새로운 모습을 보이는 거고, 그건 내 존재가 작아지는 게 아니라 점점 커지는 거예요.

앞으로도 계속 활동하면서 여성들과 만나가고 싶어요. 만나지 못하고 단절되면 여성들도 서로 분노나 미안함을 느끼게 돼요. 갈등이 일어난다고 해도 여성들이 계속 만나야 서로가 느낀 모욕감과 오해를 이야기할 수 있어요. 서로 만나고 얘기해야 의지하고 함께 갈 수 있다고 믿어요.

후기

모두에게 자유로운 제주를 위해서

제주도는 '핫'한 지역이다. 육지의 삶에 지친 사람들이 '거침없이 제주 이민'을 선택하고 아름다운 섬으로 각광받는다. 주간지나 단행본도 제주를 특집으로 다루고 여행지를 샅샅이 둘러볼 수 있는 방법들을 소개한다. '제주도'는 도시 사람이 빡빡한 일상에서 탈출해 치유받을 수 있고, 이방인이 될 수 있는 장소의 상징이 되었다. 송영심 소장은 제주도의 다른 모습을 말한다. 성매매 피해 여성들에게 "제주도는 나가고 싶어도 나갈 수 없고 도망가고 싶어도 도망갈 수 없는 고립된 공간"이다. 관광의 이면에 성매매 산업이 얼마나 번창했고 묵인되어왔는지 지적하는 그녀의 말은 날카롭다.

신제주를 둘러보았을 때, 중국어 간판을 내걸고 여자들 사진을 확대해 붙인 유흥업소들이 큰 도로가에 즐비하게 자리 잡은 것을 보았다. 인터뷰 날, 송영심 씨는 외국인 성매매 피해 여성의 안전과 인권을 위한 시위를 하고 돌아오는 길이었다. 송영심 씨는 "제주도에 집결지는 없었지만 앞으로 외국인 여성 성매매 문제라든지, 해군기지 건설에 따른 기지촌 문제라든지, 모든 성매매 문제의 축소판이 되지 않을까" 우려하고 있었다. 그리고 그 우려들은 하나씩 현실이 되어 나타나고 있었다. 최근 뉴스에서는 "십 년 사이 외국인 범죄는 네 배 늘고 우리나라에서 증가하는 외국인 범죄 조직들이 세력을 넓히는데 '돈줄은 성매매'"라는 이야기가 보도됐다.*

송영심 씨는 상담 현장에서 만나는 성매매 피해 여성들의 이야기도 들려주었다. 성매매를 하기 위해 비행기를 타고 제주도로 오는 관광객도 있었고, 유흥업소가 즐비한 모습에 노출된 지역 청소년들도 있었다. 관광이 되고 돈이 된다면 뭐든지 괜찮지 않냐는 무관심과 방치가 암암리에 성매매 문제를 확산하는 데 기여했다. 누군가의 관광이 누군가의 인권을 유린해서는 안 되고, 누군가의 돈이 성을 매매한 대가라면 문제시해야 한다는 상식이 공유되어야 한다.

제주도 토박이인 송영심 씨는 이 섬의 모습을 여성 인권의 관점으로 바라보았을 때 무엇이 남아 있고, 무엇이 더 악화되고 있는지 지적한다. 제주도는 외화를 번다는 명분으로 과거에 "기생관광"이 성행했던 곳이고, 성매매방지법이 실행되었을 때도 수입이 줄어든다고 일부 반발하는 세력이 거셌던 곳이다. 나는 이십여 년 전에 보았던 『아시아에서 여성으로 산다는 것』(변영주, 1993)이라는 다큐멘터리가 떠올랐다.

상담 활동은 성매매 피해 여성뿐 아니라 송영심 씨 또한 부단하게 노력하며 자기 세계를 넓힐 수 있게 해주었다. 상담 활동을 계속하며, 자신의 일을 끝까지 해내겠다는 마음을 먹고 지금까지

---

* 『토요플러스』, JTBC, 2016년 10월 1일.

계속해왔다. 같은 여성으로서 폭력을 당한 여성의 처지를 공감하고, 앞으로도 이 길을 갈 것을 다짐하는 목소리에는, "껍질을 벗기면 벗길수록 더 커지고 협력해나갈 수 있는" 인간의 힘에 대한 신념이 있었다.

　제주도는 완전히 개방된 섬이지만, 아직 고립되어 있는 이야기들이 있다. 우리 사회에도 아직 섬처럼 고립된 이야기가 있다. 앞으로 고립되지 않은 여성들의 이야기, 인권의 이야기가 계속 이어질 것이다. 숨겨진 그 제주의 이야기에, 우리 사회가 숨기고 있는 섬들의 이야기에 더 귀 기울여주기 바란다.

성매매 없는 세상을 만들기 위해
우리가 알아야 할 정보

성매매 피해자는 처벌을 받지 않습니다

성매매 피해자란?

• 위계, 위력, 그 밖에 이에 준하는 방법으로 성매매를 강요당한 사람

• 업무관계, 고용관계, 그 밖의 관계로 인하여 보호 또는 감독하는 사람에 의하여 「마약류관리에 관한 법률」 제2조에 따른 마약·향정신성의약품 또는 대마에 중독되어 성매매를 한 사람

• 청소년, 사물을 변별하거나 의사를 결정할 능력이 없거나 미약한 사람 또는 대통령령으로 정하는 중대한 장애가 있는 사람으로서 성매매를 하도록 알선·유인된 사람

• 성매매 목적의 인신매매를 당한 사람

〈출처: 성매매 알선 등 행위의 처벌에 관한 법률 제2조 제1항 제4호〉

성매매 피해자 지원 체계

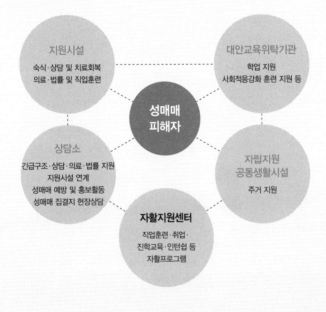

성매매하면 처벌받습니다

성매매를 한 자	▶	**1년 이하**의 징역 또는 **300만 원** 이하의 벌금
폭행 또는 협박으로 성을 파는 행위를 하게 한 자	▶	**10년 이하**의 징역 또는 **1억 원** 이하의 벌금
영업으로 성매매 알선 등 행위를 한 자	▶	**7년 이하**의 징역 또는 **7,000만 원** 이하의 벌금
성매매 알선 목적의 광고	▶	**3년 이하**의 징역 또는 **3,000만 원** 이하의 벌금

신고 기관: 관할 경찰서(국번없이 112) / 국민 신문고(www.epeople.go.kr)

아동·청소년 대상 성범죄 신고 포상금 제도

아동·청소년을 대상으로 성매매 강요 행위나 성을 사는 행위 등의 범죄를 신고할 경우 포상금을 지급합니다.

포상금 지급액

신고 대상 범죄	포상금
아동·청소년 대상 성매매 강요 행위(폭행, 협박, 선불금, 고용 등)	
아동·청소년 대상 성매매 장소 제공 및 알선 행위, 이와 관련된 영업 행위 등	100만 원
장애인 아동·청소년 대상 간음·추행 또는 간음·추행하게 하는 행위 등	
아동·청소년 대상 성매매 행위, 성매매 유인·권유 행위 등	70만 원

신고 기관: 관할 경찰서(국번없이 112)   포상금 신청: 여성가족부(02-2100-6407)

전국 성매매피해 상담소 연락처

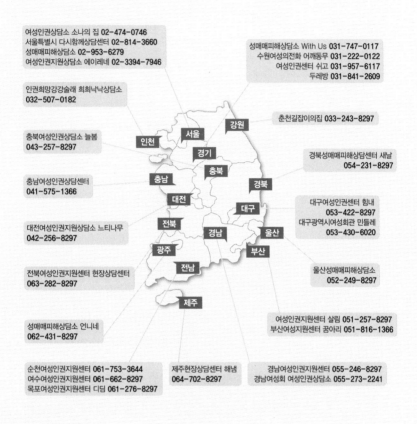

여성인권상담소 소나의 집 02-474-0746
서울특별시 다시함께상담센터 02-814-3660
성매매피해상담소 02-953-6279
여성인권지원상담소 에이레네 02-3394-7946

인권희망강강술래 희희낙낙상담소
032-507-0182

충북여성인권상담소 늘봄
043-257-8297

충남여성인권상담센터
041-575-1366

대전여성인권지원상담소 느티나무
042-256-8297

전북여성인권지원센터 현장상담센터
063-282-8297

성매매피해상담소 언니네
062-431-8297

순천여성인권지원센터 061-753-3644
여수여성인권지원센터 061-662-8297
목포여성인권지원센터 디딤 061-276-8297

성매매피해상담소 With Us 031-747-0117
수원여성의전화 어깨동무 031-222-0122
여성인권센터 쉬고 031-957-6117
두레방 031-841-2609

춘천길잡이의집 033-243-8297

경북성매매피해상담센터 새날
054-231-8297

대구여성인권센터 힘내
053-422-8297
대구광역시여성회관 민들레
053-430-6020

울산성매매피해상담소
052-249-8297

여성인권지원센터 살림 051-257-8297
부산여성지원센터 꿈아리 051-816-1366

제주현장상담센터 해냄
064-702-8297

경남여성인권지원센터 055-246-8297
경남여성회 여성인권상담소 055-273-2241

인천 서울 강원 경기 충북 경북 충남 대전 대구 전북 경남 울산 광주 전남 부산 제주

여성긴급 전화 1366
여성폭력 사이버 상담·신고 센터 www.womenhotline.or.kr
성매매방지 온라인 홍보관 www.stop.or.kr/info
헬프콜 청소년상담 전화 1388

청소년 사이버또래상담 010-7705-1318, 010-3232-1318

사이버 상담
이메일 10up@hanmail.net   **카카오톡** cybersatto, 원넷   **네이트온** cybersatto@nate.com